台湾・韓国・マレーシア・インド・フィリピン駐在員の選任・赴任から帰任まで完全ガイド

三菱UFJリサーチ&コンサルティング㈱
コンサルティング・国際事業本部　国際本部
チーフコンサルタント

藤井　恵　著

清文社

はじめに

　企業の海外進出が年々活発化していますが、特にその傾向が顕著なのがアジア地域への進出です。

　本書は既刊の「中国駐在員の選任・赴任から帰任まで完全ガイド」「タイ・シンガポール・インドネシア・ベトナム駐在員の選任・赴任から帰任まで完全ガイド」の姉妹版として、アジアの中でも多くの企業が進出している台湾、韓国、マレーシア、インド、フィリピンに社員を送り出す場合に本社のご担当者が知っておきたい日本及び現地の社会保険・税務、現地の教育事情、医療事情、給与体系の設定方法等をそれぞれの国別の章立てではなく、各項目別に編集しています。

　たとえばA国の個人所得税の計算方法について知りたい場合、A国の個人所得税のみに注目してしまうと、その内容がA国に固有のことなのか、それともA国にかかわらず、ある程度どの国の個人所得税でも当てはまる普遍的なことなのかがわからなくなってしまいます。

　おそらく本社のご担当者は、特定の国だけを詳しくお知りになりたいだけではなく、自社が進出している国のそれぞれの制度のどこがどう異なるかという点にも注目されていますので、本書では国ごとで内容を編集するのではなく、たとえば「個人所得税の計算方法」であれば、その項目を5か国横並びで見ていくことで、その内容が「5か国全てに普遍的な事項」なのか、「特定の国にだけ当てはまる事項」なのかを確認できるようにしています。

　また、駐在されている方にとっては、駐在国の情報が一箇所にまとまって掲載されているわけではないので、多少読み難い部分があるかもしれませんが、他国と駐在国がどのように異なっているのかについて比較しながら読み進めていただくと、その違いがよくわかり、駐在国の制度や生活環境の理解がより深まると思います。

第一版となる本書では、上述のとおり、台湾、韓国、マレーシア、インド、フィリピンの5か国を取り上げましたが、今後、改訂版を出版できる機会があれば、皆様の関心の高い国を適宜追加又は取り上げる国の入れ替えをしていきたいと思います。

　最後になりましたが、本書執筆にあたり取材や情報提供等にご協力を頂きました日本人学校の先生方、日系医療機関の皆様、不動産会社・医療機関・学習塾等教育機関の皆様、各国の税務専門家、現地及び日本国内でインタビューに応じてくださった皆様及び本書執筆にご尽力いただきました清文社編集部の皆様及び弊社国際本部長・国際ビジネスコンサルティング室長にこの場を借りて厚く御礼申し上げます。

　本書が台湾、韓国、マレーシア、インド、フィリピンに大切な社員を送り出す企業や駐在員ご本人及びご家族の皆様に多少なりともお役に立つことができましたら幸いです。

平成26年1月

　　　　　　　三菱UFJリサーチ&コンサルティング株式会社
　　　　　　　　コンサルティング・国際事業本部　国際本部
　　　　　　　　国際ビジネスコンサルティング室
　　　　　　　　チーフコンサルタント　　　藤　井　　恵

目次

1 赴任前事項

1 海外駐在に対する会社の方針

- Q1 海外駐在に対する会社の方針（家族帯同が原則か、単身赴任が原則か） ……………………………………………………… 2
- Q2 海外駐在用に人材を採用する際の留意点 …………………… 6

2 日本での社会保険・税務上の手続

- Q3 海外駐在に当たって日本の社会保険に関する留意点 ……… 10
- Q4 労災保険の特別加入制度 ……………………………………… 13
- Q5 海外駐在に帯同するために退職する配偶者の雇用保険 …… 17
- Q6 海外駐在に当たって出国までに日本本社が行っておくべき税務上の手続 …………………………………………………… 19
- Q7 納税管理人の概要と手続事項 ………………………………… 21
- Q8 出国時期と住民税の関係 ……………………………………… 24
- Q9 駐在員が住宅借入金等特別控除の適用を受けている場合 … 26

3 医療・健康管理面

- Q10 海外旅行保険の付保額及び保険金支払事例 ………………… 29
- Q11 健康保険と海外旅行保険の違い ……………………………… 37
- Q12 赴任前健康診断・予防接種 …………………………………… 39

4 その他

- Q13 赴任前研修について …………………………………………… 42

Q14	赴任支度金について	45
Q15	引越手続の留意点	47

2 赴任中

1 日本及び赴任国の社会保険

Q16	駐在国（台湾、韓国、マレーシア、インド、フィリピン）の社会保険制度〜日本からの駐在員の年金・医療保険制度への加入義務〜について	52

2 生活・教育・その他（台湾、韓国、マレーシア、インド、フィリピン）

Q17	駐在員向け住居	59
Q18	赴任地における日本人向け教育機関（日本人学校）	76
Q19	日本人学校がない場合等の学校選択・インターナショナルスクール等	86
Q20	日本人向け幼稚園・高等学校・学習塾の概要	91
Q21	赴任地の祝祭日・労働時間の取扱い	95

3 健康・リスク管理面（台湾、韓国、マレーシア、インド、フィリピン）

Q22	駐在員による自動車の運転	99
Q23	駐在員に関する危機管理・安全管理	102
Q24	海外駐在中における日本の健康保険の利用方法	108
Q25	駐在中の健康上の留意点	111

4 駐在員への人事評価・権限委譲

- Q26 駐在員の人事評価 …………………………………………… 131
- Q27 帰任時の不安と会社に求めるサポート体制 ………………… 138

3 帰 任 時

1 本社側の手続事項

- Q28 帰任者受入れのための準備事項 …………………………… 142
- Q29 帰任後に追加納付となった赴任国の個人所得税を本社が負担した場合 ……………………………………………………… 145

4 駐在員にまつわる日本及び赴任地国での税務問題

1 赴任地の個人所得税（台湾、韓国、マレーシア、インド、フィリピン）

- Q30 個人所得税関連法規及び特徴 ……………………………… 148
- Q31 日本の所得税との相違点 …………………………………… 155
- Q32 居住者・非居住者の定義と課税所得の範囲 ……………… 168
- Q33 居住者・非居住者で異なる税務上の取扱い ……………… 178
- Q34 個人所得税の計算方法 ……………………………………… 187
- Q35 課税対象となる手当・非課税となる所得・福利厚生 ……… 200
- Q36 所得控除の種類 ……………………………………………… 224

Q37	個人所得税率	233
Q38	外国人駐在員に対する個人所得税優遇措置	242
Q39	現地払給与・日本払給与の申告方法	248
Q40	外貨払給与（日本払給与等）の現地通貨への換算方法	257
Q41	給与にかかる年末調整制度の有無及び確定申告	263
Q42	個人所得税の申告・納税の遅延に対する罰則	275
Q43	赴任した年の課税上の取扱い	284
Q44	帰任する年の課税上の取扱い	291
Q45	日本で付与されたストックオプションの赴任地での取扱い	299
Q46	赴任国で退職を迎えた場合に日本から受け取る退職金の取扱い	305
Q47	赴任地における外国税額控除	312

2 日本の所得税

Q48	日本での居住者・非居住者の定義と課税所得の範囲	319
Q49	駐在員が日本で確定申告しなければならないケース	321
Q50	海外駐在期間の変更（駐在期間が短縮になった場合）	323
Q51	海外駐在期間の変更（駐在期間が延長になった場合）	325
Q52	海外現地法人に出向する社員に対する日本払給与	327
Q53	日本で役員の地位にある駐在員が受け取る日本本社からの役員報酬	330
Q54	海外で退職を迎える社員の退職金の日本での取扱い	334

5 出張者の税務

Q55	日本からの出張者に対する課税〜短期滞在者免税〜	338
Q56	出張先の国と日本の両方で所得税が課税された場合の外国税	

額控除の取扱い ･･･ 345

6 駐在員の給与設定方法

1 基本的な考え方

Q57 海外給与に対する考え方 ････････････････････････････････ 350
Q58 海外基本給の設定方法 ･･････････････････････････････････ 352
Q59 別建て方式 ･･ 354
Q60 購買力補償方式 ･･ 356
Q61 併用方式 ･･ 360

2 各種手当の種類

Q62 海外駐在員に対する各種手当の種類 ･･･････････････････ 362
Q63 各種手当〜海外勤務手当〜 ････････････････････････････ 364
Q64 各種手当〜ハードシップ手当〜 ････････････････････････ 365
Q65 各種手当〜単身赴任手当〜 ････････････････････････････ 367
Q66 各種手当〜住宅手当〜 ･････････････････････････････････ 368

3 駐在員の給与と為替レート

Q67 為替レート変動の対処方法 ･････････････････････････････ 369

7 海外赴任者規程の作成

Q68 海外赴任者規程とは ････････････････････････････････････ 372
Q69 海外赴任者規程〜総則（目的・定義・所属など）〜 ･･････ 374

Q70　海外赴任者規程～赴任及び帰任に伴う費用（海外勤務旅費・荷造費）～ ………………………………………………… 375
Q71　海外赴任者規程～給与及び手当・福利厚生～ ……………… 377
Q72　海外赴任者規程～その他（国内及び現地での社会保険・税務・一時帰国など）………………………………………… 378

8 出向元と出向先の覚書

Q73　覚書記載事項及び出向者費用の本社負担割合 ……………… 382

※本書は、平成26年1月1日現在で入手可能な法令・資料等により記述しています。

1

赴任前事項

1 赴任前事項

1 海外駐在に対する会社の方針

Q1 海外駐在に対する会社の方針
（家族帯同が原則か、単身赴任が原則か）

海外駐在時の赴任形態について、他社ではどのような方針を持っているのでしょうか。

A 1．赴任形態に対する会社の考え方

数十年前は、海外駐在といえば大手企業が中心で「家族帯同が原則」となっていましたが、企業の海外展開が進み、中堅・中小企業の海外進出も一般化してきた現在では、「家族帯同が原則」としている企業は減ってきており、「家族を帯同するもしないも本人の自由」というケースはもちろん、中には「海外駐在は単身が原則」とする企業も増えつつあります。

図表1-1では海外駐在のメリット・デメリットを図表にまとめました。

図表1-1 単身赴任と家族帯同のメリット、デメリット

	単身赴任	家族帯同
メリット	〈会社にとって〉 ・家族帯同に比べて赴任支度金、引越代、住居費等が安くつく。 〈海外勤務者本人にとって〉 ・家族と離れていて寂しい反面、自由で気楽。	〈海外勤務者本人にとって〉 ・外国暮らしを一緒に経験することで家族の絆が深まる。 ・子女に異文化体験をさせることができ、外国語習得のよい機会を得ることができる。
デメリット	〈会社にとって〉 ・単身手当として、国内払手当が必要となる。 ・女性問題等を引き起こす可能性が	〈会社にとって〉 ・子女教育費、家族手当といった追加コストがかかる。 〈海外勤務者本人にとって〉

2

家族帯同者に比べて高くなる。	・家族の健康、メンタルヘルス面に問題が発生する場合がある。
〈海外勤務者本人にとって〉	・子女の学力等に対する不安
・健康管理をしてくれる家族が身近にいないため、自己管理ができないと、健康を損ねるなど、生活が荒れる可能性がある。	・海外赴任者が出張等で不在ばかりだと、家族が日本在住時以上に孤独を感じることになる。

2．駐在員からの声

海外赴任形態に対する駐在員からの声は 図表1-2 のとおりです。

図表1-2　海外赴任形態に対する駐在員からの声

【家族帯同の理由】
・会社が家族帯同を原則としている。
・子女に異文化体験をさせることができるチャンスだと思った。
・配偶者も海外滞在することを希望している。

【単身赴任者】
・単身赴任の方が仕事に専念できる。
・家族帯同するより単身赴任の方が経済的な面で有利だと思った。
・治安が悪く家族を帯同できる環境ではない。
・家族が海外に住むことを嫌がった。
・子女の進学を考えると海外勤務に帯同させることがプラスになるとは思えなかった。
・家族帯同禁止ではないがコスト面から会社が単身赴任を望んでいることがわかっていたので、家族を連れて行きたいとは言い出せる雰囲気ではなかった。

このように、家族帯同されるケースは、会社の原則に従ったためという理由もありますが、どちらかというと積極的な理由から家族帯同を選択されていることがわかります。

一方、単身赴任を選択された人の中には、「業務に専念したい」「経済的に有利」といった理由がある一方、「家族を連れて行ける環境になかった」

1 赴任前事項

「家族が嫌がった」「単身赴任しか選択の余地がなかった」等、どちらかというと消極的な理由から単身赴任を選択されていることがわかります。

一方、選択した赴任形態については、家族帯同、単身赴任のいずれのケースも「自分の選択が正しかった」と納得されている人が多いのですが、図表1-3 のとおり、現在の赴任形態に伴う悩みも色々と存在します。

図表1-3 現在の赴任形態で困っていること

【家族帯同で困っていること】
- 配偶者が赴任地（アジア）の国籍で現在、その国に赴任しているが数年で帰国予定。
  今後、欧米赴任も考えられるが、子供の教育をどの方向に導いていくべきか（日系、中華系、インターナショナル）悩んでいる。
- 配偶者は英語が話せないため、一人では行動できず、結果的に家の中にこもりがちで精神的に不安定な状態が続いている。
- 日本人学校は中学校までしかなく、会社の教育費負担も中学までのため、中学卒業と同時に日本に帰国させねばならず、今後の教育面に不安を抱いている。
- 空気が悪く子供が喘息になった。

【単身赴任者が困っていること】
- 外食中心で、帰宅しても話し相手がおらず、ストレスも多く健康に不安を感じている。
- 家族のことを気にせず遅くまで仕事ができるなど、気楽な面もあるが、寂しさもある。
- 子供が幼いため、たまにしか帰国しない現状では、自分になついてくれず、泣かれてしまう。このままだと親子関係が希薄になるのではないかと不安。
- 単身赴任のため、誰かと出かけるとなると、必然的に同じ職場の日本人赴任者と行動することになる。気が合わない場合、お互いストレスを感じる。

3．家族帯同できるエリアは？
～日本人コミュニティのある地域、就学年齢に達した子女がいる場合は日本人学校が存在する地域であることが不可欠～

　いくら「家族帯同で駐在したい（もしくは駐在させたい）」と考えていても、日本人がほとんどいない地域、もしくは就学年齢に達している子女がいるにもかかわらず、日本人学校もしくは日本語補習校がない地域であれば、家族帯同は事実上不可能でしょう。もちろん、アメリカ、カナダ、オーストラリア等の英語圏については現地校に通うという選択肢もあるので、必ずしも「日本人学校がないこと」は家族帯同ができない要因とはなりません。しかし、アジア地域については、日本人学校がない場合、会社が（学校によっては年間200万円以上かかる）インターナショナルスクールの高額な学費の大半を負担しない限り、子女を連れて赴任するのは難しくなります。（もちろん、両親のどちらかが駐在国の国籍を持つ場合、現地校に通うケースもありますが、事例としては多くありません。）

※海外駐在に帯同する子女の教育環境については **Q18～Q20** をご参照ください。

1 赴任前事項

Q2 海外駐在用に人材を採用する際の留意点

このたび、東南アジアに現地法人を設立することが決まりました。そのため、当社から海外に社員を駐在させたいのですが、適切な人材がいないため、他社で赴任経験のある人をヘッドハントするつもりです。海外駐在用に人材を採用する際の留意点を教えてください。

A　1．採用時のチェックポイント

　社内に海外駐在に適当な人材がいない場合、海外経験のある人を新たに採用し、その人に海外勤務させるケースも少なくありません。その際、ターゲットとなるのは「大手企業等を定年退職した海外経験豊富な60歳前後の人材」もしくは、「他社を中途退社した人材」が考えられるでしょう。

　前者の「定年退職前後の人材」の場合、給与や待遇面よりも、「生きがい」を求めて働くという動機が強く、非常にコストパフォーマンスが高いといえます。

　もう一方の、「他社を中途退社した人材」についても、これまでの経験を生かして新たな職場で働きたいというモチベーションの高い人材が少なくないのではないでしょうか。

　また、海外駐在用に人材を採用する場合、単に「海外経験があるから」という理由で採用するケースもあるようですが、実際、海外での経験といっても、地域によって相当異なっています。また、他社を中途退社している場合（特に数社も日系企業の海外勤務を経験しているような場合）、「なぜ前の会社を辞めたのか」を十分に把握しておく必要があります。（中には、前の海外での勤務先にて、業者との癒着や横領などの問題を起こし、退職に追い込まれたケースもあります。）

そのため、海外駐在用に人材を採用する際には以下の2点に留意する必要があるでしょう。

図表2-1 海外駐在用に人材を採用する際の留意点

1．「海外経験がある」といってもどの地域・業種でどういった経験があるのかを確認
　海外は広く、地域・業界が違えば、考え方や物事の進め方も異なる点がたくさんある。そのため、可能な限り、自社の事業所が存在する地域付近で働いてきた人材の方が即戦力となりやすい。（貿易現法と製造現法では業務内容が異なる。）

2．前職でも海外勤務だった場合、「なぜ退職したのか」をよく把握しておくこと
　日本企業を含めた海外の企業を数社も渡り歩いている人材の場合、前の職場で不正等を起こしているケースもある。そのため、「なぜ辞めたのか」という理由をある程度把握したうえで採用する必要がある。

2．海外赴任が前提の入社であれば、入社時に海外赴任時の条件をきちんと伝えておく

　図表2-1 の留意点も大切なポイントですが、最も重要なのが、「入社時に海外赴任の条件をきちんと伝えておく」ことです。この点があいまいで入社させてしまったため、後から赴任者と揉めたり、何とか条件を飲ませて赴任させても、モチベーションが低いため、結果としてうまくいかないというケースも少なくありません。

3．実　例
～海外駐在員用人材採用の成功ケース・失敗ケース～
(1) 成功した事例

　中堅企業A社はこのたび、X国に進出することになりましたが、社内には適当な人材がいないため、X国でのビジネスに精通した人材を海外駐

在員用に採用したいと人材紹介会社に依頼をしていました。
　その結果、紹介会社からの斡旋で金融機関Ｃ社において海外駐在員として勤務していたＢ氏を海外駐在員用人材として採用することになりました。
　40代前半のＢ氏は、長期間Ｘ国に赴任していましたが、勤務先のＸ国からの撤退に伴い、Ａ氏も帰任することになっていました。しかし、Ａ氏は帰国後の自分のポジションや業務内容から判断し、このままＣ社に残るのではなく、これまでのキャリアを活かすことのできる会社に転職したいと考え、人材紹介会社に登録していたのです。Ｂ氏のＡ社における海外赴任者としての待遇は、Ｃ社で受けてきたそれよりも下回っていましたが、仕事内容に魅力を感じ、思い切って転職したようです。オーナー企業であるＡ社の文化に慣れるまで、Ｂ氏なりに苦労はあったようですが、Ｂ氏はＡ社の業務内容はもちろん、社風や従業員の中に溶け込もうと努力した結果、全く異なる業界からの転職でしたが、いまではＡ社のＸ国でのビジネスを切り盛りし、社内及び社外からも大変信頼が厚い人材として活躍しているということです。

(2) 上手くいかなかった事例

　中堅企業Ｄ社はこのたび初めて海外に進出することになりました。しかし、地方の有名企業である同社には、地元で働きたいがゆえに入社した社員がほとんどであり、海外勤務を希望する社員は存在せず、当然ながら海外経験のある社員も存在しませんでした。そのため、海外勤務用の人材を採用する必要があったため、海外拠点が多数ある大手企業Ｅ社に勤務しており、過去に海外経験のあるＦ氏を採用することになりました。
　採用に当たっては海外勤務が前提だったため、本来は海外勤務時の条件をきちんと決定してから採用するべきだったのですが、現地法人設立まで時間もないことから、「赴任時の処遇は入社してから決定しよう」というあいまいな条件のまま、採用してしまいました。

しかし、過去にE社で勤務していたF氏は、E社での海外勤務時にかなり良い待遇を受けていたため、「海外勤務すれば、このくらいの処遇は得られるのが当然」という先入観があったため、入社してからD社から提示された条件（帯同する子女に教育費が支給されない、家賃上限が前職に比べてかなり低い等）に納得できず、不本意なまま赴任することになりました。また、当初、D社がF氏に提示した「年間支給額は1,000万円」という金額をD社は税込みで考えていたものの、以前の会社で海外勤務中の給与は手取りで保障されていたF氏は、手取りで1,000万円と認識しており、この点でも入社後、両者の間ですり合わせが必要になりました。

　また、入社してすぐに海外勤務となったため、本社の関係部門との人間関係が構築できていないことから、本社と現地法人間で何かと衝突することも多く、結局数年で同社を退職せざるを得ない状況になりました。

1 赴任前事項

2 日本での社会保険・税務上の手続

Q3 海外駐在に当たって日本の社会保険に関する留意点

このたび、当社の社員Ａ氏を３年間の予定で海外駐在させます。Ａ氏が海外駐在中における日本の社会保険上の取扱いについて教えてください。

A 出向元である日本企業とＡ氏がどのような雇用関係にあるのか、またＡ氏の給与が日本又は赴任国のどちらの企業から支払われるのかで、社会保険等の取扱いが異なります。

１．在籍出向の場合
(1) 国内企業（以下「出向元」）から給与の一部又は全部が支払われている場合
〜日本の社会保険資格は継続する〜

　日本企業で雇用関係が継続したまま海外で勤務する場合、つまり「在籍出向」の場合で、出向元から給与の一部（全部）が支払われているのであれば、出向元との雇用関係は継続しているとみなされますので、海外勤務者の健康保険・厚生年金保険・雇用保険等の被保険者資格は継続します。被保険者資格が継続している以上、当然保険料の負担（出向元及び本人）は発生します。保険料の対象となる給与は、原則として出向元から支払われている賃金だけなので、給与の一部のみが出向元から支払われる場合は、国内で勤務していたときよりも、保険料の負担は少なくなると思われます。（この場合、将来受給できる金額は、海外勤務をしない場合と比較すると、少なくなる可能性があります。）

(2) 国内企業から給与が全く支給されていない場合（海外企業から給与が全額支払われる）
～日本の社会保険資格の継続は極めて難しい～

　在籍出向であっても、出向先から給与の全部が支払われ、出向元から給与が全く支払われないのであれば、在籍出向であっても出向元との雇用契約は継続していないとみなされる可能性があります。その場合、健康保険・厚生年金保険・雇用保険等の被保険者資格は喪失します。そのため、扶養家族を日本に残して海外勤務した際の、扶養家族の社会保険等について、対応策を考える必要があります。

2．移籍出向の場合
～日本での社会保険資格は喪失～

　移籍出向とは、日本の出向元との雇用関係を一旦終了させ、勤務地国の現地法人等との雇用関係のみとなるケースを指します。つまり、出向元である日本企業との雇用関係がなくなるため、健康保険・厚生年金保険・雇用保険等の被保険者資格は喪失します。この場合も、扶養家族を日本に残して海外勤務した際の、扶養家族の社会保険について対応策を考える必要があります。

　以上をまとめたのが 図表3-1 です。

1 赴任前事項

図表3-1 海外勤務者の社会保険と労働保険

	被保険者資格が継続している場合	被保険者資格を喪失した場合
例	・在籍出向で国内企業から給与が一部又は全部支払われている場合	・在籍出向で国内企業から給与が全く支払われない場合 ・移籍出向の場合
健康保険	継続(日本帰国時も国内勤務時同様、健康保険が利用できる。海外では「療養費」扱いとなり、海外でかかった療養費はいったん本人が全額立替えし、後日一部療養費として健康保険から支給される。(ただし支給される療養費は、実際に支払った金額ではなく、日本の医療機関で治療を受けた場合の保険診療料金を基準として計算される))	継続できない <対応策> ① 任意継続被保険者手続を行う 　ただし健康保険の被保険者資格喪失日から最長2年間しか加入できない。 ② 国民健康保険に加入 　市区町村に居住する者が対象のため、住民票を除票していると加入できない。
介護保険	海外では介護保険サービスは適用除外。保険料も不要。	海外では介護保険サービスは適用除外。保険料も不要。
厚生年金	継続(国内払給与に対応した保険料を支払う)	継続できない。 <対応策> ・国民年金に任意加入
雇用保険	継続できるが、失業給付等は帰国時しか受給できない。	原則的には継続できない。
労災保険	適用対象外(労災保険は属地主義のため、海外勤務時は原則的に対象外) <対応策> ・労災保険の海外派遣者特別加入制度を利用	同左 (移籍出向の場合は、労災保険の特別加入もできない)

Q4 労災保険の特別加入制度

このたび、当社の社員A氏を3年間の予定で海外駐在させます。同業他社から、日本の労災保険には、海外駐在員向けに「海外派遣者特別加入」という制度があると聞きました。そもそもこの制度はどういった内容なのでしょうか。また加入に当たり、費用はどのくらいかかるのでしょうか。

A　労災保険は、日本国内にある事業所に所属して働く労働者が保険給付の対象となる制度であるため、海外の事業所に出向や派遣などで働く人の労災事故については対象外となります。しかし、海外で勤務する人についても労災保険の給付が受けられる制度として「海外派遣者特別加入制度」があり、費用は年間5,110円～36,500円となります。

1．特別加入の対象者は？
～現地採用者や留学する人は対象外～

　労災保険は、日本国内で行われる事業のみを対象としていますが、海外で行われる事業に従事する場合、図表4-1に該当する人に限り特別加入が認められています。(労働者災害補償保険法第33条第6号、第7号)

　また、特別加入に当たっては、新たに海外に駐在する人に限らず、既に海外に勤務している人についても加入することができます。ただし、現地採用の人は、日本国内の事業から派遣されていないことから、特別加入することはできません。(また、単なる留学を目的とした派遣の場合も、特別加入の対象外となります。)

1 赴任前事項

図表4-1　海外派遣者として特別加入の対象になる者

① 日本国内の事業主から、海外で行われる事業に労働者として派遣される人
（注1）　日本国内の事業主とは、日本国内で労災保険の保険関係が成立している事業（有期事業を除く。）の事業主です。
（注2）　海外で行われる事業とは、海外支店、工場、現地法人、海外の提携先などです。

② 日本国内の事業主から、海外にある中小規模の事業（下記（表1）参照）に事業主等（労働者ではない立場）として派遣される人
〈中小規模の事業とは〉
　派遣される事業の規模の判断については、事業場ごとではなく、国ごとに企業を単位として判断します。例えば、日本国内の本社の労働者数と派遣先の国の企業の労働者数を合わせて（表1）の規模を超える場合であっても、派遣先の国の企業の労働者数が（表1）の規模以内であれば、特別加入することができます。

（表1）　中小事業主等と認められる企業規模

業　　種	労働者数
金融業・保険業・不動産業・小売業	50人以下
卸売業・サービス業	100人以下
上記以外の業種	300人以下

③ 独立行政法人国際協力機構など開発途上地域に対する技術協力の実施の事業（有期事業を除く。）を行う団体から派遣されて、開発途上地域で行われている事業に従事する人

（出所）　厚生労働省「特別加入のしおり（海外派遣者用）」3Pより転載

2．保険料は？

～最高でも年間36,500円～

　特別加入者の保険料は、図表4-2のとおり、保険料算定基礎額に保険料率を乗じた額で、最低で年間5,110円、最高でも年間36,500円です。（なお、2013年1月に起きたアルジェリア邦人に対するテロ事件を踏まえ、2013年9月より海外派遣者の給付基礎日額の上限が引き上げられています。）

　保険料算定基礎額とは、特別加入者ごとの給付基礎日額の1年分（365日分）を指し、給付基礎日額とは、労災保険の給付額を算定する基礎となる金額で、通常、特別加入する人の年収を365で割った金額に一番近い額

を選ぶことになります。

また、海外派遣者が、年度途中において、新たに特別加入者となった場合や、特別加入者でなくなった場合には、当該年度内の特別加入月数に応じた保険料算定基礎額より、特別加入の保険料を算出することになります。

図表4-2 給付基礎日額・保険料一覧表

給付基礎日額 A	保険料算定基礎額 B＝A×365日	年間保険料 年間保険料＝保険料算定基礎額(注)×保険料率 海外派遣者の場合　保険料率　4／1,000
25,000円	9,125,000円	36,500円
24,000円	8,760,000円	35,040円
22,000円	8,030,000円	32,120円
20,000円	7,300,000円	29,200円
18,000円	6,570,000円	26,280円
16,000円	5,840,000円	23,360円
14,000円	5,110,000円	20,440円
12,000円	4,380,000円	17,520円
10,000円	3,650,000円	14,600円
9,000円	3,285,000円	13,140円
8,000円	2,920,000円	11,680円
7,000円	2,555,000円	10,220円
6,000円	2,190,000円	8,760円
5,000円	1,825,000円	7,300円
4,000円	1,460,000円	5,840円
3,500円	1,277,500円	5,110円

（出所）　厚生労働省「特別加入のしおり（海外派遣者用）」7Pより転載
（注）　特別加入者全員の保険料算定基礎額を合計した額に千円未満の端数が生じるときは端数切捨てとなります。

3．実際に海外で労災事故に遭った場合は？
〜補償の対象となるのは特別加入の申請時に記載した業務内容のみ〜

国内勤務時同様に、業務災害、通勤災害の補償が受けられますが、その範囲は、申請時に提出した特別加入者名簿に記載された「業務内容」の範囲に限られます。そのため、当該名簿に記載した「業務内容」は、実際に海外で事故が起きた場合、その事故が業務上で起きたものか否かを判断をする上で、重要な事項になりますので正確に記入することが必要です。

1 赴任前事項

4．海外出張時は労災の特別加入の必要はないか？
～基本的には特別加入の必要はないが、「出張」の定義をよく確認することが必要～

　海外出張時に労働災害を受けた場合は、出張命令を出した出張元の国内事業所の労災保険により給付が受けられますので、特別加入を行う必要はありません（昭和52．3．30付基発第192号）。

　ただし、ここでいう「海外出張」とは、単に労働の提供の場が海外にあるに過ぎず、国内の事業所に所属し、当該事業所の使用者の指揮命令に従って勤務するケースを指します。

　ですから、現地の事業所の指揮命令に従って行動する人については、図表4-3のとおり、たとえその海外勤務期間が短期間でも「海外出張」とはみなされませんので注意が必要です。

図表4-3　海外出張と海外派遣の具体例

区分	海外出張の例	海外派遣の例
業務内容	1　商談 2　技術・仕様などの打ち合わせ 3　市場調査・会議・視察・見学 4　アフターサービス 5　現地での突発的なトラブル対処 6　技術習得などのために海外に赴く場合	1　海外関連会社（現地法人、合弁会社、提携先企業など）へ出向する場合 2　海外支店、営業所などへ転勤する場合 3　海外で行う据付工事・建設工事（有期事業）に従事する場合（統括責任者、工事監督者、一般作業員として派遣される場合）

（出所）　厚生労働省「特別加入のしおり（海外派遣者用）」6Pより転載

Q5 海外駐在に帯同するために退職する配偶者の雇用保険

このたび、当社の社員Ａ氏を３年間の予定で海外に駐在させます。
Ａ氏の配偶者であるＢさんも当社の社員ですが、Ａ氏の海外駐在に当たり、Ｂさんは当社を退職することになりました。この場合、退職するＢさんの雇用保険の失業等給付はどうなりますか。

A Ａ氏の海外勤務期間が３年程度であれば、帰国後、配偶者のＢさんは失業等給付を受給することができますが、海外勤務期間が長引き、日本を離れる期間が４年を超えるようであれば、Ｂさんは失業等給付を受けることができなくなってしまいます。

１．雇用保険受給延長は最大何年まで認められるか？
〜最大４年まで認められる〜

海外勤務予定者の中には、配偶者がお勤めの人もいらっしゃると思われます。

このような場合、海外勤務予定者の配偶者が、海外勤務に帯同するために退職するケースも少なくありません。退職した配偶者が、日本に帰国後、雇用保険からの失業等給付を受給できるかどうかは、海外居住期間の長さによって変わってきます。

配偶者の海外勤務に帯同するために退職した場合は、受給期間を延長できる理由に該当します。したがって「退職した翌日から１年間」と「やむを得ない事情による受給期間の延長である３年間」を合計すると、４年間となりますので、この期間内であれば基本手当を受給できます。

受給期間の延長申請は、退職後30日を経過した後、１か月以内に行わなければなりません。

1 赴任前事項

3年間の延長申請をした場合、4年以内に帰国し基本手当の受給の手続をすれば受給できる場合もありますので、海外赴任期間が3年程度と予想される場合は、現在就労中の配偶者は、退職後に必ず、雇用保険の受給延長手続を行っておくことをお勧めします。

2．帯同する配偶者が雇用保険受給期間延長のために行うべき手続は？
～退職してから30日を経過後、1か月以内にハローワークで手続を～

帯同する配偶者が雇用保険の基本手当を受給するための手続は 図表5-1 のとおりです。

図表5-1 雇用保険の受給延長申請から実際の受給まで

① 離職した勤務先から離職票を受け取る。
② 退職から30日を経過した後1か月以内に、離職票と受給期間延長申請書を自分の住所又は居所を管轄するハローワークに提出し手続を行う。（配偶者の海外勤務辞令等、延長の理由を明らかにする書類の添付を求められるため、事前にハローワークで確認のこと）
本人が手続に行けない場合は、代理人への依頼や郵送も可能。（郵送の場合は返信用封筒を同封すること）
③ 帰国後、離職票等の必要書類を持参の上、ハローワークに出頭し求職の申込み（基本手当受給の手続）をする。
④ 基本手当の受給資格が決定すれば、ハローワークから受給資格者証が交付される。
⑤ 指定された認定日に出頭し、失業認定申告書を提出して、直前の28日の各日について認定を受ける。
⑥ 認定された日数分の基本手当が、指定金融機関口座に振り込まれる。

（出所）ハローワークへのヒアリングより作成

Q6 海外駐在に当たって出国までに日本本社が行っておくべき税務上の手続

このたび、本年8月から、当社の社員A氏を3年間の予定で海外駐在させますが、A氏が日本を出国するに当たり、日本の税務上、当社は何らかの手続をする必要があるのでしょうか。

A　1年以上の予定で日本を離れ、海外勤務する人は、出国の翌日から「日本の非居住者」に該当するため、出国までに「年末調整」を行う必要があります。年末調整を行うと、通常、源泉徴収された所得税が一部還付されます。

1．駐在員の年末調整の時期は？〜必ず出国までに行うこと〜

そもそも年末調整とは、役員や使用人に対する毎月の給与や賞与から源泉徴収した所得税の合計額と、その人が年間に納めるべき所得税の差額を調整するものです。（年末調整の対象になる人は、「給与所得者の扶養控除等申告書」を提出している人ですが、年間2,000万円を超える給与の支払を受ける人は、年末調整の対象にはなりません。）

ちなみにこのケースのように、年の途中で出国する場合、年末調整の対象となる給与は、図表6-1のとおり、出国する日までの給与です。

図表6-1　年の途中に非居住者になる場合の年末調整

1/1	平成26年		12/31
居住者			非居住者
日本にて勤務		出国	海外にて勤務
年末調整の対象期間 （1/1〜出国の日まで）		↑	年末調整（＊）の対象にならない。
出国の日までに年末調整を行う。			

（＊）出国後に支払われる給料・賞与のうち、国内源泉所得に該当するとして20.42%の税率で所得税が源泉徴収されたものは、非居住者期間に生じた所得として、この源泉徴収だけで、納税が完結するため年末調整の対象とはなりません。

1 赴任前事項

２．年末調整の対象となる所得控除は？
～人的控除については１年分、物的控除については出国する日までのものが対象～

　社会保険料や生命保険料の控除は出国する日までに支払われたものだけに限られます。

　一方、扶養控除や配偶者控除は１年分控除できますので、通常、年末調整により源泉徴収された所得税は還付されることになります（所法191）。

　また、海外に出発する日までに、すでに総合課税の対象となる所得があるときや、出国の日以後、国内にある不動産の貸付けによる所得や国内にある資産の譲渡による所得があるときは、日本で、確定申告が必要になる場合があります。

図表６-２　年末調整の対象となる所得控除（＊）

所得控除		概　要
物的控除	社会保険料控除 生命保険料控除 地震保険料控除 小規模企業共済等掛金控除	その者が居住者であった期間内（１/１～出国の日まで）に支払った社会保険料、生命保険料、損害保険料が控除対象になる。 なお、外国の社会保険料及び外国保険事業所が締結した生保契約のうち、国外で締結したものにかかるものは、控除対象にならない。（所法74、75、76、77）
人的控除	配偶者控除 扶養控除等	出国の際の年末調整においては、出国の日の現況で判定。（出国の際の年末調整に当たり、控除対象配偶者や扶養親族に該当するための所得要件（合計所得金額が38万円以下）を満たすかどうかは、その出国のときの現況により見積もったその年の１/１～12/31まででの合計所得金額により判定する。（所基通85-１）

（＊）医療費控除、雑損控除、寄附金控除（特定団体に１万円以上寄附した場合）の適用を受けられる場合、年末調整ではこれらについては、計算の対象にしていないので、各自で確定申告を行う必要があります。

Q7 納税管理人の概要と手続事項

このたび、3年間の予定で海外駐在するA氏から、「納税管理人になって欲しい」と当社に対して依頼がありました。A氏は海外勤務中も、日本で不動産所得などが発生するため、その納税代行として、納税管理人が必要とのことですが、そもそも納税管理人とはどういう役割を担うのでしょうか。

A 納税管理人とは、確定申告書の提出や税金の納付等を、非居住者に代わって行う人のことです。納税管理人は居住者であれば、基本的には誰でもよく、家族が日本に残る場合は配偶者、もちろん会社の総務担当者が担当しても差し支えありません。

1．納税管理人はどういった場合に必要なのか？
～海外勤務中、給与以外の所得が日本国内で発生する場合にのみ必要～

1年以上の予定で日本を離れる場合は、出国の翌日から「（日本の）非居住者」となります。しかし、非居住者の所得のうち、日本国内で発生した所得については、引き続き日本の所得税が適用されます。

たとえば貸家の賃貸料等の不動産所得が一定以上あれば、毎年確定申告をしなければなりません。このような場合には、出国する日までに納税管理人を定める必要があります。

では納税管理人の役目とは一体どのような内容でしょうか。一般に納税管理人は、確定申告書の提出や、税金の納付等、非居住者の納税義務を果たすために置かれます。

納税管理人を定めたときは、その非居住者の納税地（通常、直前まで居住していた住所のあるところ）を所轄する税務署に「納税管理人の選任届」を提出する必要があり、納税管理人の届出をした後からは、以後税務署が

1 赴任前事項

発行する書類は納税管理人宛に送付されます。(納税管理人を解任したときも、当該納税者の納税地の所轄税務署長にその旨を届け出なければなりません。)

図表7-1 納税管理人とは？

- どのような場合に必要か？
  ⇒海外勤務中も日本国内で給与以外の所得が一定額（＊）超発生する場合
  （＊）出国する年：20万円、出国中の年：38万円

- 納税管理人は誰になってもらえばいいのか？
  ⇒日本の居住者であれば誰でもよいが、通常は日本に残る家族・親族、友人、会社の総務担当者等

- 納税管理人の手続はいつまでに行うのか？
  ⇒出国するまでに手続をする。

２．納税管理人を定めないとどうなるか？
～確定申告の際、扶養控除等の判定に関して不利になるケースがある～

前述のとおり、海外勤務中に給与以外の所得が日本で発生する場合は納税管理人を定める必要があります。

居住者が非居住者になる前に、納税管理人を選任して、その旨を届け出ている場合には、所得税法上は申告期限、扶養控除の判定等に関して「出国」したことにはならず、納税管理人を選任しなかった場合と比べ、図表7-2のような違いがあります。

２ 日本での社会保険・税務上の手続

図表7-2 納税管理人の有無と確定申告

	納税管理人指定なし		納税管理人指定あり	
確定申告期限	3/15までに出国した場合	3/16以降に出国した場合	3/15までに出国した場合	3/16以降に出国した場合
	前年分、当年分共に出国の日までに申告		前年分：当年3/15までに申告	
		当年分：出国の日までに申告	当年分：翌年3/15までに申告	当年分：翌年3/15までに申告
人的控除（扶養控除等）の判定時期	出国したときの現況により判定		出国した年の12月31日の現況による。 （ただし出国後、子供が生まれた場合など、扶養家族が増えたからといって、出国前に行った年末調整のやり直しを行い、過納額を還付することはできない。）	

1 赴任前事項

Q8 出国時期と住民税の関係

住民税は前年度の所得に対してかかる税金と聞いていますが、たとえば出国予定時期が年末か年始かによって、翌年度の住民税の課税の有無が変わると聞きました。出国時期によって、翌年度の住民税がどのように異なるかを教えてください。

A 住民税は「前年度の所得」に対し課税される税金で、毎年1月1日に日本に居住しているか否かで、その年の住民税の納税義務が決まります。そのため、出国時期を年末から年始の間で考えている場合は、年末までに出国した方が有利です。

1．住民税の計算期間と納付期間
〜前年度の所得に対して課税される〜

住民税とは、「道府県民税と市町村民税」の総称のことです。

この住民税は、所得税等とは違い、「前年所得課税主義」といって、「前年度の所得」に対して課税される税金です。

ただ、「前年度の所得に対して課税される」といっても、給与所得者の場合、厳密には次ページの 図表8-1 のような支払方法になっています。

2．年末年始をはさんだ出国に際しての住民税の有利・不利
〜年初よりは年末に出国した方が有利〜

年をまたがった出国の場合、その年末に出国するか翌年初に出国するかで次ページの 図表8-2 のとおり住民税の負担額が異なってきます。

もちろん、住民税支払の多寡だけで、出国の日を決定することは一般的ではないと思いますが、念のため、出国の日のわずかな違いで、どれだけ住民税負担額に差が生じるのかを以下に説明してみました。

（市区町村は、居住者であるか非居住者であるかの判断を、会社から受ける「給与支払報告書」により行います。したがって、出国までに転出届

ができず、本人の住民票が残っていたとしても、そのために住民税が徴収されるということは基本的にはありません。）

図表8-1　給与所得者の住民税の計算期間と納付期間

	平成26年		平成27年		平成28年		平成29年		平成30年	
	1〜5月	6〜12月	1〜5月	6〜12月	1〜5月	6〜12月	1〜5月	6〜12月	1〜5月	6〜12月
		平成26年度住民税（ただし平成26年1月1日に日本に住所を有していなければ課税されない。）	平成26年度住民税（ただし平成26年1月1日に日本に住所を有していなければ課税されない。）	平成27年度住民税（ただし平成27年1月1日に日本に住所を有していなければ課税されない。）	平成27年度住民税（ただし平成27年1月1日に日本に住所を有していなければ課税されない。）	平成28年度住民税（ただし平成28年1月1日に日本に住所を有していなければ課税されない。）	平成28年度住民税（ただし平成28年1月1日に日本に住所を有していなければ課税されない。）	平成29年度住民税（ただし平成29年1月1日に日本に住所を有していなければ課税されない。）	平成29年度住民税（ただし平成29年1月1日に日本に住所を有していなければ課税されない。）	
計算期間		平成25年1/1〜12/31までの所得に対して課税	平成25年1/1〜12/31までの所得に対して課税	平成26年1/1〜12/31までの所得に対して課税	平成26年1/1〜12/31までの所得に対して課税	平成27年1/1〜12/31までの所得に対して課税	平成27年1/1〜12/31までの所得に対して課税	平成28年1/1〜12/31までの所得に対して課税	平成28年1/1〜12/31までの所得に対して課税	

図表8-2　年末年始をはさんだ出国に際しての住民税の有利・不利

① 年度内に出国した場合
　例：平成26年12月31日に出国した場合
　　→平成27年1月1日には日本に住所がないので
　　→平成27年度住民税は支払わなくてよい。
② 年明けに出国した場合
　例：平成27年1月2日に出国した場合
　　→平成27年1月1日には日本に住所があるので
　　→平成27年度住民税の支払義務あり。

1 赴任前事項

Q9 駐在員が住宅借入金等特別控除の適用を受けている場合

このたび、当社の社員A氏を平成26年3月から3年間の予定で海外駐在させますが、A氏は、平成19年に購入した自宅の住宅借入金等特別控除を受けています。(A氏は単身で海外に駐在し、A氏の家族は自宅に引き続き居住します。)この場合、海外駐在期間中も、A氏は、住宅借入金等特別控除の適用を受けることができるのでしょうか。

A

出国の日を含む年分以後（この場合、平成26年分以後）においては、原則的には住宅借入金等特別控除を受けることはできませんが、帰国後居住者となった後においては、一定要件のもとにこの控除を受けることができる場合があります。また、家族を伴って赴任する場合と単身で赴任する場合とでは、その転勤が国内勤務であれば、住宅借入金等特別控除に関する取扱いは異なりますが、海外転勤の場合は、いずれの場合も、帰国後にしか、住宅借入金等特別控除の適用は認められません。

1．住宅借入金等特別控除適用の条件
〜日本の「居住者」であることが大前提〜

居住者である所得者が、平成9年1月1日から平成29年12月31日までの間に、10年以上の償還期間のあるローンで住宅を取得してその取得の日から6か月以内に居住の用に供した場合には、その居住の用に供した年以後一定期間（住宅取得年により異なります）、一定要件のもとに一定額の住宅借入金等特別控除を受けることができます。

ただし、いずれの年分においても、その年の12月31日まで引き続き住宅を居住の用に供していることが適用要件になっています（措法41①）。

この住宅借入金等特別控除は、本来「居住者」についてのみ認められる

制度であるため、海外勤務者（非居住者）として年の途中で非居住者として出国した場合には、たとえ、留守家族が引き続きその住居を居住の用に供していても、住宅借入金等特別控除は適用されないことになります。

2．帰国後に住宅借入金等特別控除の再適用を受けるには
～出国までに行うべきこと～

　しかし、この海外勤務者が帰国し居住者となった後、再びその住宅を居住の用に供した場合は、それ以降の年分（残存控除適用期間内の各年分に限ります。）については、住宅借入金等特別控除の適用を認めることが適当であると考えられます。

　このケースの場合も、海外勤務期間中の非居住者である年分については住宅借入金等特別控除は適用されませんが、非居住者（A氏）が海外勤務を終え帰国して居住者となった後、住宅借入金等特別控除の適用対象となっていた住居を再び居住の用に供しているときは、図表9-1のとおり、それ以後の残りの控除適用期間内の各年分については、再度住宅借入金等特別控除の適用が認められます。

　（住宅借入金等特別控除の再適用を受けるためには、「その家屋を居住の用に供しなくなる日（すなわち転勤する日）」までに所定の手続をする必要があります。詳細は最寄りの税務署（所得税担当）にお問い合わせください。）

1 赴任前事項

図表9-1 海外勤務者と住宅借入金等特別控除

平成19年	平成20年～25年の各年	平成26年	平成27年～28年の各年	平成29年	平成30年～33年の各年（※）
居住者	居住者	居住者	非居住者	非居住者	居住者	居住者
1/1 ▲ 12/31 住宅取得　居住者▲	1/1　12/31 居住者▲	1/1 ▲ 12/31 出国　非居住者▲	1/1　12/31 非居住者▲	1/1 ▲ 12/31 帰国　居住者▲	1/1　12/31 居住者▲
住宅借入金等特別控除 適用あり （確定申告）	住宅借入金等特別控除 適用あり （年末調整）	住宅借入金等特別控除 適用なし	住宅借入金等特別控除 適用なし	住宅借入金等特別控除 適用あり （確定申告）	住宅借入金等特別控除 適用あり （年末調整）

（※）平成19年に住宅を取得して居住した場合は、控除期間を10年又は15年のいずれかを選択します。控除期間15年を選択した場合、平成33年まで住宅借入金等特別控除が適用されます。

3 医療・健康管理面

Q10 海外旅行保険の付保額及び保険金支払事例

社員を海外に駐在させるに当たり、海外旅行保険に加入させようと思っています。
一般に他社では社員を駐在させる際、旅行保険に加入させているのでしょうか。また、付保額の目安にするため、高額の治療費が支払われた実例や、海外旅行保険について駐在員に事前に説明しておくべきことを教えてください。

A 海外駐在員に対して旅行保険に加入させる企業は非常に多いですが、中には自家保険制度を採っているケースもあります。また現地での医療行為は日本では想像できないほど高額であることも少なくないことから、治療費については十分な補償をつけておく必要があります。また、赴任予定者に対し、保険の使い方や留意すべき点について、本社からきちんと説明しておくことが望まれます。

１．海外駐在に当たり、社員に旅行保険を付保するべきか？
〜通常、加入させるケースが多いが、一部の企業は自家保険を行っていることも〜

社員を海外駐在させるに当たっては、海外旅行保険に加入させるケースが多くなっています。

赴任者や出張者が一定数以上いる企業は、通常は海外旅行保険に関する「企業包括契約」を保険会社との間で締結しているケースが一般的ですが、中にはコーポレートカードに付帯されている保険で対応されている会社もあります。では一般にどのくらいの金額を付保しているのでしょうか。

1 赴任前事項

　傾向としては、大企業は死亡保険が低め（500万円～1,000万円程度）で、治療費や救援者費用が高め（1,000万円～無制限）に設定しています。一方、中堅・中小企業の場合は、死亡保険が高くて治療費が相対的に低いケースが少なくありません。

　また、中には「旅行保険には加入せず、現地でかかった医療費を全額会社が負担する」というケースも見られます。図表10-1 は2006年から2012年に台湾、韓国、マレーシア、インド、フィリピン国内で発生した高額保険金支払事例です。（なお、この表には記載されていませんが、2006年にインド地方都市で車にはねられた日本人旅行者が、頭蓋骨骨折、鼓膜破損等の意識不明の状態に陥り、その際の医療費として加入していた保険会社から1,000万円以上の保険金が支払われた事例が存在します。）

図表10-1 台湾・韓国・マレーシア・インド・フィリピンにおける高額保険金事例（医療関連費用）

年	国（都市）	内容	支払保険金（円）
2012年	韓国	朝、お茶を飲んでいる際に力が抜けて倒れ救急車で搬送。脳出血と診断され13日間入院。家族が駆けつける。医師・看護師が付き添い医療搬送。	3,449,831
2012年	マレーシア	朝食後に冷や汗・胸の痛み・腕の痺れ、その後嘔吐。心筋梗塞と診断され7日間入院・手術。家族が駆けつける。医師・看護師が付き添い医療搬送。	5,143,687
2011年	フィリピン	頭痛を訴え意識を失う。くも膜下出血と診断され34日間入院・手術。	5,313,071
2010年	台湾	ベランダから落下。胸椎・腰椎他骨折。脊髄損傷と診断され214日間入院・手術。看護師が付き添い医療搬送。	4,563,950
2009年	韓国	頭痛・吐き気を訴え受診。脳内出血と診断され21日間入院・手術。家族が駆けつける。	4,190,075

		医師・看護師が付き添い医療搬送。	
	台　湾	空港到着後に突然意識不明となる。くも膜下出血と診断され30日間入院・手術。家族が駆けつける。医師・看護師が付き添い医療搬送。	4,648,287
2007年	インド	腹痛を訴え受診。腫瘍が発見され6日間入院・手術。	3,305,800
2006年	フィリピン	風邪の症状を訴え受診。敗血症・心筋症と診断され14日間入院。家族が駆けつける。	3,453,559

(出所)　ジェイアイ傷害火災保険㈱「海外の医療情報・事故データ」より作成。
※保険金での支払費用等の内容は、保険約款によります。

　これら5か国はインドやマレーシアを除いては日本からの距離も比較的近いことや医療搬送の際の距離が短いこともあり、欧米での医療費に比べると比較的少なめであることがわかります。
　ただ、それでも海外で治療を受けると日本より高い費用が発生していることは事実です。
　また、こういった高額医療費以外でも 図表10-2 のような事例で現地の医療機関にお世話になることも十分に考えられます。
　さらに、海外旅行保険に加入していない場合、不幸にして多額の治療費が必要になる場合、治療に必要なお金をすぐに調達できなかったり、一刻を争う事態において、数百万円以上の医療費の支払の可否を問われた際、すぐに即答できず、もっと他の手段はないかと検討している間に、治療を受けるべき人の状況は悪化し、助かるものも助からなくなる、ということもありえます。よって、会社として何らかの旅行保険に加入させることは、社員が安心して海外での業務に励むためにも不可欠といえます。また、状況により、救命のため1,000万円の費用承認がすぐに必要というケースもありえます。無保険の場合、特に土日や夜間の緊急判断が難しい場合もありますが、「事前に緊急連絡体制の整備や権限移譲を行っておいた方がよい（ジェイアイ傷害火災保険）」という専門家からのコメントもありました。

1 赴任前事項

図表10-2 台湾・韓国・マレーシア・インド・フィリピンにおける医療関連費用（2011年・2012年）

事故場所	保険金(円)	事故内容
台湾	213,790	雨で滑って転倒。
	626,807	腰の痛みがあり入院。
	209,234	朝、腹痛（微熱37℃台）で救急車を呼び、現地病院を受診。検査をして子宮内膜症の一種で卵巣に腫れがあり、入院。
	375,984	ホテルの庭の坂道で、振り返った際に転倒。左手をつき骨折した。現地の病院に行き、手術・入院。
韓国	232,586	ソウルの宿泊先ホテルを出たところで、左半身に違和感があり目眩がしたのでホテルに戻りガイド事務所に連絡の上、病院を紹介してもらった。脳梗塞の疑いがあるとのことで入院を勧められたが点滴で治療してもらい予定通り帰路についた。
	239,681	プサン滞在中に胃の調子が悪くなり病院へ行ったところ、医者から入院を勧められた。2日前に食べたものによる腸炎。
	364,523	心臓に痛みがあるため病院を受診。
	433,458	喉に痛みがあり風邪の症状が出ているため病院に受診。
	763,024	仕事で韓国に出張。ホテルの部屋で亡くなっていた。
	331,738	腎臓に炎症があり1週間前から症状が出始める。病院を受診し入院。
	530,616	2週間前から皮膚の痒みと腕の筋肉の痛みがあるので病院を受診。
マレーシア	230,408	起きたときに呂律が回らなく、ふらつき、むかつきがあったため病院を受診。
	245,943	前日の夜中ホテルのバスルームで転倒し顔をぶつけ右頬を深く切ってしまった。病院のA&Eで診察し消毒。次の日同病院内の専門医にて診察、消毒。同日シンガポールに帰るため今後はシンガポールで治療予定。
インド	108,813	前夜より頭痛・発熱を発症。原因に思い当たることがないので病院に受診。

32

3　医療・健康管理面

	110,730	尿道の感染症による高熱、前立腺肥大及び PSA 値（統合型）増大。膀胱の感染症による高熱。
	128,700	肺炎
	145,190	風邪の症状で受診。ウィルス性の発熱と診断。
	151,407	高熱（39℃）、頭痛が続き受診。テング熱と診断。
	206,370	家族でインド旅行に出かけデリー等を訪問した。帰国直後、発熱、咳の症状が出始め、下痢の症状が酷くなり近くのクリニックで受診。3日後に再受診。インド旅行に出かけていたことを伝えたところ、感染症の疑いがあるということで、紹介状をいただき日本の病院へ同日入院（感染症のため個室に入院）。翌日熱及び下痢はおさまりさらにその翌日に退院許可が出たので退院した。
	306,485	テング熱
	306,555	痔、胃炎
	424,867	現地で急性胃腸炎になり、現地の病院を受診。
フィリピン	232,059	フィリピン滞在中に腹が痛くなり（下痢が続いた）、病院へ行ったところそのまま入院となった。約1週間入院し退院。
	207,026	痰、咳、発熱
	208,536	急性気管支炎
	210,219	右腱板炎症、金筋膜疼痛症候群、腱開繊筋腱板炎
	222,510	冷凍したケーキを食べたところ前歯が1本欠損した。
	240,955	転倒し、大腿骨骨折で入院。
	356,254	虫垂結石
	356,254	結石性胆のう炎
	382,265	急性A型肝炎で入院。
	468,555	ショッピング中に倒れて死亡。
	1,876,505	転倒し、大腿骨骨折で入院。

（出所）　ジェイアイ傷害火災保険㈱より情報提供

1 赴任前事項

２．こんなケースは旅行保険の対象外
～持病、歯科治療、親族や職務に起因する賠償責任など

(1) 持病（※１）及び妊娠、出産

　出国前からの既往症は支払対象外になります。保険加入時に持病について自己申告をしていなかったとしても、保険金請求の際、保険会社による調査の結果、「治療内容から判断すると持病である」とされ、保険金が支払われないケースも少なくありません。

　よって、持病を抱え、定期的に医療行為を受ける必要がある社員を赴任させることは避けるのが望ましいのはいうまでもありませんが、代替する人員がいないため、やむを得ずそういった社員を赴任させる場合は、現地でかかる医療費は、どこまで会社が負担するのか等もあらかじめ決めておくことをお勧めします。

　また、妊娠・出産は病気ではないためこれらを要する医療費は海外旅行保険から支給されません。

（※１）「疾病に関する応急治療救援費用補償特約」で補償される場合があります。

(2) 歯科治療（※２）

　歯科治療費は海外旅行保険の対象にはなりません。よって、海外で歯科治療を受ける場合は、かかった医療費を健康保険組合などに申告して、治療費の一部を還付してもらうという形になります。（ただし、交通事故で歯を損傷した場合は「怪我」扱いとして、歯の治療費が旅行保険から給付されることがあります。）

（※２）「歯科治療費用補償特約」で補償される場合があります。

(3) 賠償責任が適用されないケース

　「個人賠償責任補償特約」を付けておくと、法律上の賠償責任が発生した場合に支払対象になりますが、以下の図表10-3のような場合は対象外になるので注意が必要です。

③ 医療・健康管理面

図表10-3　賠償責任が適用されない主なケース

- 保険契約者又は被保険者の故意によって生じた損害
- 被保険者の職務遂行に起因する損害賠償責任
- 被保険者と同居する親族及び同一旅行行程の親族に対する損害賠償責任
- 被保険者が所有、使用又は管理する財物の損壊もしくは紛失に対する損害賠償責任
- 被保険者の心神喪失に起因する損害賠償責任
- 被保険者又は被保険者の指図による暴行・殴打に起因する損害賠償責任
- 自動車、オートバイなどの車両、船舶、航空機、銃器の所有・使用・管理に起因する損害賠償責任
- 罰金、違約金、懲罰的賠償金など

(出所)　ジェイアイ傷害火災保険㈱より情報提供

3．駐在員にしっかり事前説明しておくこと

　駐在員からよく聞かれるのは、「総務や人事担当者から、「旅行保険に加入しておいたよ」と保険会社が作った「海外旅行保険ガイドブック」などをポンと渡されるだけで、何も説明がなかったため、いざ現地で旅行保険を使おうと思ったとき、どうすればよいかわからず困った」という意見や不満です。

　そこで、駐在前には、給与等の説明だけでなく、旅行保険の使い方や注意事項についても説明しておく必要があります。

(1)　保険証券番号・緊急時の保険会社連絡先の携帯

　万が一の事態に備え、充実した旅行保険を社員に付保していたとしても、当該駐在員が、事故に遭ったとき、自分のID番号や保険証券番号がわからない（つまり、保険に加入していることが証明できない）状況であれば、医療行為を受ける必要がある場合でも、医療機関から「支払能力なし」とみなされて治療を行ってもらえない可能性もあります。

　よって保険証券（被保険者証・IDカード）は常に何部かコピーして、

1　赴任前事項

控えを持っておく、もしくは手帳や財布に番号を控えておくといった準備が必要になります。また、加入している保険の引受会社の緊急連絡先もあわせて携帯電話に登録したり、手帳に書き留めておくことが必要になります。

(2) キャッシュレスとなる医療機関の確認

通常、保険会社は各国の主要都市に「提携の医療機関」をいくつか保有していて、その病院で治療を受けると、保険証券（被保険者証・IDカード）を提示すれば、キャッシュレス（治療費の支払なし）で治療を受けることができます。よって、駐在員が赴任する都市、頻繁に出張する都市において、キャッシュレスとなる医療機関があるかあらかじめ調べておく必要があります。

（赴任先や居住地の近くにキャッシュレスの対象となる医療機関がない場合、保険会社に依頼すれば、現地の医療機関に対し、キャッシュレス対応ができるよう、交渉してくれることもあります。）

3　医療・健康管理面

Q11 健康保険と海外旅行保険の違い

海外で医療行為を受けた際も、日本の健康保険が利用できると聞きましたが本当ですか。当社では海外駐在員に対し、海外旅行傷害保険を加入させる予定ですが、健康保険と海外旅行保険の使い分け方など、あれば教えてください。

A 健康保険、海外旅行保険それぞれに一長一短があります。そのため、用途に応じて両者を使い分けることをお勧めします。

　海外駐在生活におけるトラブルとしては、健康面に関するものが最も頻度が高くなっています。海外で支払った医療費は、日本の健康保険でもカバーされますが、いったん海外駐在員が全額を立替払いし、後日払戻請求することになります。払戻しの範囲は、日本国内で保険診療を受けたとした場合の費用を基準とするため、必ずしも医療費の全額が支払われるとは限りません。そのため欧米などの医療費の高い地域では、かなりの自己負担を強いられる可能性があります。
　一方、海外旅行保険は、契約した保険金額を限度に医療費実費が支払われますが、持病や歯科治療については対象外になります。また、あまり頻繁に利用しすぎると、次年度の保険料が大幅に上がったり、更新ができなくなる可能性もあるので赴任者及び帯同家族の節度ある利用が求められます。
　そのため現地で治療を受ける際は、歯科疾病や持病については健康保険を利用し、その他の傷病については海外旅行保険を利用するのがよいでしょう。
　図表11-1では、海外旅行保険と健康保険の違いについてまとめてみました。

37

1 赴任前事項

図表11-1 海外旅行保険と健康保険

	海外旅行保険	健康保険
保険料	赴任先により異なる場合がある。本人プラン、家族プランなど様々。	健康保険組合等により異なる。
医療機関での支払方法	保険会社のサービス内容により異なるが、キャッシュレスメディカルサービスとして、保険証券や保険契約証を現地提携病院に提示するだけで、現金不要で治療が受けられ、非常に便利である。	いったん全額を立替払いし、日本の保険者に請求する。
医療費負担額	契約した保険金額を限度に実際にかかった医療費の実費が支払われる。	健康保険から支払われるのは、日本国内で保険診療を受けたとした場合の費用を基準とするため、医療費が高い欧米系の病院で治療を受けた場合、実際に支払った金額とかなり差額が生じる可能性がある。
対象となる療養費	保険会社との約款に掲載されている。	保険診療の対象となる医療行為
対象とならない療養費	一般には以下の費用は対象外となる。 ① 持病を含む既往症 ② 妊娠・出産費用 ③ 歯科疾病	保険診療の対象とならない治療を行った場合
備考	一般的に海外旅行保険等には、「救援者費用」「賠償責任」「携行品被害」に対する補償があることが多い。	海外旅行保険のような「救援者費用」「賠償責任」「携行品被害」に対する補償はない。
問合せ先	各保険会社	所轄年金事務所、各健康保険組合

③ 医療・健康管理面

Q12 赴任前健康診断・予防接種

A氏を本年12月から3年間、海外駐在させるに当たり、事前に何らかの予防接種を受けさせておく必要はあるでしょうか。またA氏に対し海外赴任前に健康診断を受診させる必要はあるでしょうか。

A 東南アジア及び南アジア駐在予定者が行っておくとよい予防接種としては「日本脳炎」「破傷風」「A型肝炎」「B型肝炎」「狂犬病」があります。また、社員を6か月以上海外勤務させる場合は、事前に健康診断を行うことが、法律で義務付けられています。

1．海外に6か月以上勤務する場合は必ず事前に健康診断を！
〜労働安全衛生規則第45条の2第2項より〜

労働安全衛生規則第45条の2第2項によりますと、社員を海外に6か月以上勤務させる場合は、あらかじめ当該社員に対し、図表12-1のとおり、同規則第44条第1項各号に掲げる項目及び厚生労働大臣が定める項目のうち、医師が必要であると認める項目について、健康診断を行わなければなりません。

39

1 赴任前事項

図表12-1 定期健康診断項目（労働安全衛生規則　第44条）

イ	既往歴及び業務歴の調査
ロ	自覚症状及び他覚症状の有無の検査
ハ	身長、体重、腹囲、視力及び聴力の検査
ニ	胸部エックス線検査及び喀痰検査
ホ	血圧の測定
ヘ	貧血検査（血色素量、赤血球数）
ト	肝機能検査（GOT、GPT、γ-GTP）
チ	血中脂質検査（総コレステロール、HDLコレステロール、トリグリセライド）
リ	血糖検査
ヌ	尿検査（尿中の糖及び蛋白の有無の検査）
ル	心電図検査（安静時心電図検査）

２．海外駐在に備えて行うべき予防接種
～海外駐在予定者が決まり次第、接種のスケジュールを組む必要がある～

　予防接種の中には、数週間おきに何度も注射するものもあります。

　そのため海外駐在員の決定後、人事・総務担当者は、図表12-2のとおり、東南アジア及び南アジアで注意が必要な病気についての予防接種に関し、海外駐在予定者及び帯同家族の接種スケジュールを組む必要があります。

　また、駐在員だけでなく、東南アジア及び南アジア地域に１か月以上出張するなどの長期出張者や、同地域に頻繁に出張される人にも健康上のリスクは存在しますので、これらの予防接種を行う方が安心です。

※赴任決定から実際の赴任までに時間がない場合は、本書でご紹介する５か国（台湾、韓国、マレーシア、インド、フィリピン）であれば、現地の医療機関等でも予防接種を受けることは可能です。

図表12-2 海外渡航者向け予防接種（一例）

ワクチン	接種回数	接種間隔の目安 2回目	接種間隔の目安 3回目	有効期間
A型肝炎（国産）	3回	2〜4週間	6〜12か月	
A型肝炎（輸入）	2回	6〜12か月		
B型肝炎	3回	4週間	6〜12か月	
破傷風トキソイド	3回	4週間	6〜12か月	10年
日本脳炎	3回	1〜4週間	約1年後	4〜5年

（出所）東京医科大学病院　渡航者医療センター「ワクチンの解説」より作成

1 赴任前事項

4 その他

Q13 赴任前研修について

A氏を来月から、3年間の予定で海外に駐在させます。大手企業では、駐在予定者に対して「赴任前研修」を行っているそうですが、当社では海外駐在する社員の数も少なく、独自で赴任者研修をする余力はありません。外部機関等を利用して、効率的に赴任前研修を行う手段があれば教えてください。

A 業務命令で海外に行く社員及び帯同家族について、事前に現地の情報収集や、安全管理に関する知識や情報を与えるのは会社としての義務でもあります。自社独自の研修ができない場合は、外部機関が行っている研修プログラムを利用し、本人の希望にあわせて、可能な範囲で受講させることをお勧めします。

1．赴任前研修の種類
〜外部機関を上手に利用〜

　大手企業では、自社独自で海外駐在員用に研修を行っているケースも少なくありません。しかし駐在員数が少ない企業の場合、自前で研修を行うにはコストがかかりすぎます。とはいえ、会社の命令で海外勤務させるにもかかわらず、駐在予定者及び帯同家族に対し、事前に会社として何の情報提供や研修の機会を与えないのは、企業のリスク管理や社員の福利厚生の面からも好ましくありません。

　そのような場合、外部機関が行う赴任前研修を利用するのも一案です。
　赴任前研修のうち、外部で受講が可能なものは色々ありますが、たとえ

ば 図表13-1 のとおり、外部機関が主催する語学研修や異文化コミュニケーション研修、また海外子女教育振興財団が主催する「子女教育関連セミナー」等があげられます。

とはいえ、駐在予定者が決定してから実際の赴任までの、わずか数か月の期間に、受講させたい研修がいつも開催されているとは限りません。そのような場合は、自社の赴任者に合わせて個別で赴任前研修を実施する機関もありますので、利用されるのも一案です。

図表13-1 赴任前研修の一例(海外赴任者向け、本社管理部門向け)

名称	内容	対象者
危機管理・安全対策研修	海外での安全管理上・危機管理上の注意(実生活に直接関わることなので、赴任予定者に人気が高い)	赴任予定者・帯同家族・本社管理部門
子女教育関連研修	子女の教育問題、学校選択方法、帰国後の学校選択など(実生活に直接関わることなので、赴任予定者に人気が高い)	赴任予定者・帯同家族
現地情報研修	駐在経験者等が海外の生活情報等を説明。(実生活に直接関わることなので、赴任予定者に人気が高い)	赴任予定者・帯同家族
異文化コミュニケーション研修	海外ビジネスで直面する外国人とのコミュニケーション問題の原因を、相互の文化、価値観に基づき理解する。	赴任予定者
マネジメント研修	海外で管理職につく際の現地でのマネジメント手法について理解する。	赴任予定者
海外勤務者の社会保険と税務	海外勤務者の日本及び任地双方での社会保険・税務上の取扱いを理解する。(実務上の取扱いを理解できる研修として、本社管理部門に人気が高い)	本社管理部門・赴任予定者
海外勤務者の給与決定方法と赴任者規程の作成	海外勤務者の給与体系、赴任者規程の作成のポイントを理解する(実務上の取扱いを理解できる研修として、本社管理部門に人気が高い)	本社管理部門

1 赴任前事項

２．駐在員が語る「受けておけばよかった」研修

　筆者が行ったアンケート結果によると、駐在員、駐在経験者に受けておけばよかったとして、特によく聞かれる意見を 図表13-2 にまとめてみました。

 図表13-2 海外駐在員、駐在経験者が語る「受けておけばよかった赴任前研修」

① **赴任地の労働法等に関する研修**
　海外赴任すれば、ほとんどの赴任者は海外駐在員となり、ナショナルスタッフを育成・管理する必要がある。その際、現地の労働法に関する知識は不可欠。

② **現地生活事情に関する研修**
　本社は「現地事情は日本ではわからないから」ということで、赴任前に特に情報を提供してくれることはなかった。「必要なことは個別に現地に問い合わせるように」といわれても、現地の赴任者とは面識もないし聞きづらい。赴任予定者が現地の生活状況等について把握できるように、本社が現地赴任者と赴任予定者の間に入って、直接意見を聞ける機会などを作るなど、配慮して欲しい。

③ **人事評価等、管理職として必要な知識に関する研修**
　いきなり海外で管理職になっても、どのように人材を育成したらよいかわからないし、ましてや人事評価の仕方もわからない。こういったことは実際に経験しないとわからないことだが、「人事評価の仕方」等、前もって初歩的なことだけでも教えて欲しかった。

④ **海外旅行保険の使い方、健康保険の海外医療費請求の仕方**
　赴任前に「海外旅行保険に加入していること」及び「海外での医療費を日本の健康保険に請求することができること」は聞いていたが、具体的な請求方法などの説明がなかったため、医療機関を利用した際、間違って保険証券を返却してもらい損ねたり、保険の番号がわからなかったため、いったん自費で高額な医療費を支払う羽目になったり、いろいろとトラブルがあった。

⑤ **海外赴任者の処遇に関する研修⇒これが最も必要とする赴任者が多い**
　「海外赴任者規程に必要なことが書いてあるから」と規程は配布されていたが、具体的な説明を受けていないし、自分は人事的な知識もないため、規程の内容も実はよく理解できていない。
　事前に処遇について、もっと具体的に説明してもらう機会が欲しかった。

Q14 赴任支度金について

A氏の海外駐在に当たり、赴任に際して必要となる物品の購入費を支給する予定です。ただ、どのくらいの金額が世間一般的に妥当な水準なのでしょうか。また、当該支度金は、旅費の一部として、所得税法上、非課税扱いと考えてよいのでしょうか。

A 赴任支度金の金額については各社各様ですが、本人については20～30万円、配偶者についてはその半額程度とするケースが多いようです。また赴任支度金の支給の仕方によって、所得税の課税対象になる場合とならない場合があります。

1．支度金の相場は？
～本人に対しては20～30万円とするケースが多い～

赴任支度金とは、海外駐在に伴い必要となる物資を購入するために支給するものです。支度金の設定の仕方は会社によって「資格によって金額を決定するケース」「基本給の1か月分とするケース」など様々ですが、本人に対しては20～30万円程度の金額を、配偶者についてはその半額程度を支払っている場合が多いようです。

2．旅費・支度金の課税上の取扱い
～所得税の課税対象となるケース、法人税の寄附金扱いとなるケース～

通常、旅費は所得税法第9条第1項第4号（以下「所法9①四」）に従い、非課税になることはよく知られていますが、あくまで実費見合い分のみであり、図表14-1のとおり、赴任支度金を「給与の1か月分」といった形で支給するケースは場合によっては給与扱いとなり、所得税の課税対象となる場合があるので注意が必要です。

1 赴任前事項

また、法人税法上の観点から見ると、親会社の社員を海外の現地法人等に勤務させる場合、その者に支払う旅費や支度金について、すべて親会社が負担してしまうと、場合によっては「親会社から海外関連者への寄附金」とみなされることもあるので注意が必要です。

図表14-1 海外赴任・帰任時の旅費、支度金の基本的考え方

	1．所得税法上の取扱い （旅費・支度金を受け取る個人側の取扱い）	2．法人税法上の取扱い （旅費・支度金を支払う企業側の取扱い）
基本的考え方	・受け取る個人の経済的利益になる場合 ⇒所得税の課税対象となる ・受け取る個人の経済的利益にならない場合 ⇒所得税の課税対象とならない。	・出向元（日本企業）の都合で海外赴任する場合：出向元が負担すべき。 ⇒損金算入できる。 ・出向先（海外企業）の都合で海外赴任する場合：出向先が負担すべき。 ⇒出向元が支払ったら、国外関連者への寄附金として課税。
赴任旅費	基本的に非課税 合理的な範囲の金額であると認められる範囲であれば非課税（根拠：所法9①四）	① 出向元（日本企業）の都合で海外赴任させる場合 合理的な範囲の金額であれば損金算入可。 ② 出向先（海外企業）の都合で海外赴任させる場合 (a) 原則 本来出向先が負担すべきものを日本企業側が負担することは、出向元から出向先に寄附を行っている、すなわち「国外関連者への寄附」とみなされ寄附金課税の対象になる。就航先に寄附を行っている、すなわち「国外関連者への寄附」とみなされ寄附金課税の対象となる。 (b) 例外 ただし、出向先が子会社等で、子会社が経営不振等で応援のために行く場合等は「寄附金」の例外規定に該当し、損金算入できる。
赴任支度金	基本的に非課税 「その支給額がその会社の役員、使用人すべてを通じて適切なバランスがとれている。」「その支給が同業同規模他社と比べて相当と認められる。」という基準を満たせば基本は非課税。（根拠：所基通9-3） 原則的には「実費弁証的なもの」であることが非課税の条件なので、たとえば給与の1か月といった支給の仕方だと経済的利益、つまり「給与」とみなされ課税される可能性大。	

Q15 引越手続の留意点

今般、社員をはじめて海外に駐在させます。
海外駐在に当たって、会社が負担する必要がある引越荷物の容量や、手続等について教えてください。

A 海外引越は単に荷物の移動ではなく、輸出入業務であるため、送り先の国・地域により通関規則や所要日数が異なります。

1．海外引越に当たっての荷物の目安

海外引越は単に荷物の移動ではなく、輸出入業務であるため、送り先の国や地域によって通関規則や通関所要日数が異なります。よって、海外引越に慣れた業者に依頼されることをお勧めします。また、作業をスムーズに進めるため、赴任が決まればすぐに引越業者に連絡をし、それ以降はすべて赴任者と引越業者との間で作業を進め、人事総務担当者は、引越業者に見積金額、今後の作業予定について逐次報告を受ける形にするのがよいでしょう。

引越に当たっての留意点を 図表15-1 にまとめてみました。

1 赴任前事項

図表15-1 海外引越においての留意点

荷物送付量の目安	航空便：30〜60kg 程度／人 船便：企業により異なるが30m³／人〜50m³／人 （航空便：壊れにくいもの、あまり重くないもの、船便：かさばるもの、割れ物、壊れやすいもの） →上記荷物容量及びそれら荷物にかかる関税等は会社が全額負担するケースが多い。
荷物の梱包	・国内引越に比べ海外専門の梱包知識、技術が必要。 　（細かいものの箱詰めは赴任者が行い、家具や割れ物の梱包は業者に任せた方が安心） ・プラスチックの衣装ケースは、そのもの自体が大きくなければ、中に衣類など比較的軽く柔らかいものを入れたまま送付が可能。 　（航空便は破損の危険性が高いので、船便で送るのがベター）
送付方法	航空便：急ぐもの、壊れにくいもの、あまり重くないもの 船便：急がないもの、かさばるもの、割れ物、壊れやすいもの
持っていけば便利なもの	室内物干スタンド、炊飯器、魚焼きグリル、Ｔシャツ、下着類、靴など

2．国別でみた海外引越時の留意点

　国別でみた海外引越時の留意点については、**図表15-2** のとおりです。

　なお、各国の通関事情は頻繁に変更される場合がありますので、実際の手続時には最新情報を確認する必要があります。

4 その他

図表15-2 国別でみた海外引越時の留意点

		台湾	韓国	マレーシア	インド	フィリピン	
						課税通関	免税通関
船便	所要日数（目安）	3週間から1か月程度	30日程度	30日程度	50〜60日程度	25日程度	35〜40日程度
	日本側通関手続	約6日	約10〜14日	約6日	約6日	約6日	約6日
	船 日本→相手	3〜4日	2〜3日	約11日	約1か月	約5〜10日	約5〜10日
	相手国通関手続	約10から15日	約7〜10日	約10日	約2〜3週間	約5〜7日	約14〜20日
航空便	所要日数（目安）	10から2週間程度	約2週間	約2週間	約2〜3週間	35〜40日程度（ビザ取得済みの場合）	約1か月
	日本側通関手続	約5日	約5日	約5日	約5日	約5〜10日	約5〜10日
	飛行機 日本→相手	1日	1日	約1日	2日	2日	2日
	相手国通関手続	3〜4日	約3日	約5日	約1週間	約5〜10日	約14〜20日
通関書類	相手国側通関手続	・パスポートコピー（顔写真ページ）のコピー） ・パスポート台湾の入国印ページのコピー ・フライト便名 ・委任状	・パスポートコピー（顔写真ページ） ・韓国ビザコピー（1年以上のもの） 【船便】※2 このような書類の取得が難しい場合は、実際の在職期間を記入 ・韓国人登録証・申請・取得まで約3〜4週間 外国人登録事実証明書：約1〜2週間	・パスポートコピー（顔写真ページ） ・日本出国時の航空券コピー（eチケット可）	1. パスポート原本 2. Visa（1年以上のもの）もしくはEmployment Visa、もしくはBusiness Visa ①Employment Visaの場合 ・雇用契約書（現地勤務先にて用意） ・FRRO（外国人登録署）のみ不要 ②Business Visaの場合 ・招聘状（日本側勤務先にて用意） 3. 通関書類の署名	・パスポートコピー（顔写真ページ） ・パスポートのもの） ・日本出国時の航空券コピー（eチケット可）	
			・パスポートコピー（顔写真ページ） ・韓国での勤務先在職証明書コピー（韓国赴任予定期間2年以上で書かれているもの）※1 ・通関申請（委任状・引越荷物申告書） ・外国人登録証コピーまたは外国人登録事実証明書【船便のみ必要】※2			【課税通関の場合】 ・パスポートコピー ・稀にパスポート原本の提出を求められる事がある。 【免税通関の場合】 ・パスポート原本 （1年以上の労働ビザが添付されている事） ・現地側勤務先の雇用契約書 ・現地側勤務先にて発行の社員証明書	
発送できないもの		①一般的に禁止されているもの ・刀剣・拳銃・模造拳銃・武器・弾薬・爆発物・危険物・塗料などのスプレー缶・ガスボンベ・リチウム電池のついた電化製品（小物含む） ・商標権・特許権・著作権等の権利書物・貴金属・宝物類	①一般的に禁止されているもの 同左 ②上記以外 お米・お酒・乳製品（粉ミルク）	①一般的に禁止されているもの 同左 ②上記以外 ・FMラジオ・FAX機器・衛星放送用受信アンテナ・お米	①一般的に禁止されているもの 同左 ②上記以外 ・牛肉を含んだ食料品・タバコ酒・アルコール類	①一般的に禁止されているもの 同左 食品（肉製品・野菜・生の食品等／乾物は除く）・お酒	

49

1 赴任前事項

	台湾	韓国	マレーシア	インド	フィリピン
発送できないもの	・麻薬、覚醒剤及び向精神剤、器具、けし・大麻の実、薬物 ・偽造、変造、模造の通貨、債権、証券類 ・信書、ポルノ製品（雑誌・ビデオ・DVD・写真等） ・ワシントン条約該当物品、植物（土のついたもの）、種、プリザーブドフラワー ②上記以外 ・麻雀セット・無線機・中国共産党に関わる物				
注意が必要なもの	食料品：航空便での食料品発送はあまりお勧めできないのでできるだけ船便で。 液体品：気圧の変化等で容器破損の可能性もあるのでなくべく梱包する。また航空便で発送される場合は容器をビニール袋で厳重梱包が必要。	食料品：少量（～2箱程度）発送可能 お酒・タバコ：課税対象 新品のもの：包装・値札を取り、再梱包が必要 液体品：破損による漏れの可能性がある（発送ご希望の場合は、ビニール袋で厳重梱包要） ゴルフバッグ・電化製品・ブランド名、使用年数・購入価格・TVはインチ数の申告が必要 ※赴任のため最初に入国してから6か月以内は、何度でも荷物発送可能。	お酒：1本目から高関税が課せられるもしくは没収される場合もある。 液体品：破損等による漏れの可能性がある、ビニール袋で厳重梱包が必要。 食料品：航空便はマレーシア輸入通関検査で没収されるかの能性があるため、船便での発送をお勧め。	[航空便：禁止品] 液体物、お米	・お米：船便・航空便共に、2kgまで発送可能 ・食料品：乾物であれば各便ごとに、10kgまで（お米の重量を含む）発送可能
その他特記事項	・入国時に、別送品の申告が必要 ・お酒1本以上のみ免税通関可能 ・タバコ300本まで免税通関可能 ・お米は5kg1袋分を目処に[航空便での発送はできないので注意。食料品は必ず船便で発送します。可能だが、肉製品は不可	家族と一緒に入国している場合や、お荷物に家族のものと思われるものが含まれる場合は家族分のパスポートコピー（顔写真ページ）が必要。船便の場合は家族分の外国人登録証も必要。 *家族も入国済みであれば、入国印ページをビザコピーも必要。	マレーシアのコンドミニアムでは、管理事務所により土曜日の午後と日曜日、祝日の引越作業を禁止していることが一般的。	・船便・航空便それぞれ1家族1回限り発送可能（免税扱いの場合） ＊船便：名義人がインドに入国されてから1か月以内に発送 ＊航空便：名義人がインドに入国されてから2週間以内に発送 課税であれば2回目の発送も可能。 ・食料品・船便は1回のみ発送可能／航空便は発送不可。 ・高額の関税（Rs.100,000まで）が かかるのでお酒は送らないように。 ※免税対象となるのは使用済み（1年以上）の品物に限る（衣類・本、文具、台所用品） ・課税対象となるのは新品のもの、電化製品、ゴルフバッグなど。	・船便・航空便いずれか1回のみ免税にて通関が可能。そのため2便目以降は課税通関にて発送となる。 ・船便、帯同の方ずれかでもご入国上のビザ（取得済みの場合）1年以内のみご取得後1回のみ免税通関が可能。 奥様のみビザをご所有の場合、免税通関の場合、ピザのご取得状況によっては非常にコンドミニアムによっては5時以降の配達をするので、注意が必要。 ・現地でお住まいのコンドミニアム作業が禁止されている場合がある。

（出所）(株)クラウンムービングサービス及び SAGAWA EXPRESS PHILIPPINES, INC, CROWN LINE (MALAYSIA) SND. BHD, WORLD CARGO MOVERS Co., Ltd., TONG-IN International Moving Co., Ltd からの情報資料を基に作成
（2013年12月時点の情報）

2

赴任中

2 赴任中

1 日本及び赴任国の社会保険

Q16 駐在国の社会保険制度〜日本からの駐在員の年金・医療保険制度への加入義務〜について

当社の社員を、台湾・韓国・マレーシア・インド・フィリピンにそれぞれ駐在させます。

この場合、赴任地の社会保険制度に加入する必要があるのでしょうか。

A

1 現地社会保険制度への加入義務の有無

海外駐在員が赴任中も日本の企業と雇用関係を継続している限り、日本の被保険者資格は赴任中も継続します。

一方、赴任した国においても、その国に滞在している間は、現地の社会保険制度に加入しなければならない場合もあります。

以下では台湾・韓国・マレーシア・インド・フィリピンの社会保険制度への加入の必要性を順番に見ていきましょう。

2 各国別でみた違い
1 台湾／社会保険制度への加入の必要性

　台湾では居留証取得後6か月を経過した外国人社員（総経理、経理等）については、全民健康保険（いわゆる公的医療保険）及び労工保険（厚生年金と労災保険が合体したような保険）に加入する必要があります。ただし、当該外国人が役員（董事等）である場合は、労工保険については加入ができません。（労工保険に加入できない25歳〜65歳の人については、台湾の国民年金に加入する必要があります。）

　ちなみに日本から台湾に駐在・出向されている人で、全民健康保険への加入義務がある人についても、実際の医療行為を受ける際には、全民健康保険が利便性が高くないこともあり、海外旅行保険に加入し、当該保険を使って医療行為を受けているケースもあります。（旅行保険で対応できないものは全民健康保険を利用されている場合もあります。）

　なお、台湾の社会保険制度のうち、外国人（日本からの赴任者等）が加入しなければならないものは 図表16-1-1 のとおり、全民健康保険と労工保険になります。

図表16-1-1　台湾における社会保険制度と外国人の加入義務について

名　称	概　要	外国人（日本人）の加入義務の有無
国民年金	勤労していない人向けの年金制度	なし
①労工退休金又は②労働基準法退職金	退職時に会社が支給しなければならない給付 ①は確定拠出型、②は確定給付型で、①は台湾人のみ、②は2005年6月以前に雇用された場合のみ適用とされる。 （ただしそれ以前に雇用された労働者についても選択すれば②ではなく①を適用すること可）	なし
全民健康保険	日本の健康保険に相当 ※これを利用して台湾で医療行為を受けている人もいれば、海外旅行保険を利用して医療行	・一般従業員 　→雇用開始日より加入が必要

2 赴任中

	為を受けている人又は両方を併用している人も存在する。	・責任者又はその家族及び一般従業員の家族 →居留期間が6か月以上経過してから加入
労工保険	日本の労働保険に近いが出産育児に関する給付もある。	責任者以外はあり（台湾国籍の有無にかかわらず、5人以上を雇用している貸家等の従業員は加入義務あり）
就業保険	日本の失業保険に近いが出産育児に関する給付もある。	台湾人と結婚している場合のみ加入義務あり。

2 韓国／社会保険制度への加入の必要性

韓国の社会保険制度は、韓国で勤務を行う外国人については 図表16-2-1 のとおり、ほぼすべて加入の対象になりますが、年金については社会保障協定に基づき免除される場合もありますし、健康保険についても以下のとおり加入義務が生じない場合もあります。

図表16-2-1 韓国の社会保険制度

名称	概要	外国人（日本人）の加入義務の有無
国民年金	国民の老齢廃疾又は死亡による年金保険	あり（ただし、韓国での滞在期間が5年以内の一定期間であれば日本の年金制度加入を条件に韓国の年金制度への加入が免除される。）
国民健康保険	疾病、負傷に対する予防、診断、治療	あり（ただし、外国人については韓国内で利用できる韓国健康保険に準ずる保険に加入している場合、加入義務がない。）
雇用保険	失業保険と雇用保険	ビザの種類により異なる
産業災害補償保険	業務上の負傷、疾病、身体障害又は死亡など災害の救済	韓国払給与がある場合は加入義務あり

(出所) ジェトロソウル事務所「韓国の労働問題マニュアル」(2013年3月) 及び現地ヒアリングを基に作成

2 赴任中

3 マレーシア／社会保険制度への加入の必要性

　マレーシアでは外国人に対してマレーシアの社会保険制度への加入の義務付けは行っていません。よって、日本からの赴任者は、赴任中も日本の社会保険の継続が行われている限り、マレーシアの社会保険制度に加入するケースはほとんど見られません。

図表16-3-1 マレーシア社会保険制度

名　称	概　要	外国人（日本人）の加入義務の有無
EPF (Employees Provident Fund)	マレーシアの従業員退職年金制度	なし
SOCSO (Social Security Organization)	社会保障機構（日本の労災保険に相当）	なし

4　インド／社会保険制度への加入の必要性

インドの社会保険制度は、インドで勤務を行う外国人については図表16-4-1のとおり、全て加入の対象になります。

図表16-4-1　インドの社会保険制度

名　　称	概　　要	外国人（日本人）の加入義務の有無
EPF （被雇用者積立金制度） EPS （被雇用者年金制度）	公的年金制度 20人以上を雇用する企業における月給INR 6,500以下の被雇用者は強制加入	あり （ただし日印社会保障協定が発効後、インド滞在期間が5年以内と見込まれる場合は日本の年金制度加入を条件にインドの年金制度への加入を免除される）

2 赴任中

5　フィリピン／社会保険制度への加入の必要性

　フィリピンの公的社会保険制度は日本からのフィリピンに駐在・出向する日本人についても加入義務があります。

　2014年1月現在、日本はフィリピンとの間で社会保障協定締結に向けた交渉を行っています。この社会保障協定が締結・発効すると、フィリピンでの赴任期間が5年以内など一定期間の場合は、日本での年金制度等の加入を条件に、フィリピンの年金保険制度等への加入を免除されることになります。ただし、同協定の開始時期や社会保障協定の対象となる保険制度の詳細は現時点では決まっていません。

図表16-5-1　フィリピンの社会保険制度

	フィリピンで該当する制度	外国人（日本人）の加入義務の有無
SSS (Social Security System)	民間企業労働者のための社会保険制度。年金、休業補償等	あり
PHILHEALTH	フィリピン健康保険会社の提供する公的健康保険制度	あり

2 生活・教育・その他（台湾、韓国、マレーシア、インド、フィリピン）

Q17 駐在員向け住居

台湾、韓国、マレーシア、インド、フィリピンのそれぞれの国における駐在員向けの住居の特徴や家賃相場について教えてください。

A

1 概　要

1．駐在員が居住する住居の種類

海外駐在員が居住する住居としては、サービスアパートメント、通常のアパートメント、コンドミニアムが一般的です。それぞれの一般的な特徴は 図表17-1 のとおりです。

図表17-1 駐在員が居住する住居の種類

種　類	特　徴
サービスアパートメント (1 Bedroom、Studio Typeなど)	家具・掃除つきの賃貸アパートメント（ホテルに近いイメージ）。ホテルの上層階がサービスアパートメントになっているケースもある。水道光熱費などは通常、家賃の中に含まれている。 →以下の2つよりも家賃は高い。 　掃除つきのため、単身赴任者が多く利用している。
通常のアパートメント	建物一棟が同じ家主（法人など）の場合が多い。 水道光熱費などは家賃の中に含まれていない。
コンドミニアム	分譲アパートの一室を家主から借り受ける形で利用（よって、同じ建物でも、家主はそれぞれ異なるため同じアパート内でも家賃は異なる。） 水道光熱費などは通常、家賃の中に含まれていない。 プールやジムなどが棟内に存在する場合が多い。

（注）　国により多少定義や形態が異なります。上記は一例として捉えてください。

2 赴任中

2．住居選びのポイント

また、海外での住居選びのポイントは図表17-2のとおりです。

図表17-2　海外での住居選びのポイント

- あまりに古い物件は避ける。
  東南アジア地域は年中暑く、建物が傷みやすい上、住宅の精度も日本より低いため、日本よりも経年劣化が早い。よって、築年数が古い物件は避けた方が無難。（新築物件の場合も何かと不具合が多いことがあるので、建築後数年程度のものがよいともいえる。）
- 安全性に配慮する。
  多少高くてもセキュリティレベルが高い物件がよい。外国人向けのアパートは、どの国でも高く（日本にも外国人向け物件があるが非常に高い。）日本ならもっと安く住めるのに、と日本と比較することは避けた方が無難。
- 契約書が非常に大切。
  信頼の置ける不動産業者からのアドバイスが不可欠。
- 住居内で最も長くすごす人（主に配偶者）の意見を最優先にする。
- ★子女を帯同する場合
- 居住しようとする住居前又はその近くにスクールバスが停車するか調べておく。（スクールバスが停車する場合、学校側にスクールバスの空き状況もあわせて確認しておく。）
- 同じアパート内等に他の家族帯同の日本人が居住しているか調べておく。
  （子どもが遊ぶ場所が日本に比べて少ないため、どうしても同じアパート内で遊ぶことが多い。よって、他の家族帯同の赴任者（他社含む）が多く居住する住居と異なる住居の場合、子どもが交友関係を広げにくかったり、放課後の子ども同士の遊びの送迎に手間がかかる。）

（出所）　複数の不動産関連企業からのアドバイスを基に作成

3．家賃相場

日本と比較して物価の安い東南アジア地域だからといって、家賃が日本より安いというわけではありません。日本からの駐在員の住居はある程度の安全性や利便性が要求されているため、外国人用の住居に居住する場合が多いことから、家賃相場は東京都心で住居を借りるのと同等又はそれ以上になることも少なくありません。

2 各国別でみた違い
1 台湾／駐在員向け住居の特徴や家賃相場

1．台北市内における日本人駐在員の家賃

　台北市内における日本人駐在員に向いた物件の家賃相場や賃貸時の留意点について、大建不動産股份有限公司（以下「台湾エイブル」）の梅澤宏氏にお話をお伺いしました。

　梅澤氏によりますと、「台北における日本人駐在員に適した物件の家賃はここ数年横ばい傾向にある。」ということです。

　なお、台湾における日本人駐在員に適した物件の家賃相場は図表17-1-1　図表17-1-2のとおりです。（あくまで中心的な価格帯であり、管理費は含んでいません。当然ながら場所により家賃相場も大きく異なるとともに、すべての物件がこの金額内に収まるわけではない点にご注意ください。また、家賃は地域だけでなく、アパートの建築年数によっても異なり、築20～30年の物件と新築後間もない物件であれば、当然ながら後者の方が家賃相場も高くなります。）

　日本からの駐在員に人気のあるエリアとしては、「単身者については、単身者向け物件が多い中山区、大安区、松山区等の市内中心部、家族帯同者には単身者にも人気の大安区のほかに、信義区や、日本人学校のある天母エリアが挙げられる。特に天母エリアは日本人学校や日系百貨店が存在し、歩道も広く公園もあるなど、家族連れには非常に暮らしやすい（梅澤氏）」ようです。

　ちなみに賃貸契約は個人名義でも会社名義でもどちらでも可能ですが、日本からの駐在員については「会社名義で契約しているケースが多い（梅澤氏）」ようです。

　また、台湾では外国人の不動産購入に特に制限は設けられていないため、企業の中には駐在員居住用にアパートを購入しているケースも見られます。しかし、台北中心部の不動産価格は1坪当たり80万元～100万元と非常に高く「東京でいうと、広尾や青山に住居を購入するのとほぼ同様のコ

2 赴任中

ストがかかると見ておいた方がよい（梅澤氏）」といえます。

図表17-1-1 台北市内日本人駐在員、単身者向け物件（家具・家電付）

(2013年12月)

	1 Room	1 LDK	2 LDK
10～15坪	TWD20,000～25,000	TWD25,000～35,000	
16～25坪	TWD30,000～45,000	TWD35,000～50,000	TWD35,000～55,000
26～30坪		TWD45,000～60,000	TWD50,000～65,000

（出所）　台湾エイブル資料より転載

図表17-1-2 台北市内日本人駐在員、家族帯同者向け物件（家具・家電付）

(2013年12月)

	2 LDK	3 LDK～4 LDK
30～40坪	TWD45,000～60,000	TWD50,000～60,000
41～50坪	—	TWD60,000～70,000
51～60坪	—	TWD70,000～90,000

（出所）　台湾エイブル資料より転載

2．賃貸契約及び入居時の留意点

　台北は比較的治安もよく、生活環境も日本と大きく変わらないため、日本との差に戸惑う点は少ないかもしれませんが、設備の不具合の発生率は日本と比べると多いようです。

　また、契約時や入居にあたり日本と異なる点も多々あります。

　台北での賃貸契約及び居住後の留意点についてまとめたものが**図表17-1-3**です。

2　生活・教育・その他

図表17-1-3　台北で住居を借りる際の留意点

1．契約期間と保証金・家賃
　通常1～2年、契約期間中の解約は違約金が必要。
　保証金は家賃の2～3か月分が一般的。解約時に諸費用が控除される。
　家賃は毎月払いから3か月払い、半年～1年払いもあり、家賃の日割りは行われない。
　家賃のほかに共用部分の維持・保全に必要な費用として管理費が徴収される。

2．必ずしも契約は更新できるとは限らない
　契約期間の終了は契約の終了を維持するため、契約期間終了後も引き続き居住を望む場合は、契約期間終了の1か月以上前に不動産業者又は家主に連絡すること。
　なお、契約更新時の手数料としては家賃の10％が一般的。

3．オートロックキーに注意
　玄関のドアは閉めるとオートロック機能がついている場合もあり、鍵を持たずに外に出ると締め出されることがある。再度鍵を開けるためには業者手配が必要になり、コストがかかることがあるので、合鍵をオフィスに置いておくと便利。

4．ごみは専用ごみ袋で
　台北市内でごみを出す場合は、一般ごみは有料の専用ごみ袋による回収となる。各アパートのゴミ出しルールに注意すること。

5．ペット飼育にも比較的寛容
　すべての物件ではないが、ペット飼育可の物件も多く見られる。（ただし、帰国時には、台湾を含めた海外から日本へのペットの持込みにはいろいろな条件や手続が必要になるので注意すること。）

（出所）　台湾エイブル「入居のご案内」及び同社梅澤氏へのインタビューより作成

2 赴任中

2　韓国／駐在員向け住居の特徴や家賃相場

1．ソウルの不動産（賃貸）市場の動向及び物件の種類

　ソウルの住宅事情について、同地区で不動産業を営んでいるMy Agentソウル不動産仲介法人の李応周（イ　ウンジュ）氏にお話を伺いました。

　李氏によりますと、ソウルにおける賃貸不動産の相場は昨年から今年にかけて場所により多少異なるものの、平均して10％近く上昇し、今後も上昇が見込まれるということで、家賃相場は場所や広さにより異なりますがおおむね図表17-2-1の価格帯が多いようです。

　なお、日本人の居住エリアは単身赴任者についてはオフィス街も多いですが、家族帯同者の場合、日本人学校が存在するEMC（デジタルメディアシティ）エリアか、日本人学校のバスが停車する龍山地区に集中しているケースが多いようです。

図表17-2-1　ソウルにおける物件の価格帯　　　　　（2013年12月現在）

	1ルームタイプ	3LDK
利用者	単身赴任者が主体	家族帯同者が多い。（2LDKの物件数は非常に少ない）
賃料／月	KRW90万～KRW350万	KRW170万～KRW360万
保証金	KRW1,000万～KRW2,000万	KRW2,000万～KRW5,000万

（出所）　My Agentソウル不動産仲介法人　李氏へのインタビューより作成

2．韓国と日本の賃貸契約の相違点

　韓国と日本の賃貸契約の相違点は図表17-2-2のとおりです。

　また韓国では賃貸形態の方式として、「ジョンセ」契約と「ウォルセ」契約の2種類があります。

　ジョンセ契約では家主に一定金額の保証金（一般にかなり高額）を預ける代わりに、賃貸期間に家賃を支払う必要がなく、家主はテナントから預かった一定金額の保証金を資金に更なる投資を行ったり利息を得るという

契約です。一方、ウォルセ契約は通常の賃貸契約で、ジョンセほど高額でない保証金を支払う一方、テナントは事前に契約した金額の家賃を家主に支払うという契約です。

一般に「日系企業はウォルセ契約が大半だが、中にはジョンセ契約を行っている企業もある（李氏）」ということです。

ちなみに最近は韓国においても超低金利が継続していること、不動産価格の上昇が期待できないことから、家主の立場からすると、ジョンセ契約で多額の保証金を預かり、新たな物件（新築・中古）を購入・運用しても以前のように利益を得ることが難しくなっているため、ジョンセ契約を行うことのメリットが少なくなり、ウォルセ契約が増えている傾向があるようです。（また、このような状況でもジョンセ契約を継続している家主の中には、ジョンセ契約で居住しているテナントに、ジョンセ金を返却する余裕資金がないため、仕方なく新たなテナントともジョンセ契約を締結し、新たなテナントから受け取ったジョンセ金を、既存のテナントへのジョンセ金の返却資金に充当しているケースも見られます。）

図表17-2-2　韓国と日本の賃貸制度及び慣例の相違点

賃貸制度及び慣例	韓　国	日　本
賃貸借種類	1．ウォルセ：保証金・家賃 2．ジョンセ：保証金のみ・家賃なし 3．レンタル：契約期間家賃の一括前払い	1．賃貸：保証金＋敷金＋礼金＋家賃 2．レンタル：家賃の一括前払いD/C可
保　証　金	有：家賃の10〜20倍以上。保証金が高ければ高いほど家賃が安くなる傾向がある。	有：家賃の2〜3倍
敷　　　金	なし	有：家賃の2か月分
礼　　　金	なし	有：家賃の2か月分を大家に支払う

2 赴任中

仲介手数料	法律では契約総額の0.3～0.8%の間で決まった料率を適用又は0.8%範囲内で依頼人と協議で決める。慣例では契約総額の0.5%が一般的。	法律では家賃の半月分。慣例では家賃の１か月分
契約期間	１～２年契約が基本。最近、家電・家具付の物件を中心にWeekly/Monthly契約も増えている。	１～２年契約が多い。Weekly/Monthly契約も多い。
保証人	不要	要 or 不要
保険	不要	要 or 不要
賃借人保護制度	１．個人の場合：賃借人は区役所より契約書に確定日時を受けると保証金が法律で保護される。 ２．法人の場合：保証金に当たる金額のジョンセ権あるいは根抵当権設定で保護される。	―
保証金の返還率	100%返還が原則：壁紙の汚れ、家具に多少の傷、釘の跡など軽微な事項は気にしない傾向が強い。保証金は賃借人に100%返すのが原則。	100%返還はまずない：大家が壁紙の汚れ、傷、釘の跡など、部屋状態を厳しくCheckし、保証金及び敷金から差し引いて返す。
保証金の返還時期	返還が遅れる可能性有：保証金が巨額のため新しい賃借人から保証金をもらって退去する賃借人に返すケースが多いため新しい賃借人が見つからなかった場合は返還が遅くなるケースもある。	返還が遅れる可能性まずない：保証金が少ないため新しい賃借人からもらわなくても退去する日時に合わせ返すことができる。

（出所）　My Agentソウル不動産ウェブサイトより作成　http://www.myagent.seoul.kr/

また、ソウルにおける日本人がよく利用する賃貸物件の形態には「オフィステル」「アパート」「ビラ」があり、それぞれの特徴や地域ごとの家賃相場は**図表17-2-3**のとおりです。

図表17-2-3　ソウルにおける賃貸物件の形態

	特　徴	概　要
オフィステル	建物内にオフィスと店舗が入っていることが多い物件。駅に近く便利だが、他の物件に比べると部屋は狭く、ベランダとバスタブがない。個人オーナーから賃貸する。	駅に近い物件が多いため、単身赴任者が好む。一方、左記のとおり、バスタブがないことから、お風呂のお湯につかりたい人には不向き。
アパート	分譲アパートを個人家主から借り受ける。いわゆるコンドミニアム。	オフィステルに比べて家族帯同者が多く利用している。
ビラ	一軒家	防犯面に不安があるため、日本からの駐在員が入居することはまれ。

（出所）My Agentソウル不動産仲介法人株式会社ウェブサイト及び同社李氏へのインタビューより作成

3．物件選びの留意点

ソウルにおける物件選びの留意点を前出の李氏にお伺いした内容を**図表17-2-4**にまとめました。

図表17-2-4　ソウルにおける物件選びの留意点

- **住居の契約形態**
  法人契約が大半。その理由としては、保証金が非常に高いため、個人が支払うには負担が大きいこと、会社契約として会社が直接家賃を支払えば、家賃相当額を韓国の個人所得税の計算上、課税所得に含めなくてよい点等が考えられる。
- **住居の契約期間**
  通常1年又は2年、駐在員の場合、会社都合で急遽引越が必要になるため、

2 赴任中

中途解約条項等をよく確認しておくこと。(退去の2か月前に家主に中途解約を依頼すれば、1か月分の違約金を支払い、中途解約に応じてもらえる、といった条項を入れておくこと。)

・**修理費が家主かテナント（借主）のいずれが負担するか明確にしておくこと**

修理費をどちらが負担するかでトラブルになることがあるので、修理費など、発生が考えられる費用についてはあらかじめどのような内容であればテナントの負担になるのかよく確認しておくこと。(中には契約書には家主負担になっているにもかかわらずテナントに費用を負担させようという家主も存在する。)

・**保証金が非常に高いので、根抵当権を設定するのも一案**

保証金がKRW5,000万以上の場合は、根抵当権の設定を行っている企業もある。

保証金が高い場合は根抵当権の設定が可能か家主に確認する必要あり。

・**家具付物件は少ない**

東南アジア等と異なり、家具付物件は少ない。そのため、駐在員の場合はレンタルで家財をそろえたり、購入して後任者に引き渡すといった方法をとる場合が多い。

・**ペットの飼育について**

おおむね寛容。ペットよりも小さい子供がいる場合、家主から敬遠されることがある。

(出所) My Agentソウル不動産　李氏へのインタビューより作成

2 生活・教育・その他

3　マレーシア／駐在員向け住居の特徴や家賃相場

1．クアラルンプールで駐在員が選ぶ物件

　クアラルンプールの住宅事情について、同地区で不動産コンサルティング業を営んでいる STARTS INTERNATIONAL MALAYSIA（以下「スターツマレーシア」）の平岡好宏氏にお話を伺いました。

　平岡氏によりますと掃除つきのサービスアパートメントの場合は、家賃が普通のコンドミニアムと比較して高額なため、クアラルンプールにおいて駐在員が居住する住居のタイプとしては、一般的なコンドミニアムを利用する駐在員が多いということでした。（また、サービスアパートと異なりコンドミニアムでは清掃サービスがありませんが、掃除等がわずらわしい場合は、週2回程度、清掃を外注依頼されているケースもあるようです。）

　また、日本人駐在員に人気の居住エリアとしては、単身赴任者の場合はオフィスに近いマレーシア中心部となりますが、家族帯同者については日本人学校のバスが利用できるモントキアラが中心になるようです。

　最近はリスク回避の観点からクアラルンプールにおいても駐在員の自動車の運転を禁止している企業が増えているようですが、クアラルンプールは隣国のシンガポールとは異なり利便性の高い公共交通機関が市内のごく一部に限られる車社会であるため、「通勤等に自動車を利用しない場合、日本人学校への利便性が高いモントキアラに住むのは困難であり、住居選びが非常に限定的になってしまう（平岡氏）」ということでした。

　また、マレーシアは日本からのロングステイ先として最も人気のあるエリアの一つであり、家賃水準も他の東南アジアの中でも群を抜いて安く、暮らしやすさなどを考えても、非常にコストパフォーマンスも高いエリアといえます。とはいえ、「日本の雑誌などで『家賃は月額2,000リンギット程度』等と紹介されている場合もあるが、そういった価格の物件は安全性等必ずしも保証できるものとは限らない（平岡氏）」ようで、異国の地で安心しながら暮らすためには、やはりある程度の金額を覚悟する必要がありそうです。

マレーシア

69

2 赴任中

2．クアラルンプールにおける物件の価格帯

　クアラルンプールの不動産相場について前出の平岡氏によると、日本人駐在員向け物件の月額家賃相場は、過去数年やや下落傾向にあったが、2012年秋頃から上昇に転じているということでした。

　また、他の国と同様、コンドミニアムは個々のオーナーごとに内装や設備、リノベーション状況もかなり異なるため、どの程度の家賃が一般的であるかは一概にいえず、また、毎年10月に政府が発表する税制改正の内容次第で不動産動向も変わるなど、先行きの予想がつきにくい状況にあります。

　さらにマレーシアでは、日本の不動産業界のように信頼に値する網羅的なデータベースが存在するわけではなく、各不動産エージェントと家主との信頼関係の上に成り立っているといった要素が多く、豊富な選択肢の中から最適な部屋を探すことは日本ほど簡単ではないようです。

　なお、図表17-3-1はクアラルンプールにおける物件の価格帯です。

図表17-3-1　クアラルンプールにおける日本人駐在員居住物件の価格帯

（2013年10月現在）

	家賃相場	備　考
ダイレクタークラス	様　々	会社によっては物件を賃貸ではなく購入し、購入した住居を社宅として使用しているケースも見られる
管　理　職	MYR4,500〜8,000／月	
上記以外	MYR3,000〜7,000／月	

（出所）　スターツマレーシア　平岡好宏氏へのインタビューより作成

3．住居選びの留意点

　クアラルンプールにおける物件選びの留意点を前出の平岡氏にお伺いした内容を図表17-3-2にまとめました。

2 生活・教育・その他

図表17-3-2　クアラルンプールにおける物件選びの留意点

- **住居の契約形態**
  赴任者住居に関しては法人名義での契約が一般的。
- **住居の契約期間**
  2年が一般的。オプションで1年間の延長が可能な2年＋1年の契約もある。契約期間更新の際には家賃見直しが行われるケースが多く、稀に退去を求められる場合もある。
- **部屋面積が広い物件が多い**
  マレーシアは大家族主義のため、富裕層であればあるほど、大きなアパートや一軒家に数世代の家族が一緒に住むという形が多く、高級物件の場合は、狭い物件が限られている。（ただ最近は、日本と同様の核家族化も見られ、小さい物件（55〜100平米）も出始めている。）
- **間接照明主体で日本と比較すると部屋が暗め**
  間接照明が多いため、日本で蛍光灯に照らされた明るい部屋に慣れていると、暗く感じる場合がある。物件見学は昼間に行うため、この点の注意が必要。専門家の同行が望ましい。
- **古い物件には要注意**
  熱帯に位置するためエアコンの使用頻度は日本よりも非常に高く、日本の4倍程度のスピードで償却していると考える必要がある。
  エアコンについては通常、テナント（借主）側で定期点検を行うことが賃貸契約書に明記されているが、多くのテナントは定期点検を行っていない。しかし、実際の故障の際に、定期点検を行っていることが証明できないと、修理代はテナント負担になってしまう場合もある。古い物件はエアコンも古いため、故障の確率も高いので注意が必要。また、シロアリの被害に遭う場合もあるので注意が必要。
- **ペットの飼育について**
  宗教的観点もあり、コンドミニアムでは原則としてペットは飼育できない。公にペット飼育可となっているコンドミニアムはクアラルンプール近郊で1件のみ。（その他のコンドミニアムでは公式には禁止になっているが、実際には規約違反で飼育しているケースがほとんど）そのため、ペットを飼育したい場合は戸建てを選択することになるが、戸建てはセキュリティー面での配慮が必要であり、価格が高くなる傾向にある。また、戸建ての場合も、ガードハウス（守衛所）等によりセキュリティゾーンが設置されている地域以外への居住は推奨できない。

（出所）　スターツマレーシア　平岡氏へのインタビューより作成

2 赴任中

4　インド／駐在員向け住居の特徴や家賃相場

1．ニューデリーの不動産（賃貸）市場の動向及び物件の種類

　ニューデリーで日系企業向けに不動産ビジネスを行っているSafta Groupの水洗満実氏にニューデリーにおける駐在員の住宅事情についてお伺いしました。

　水洗氏によりますと、ニューデリー周辺の家賃相場は 図表17-4-1 のとおりです。

図表17-4-1　ニューデリー近郊の住居家賃相場（2014年1月）

1．ニューデリー　グリーンパーク周辺
　① 単身駐在向け　INR70,000～130,000
　　（小さめの落ち着くきれいな部屋が多い。）
2．ニューデリー　バサントビハール周辺
　① 学生向け　　　INR25,000
　② 家族駐在向け　INR100,000～300,000
　　（平均INR20万の高いエリアと思われがちだが、INR10万の物件もある。治安は非常に良い。）
3．ニューデリー　マルビヤナガル周辺
　① 現地採用向け　INR25,000
4．カールカージー
　① 学生向け　　　INR5,000～15,000
5．グルガオン　ゴルフコースロード
　① 家族駐在及び単身駐在向け　INR60,000～140,000
　　（INR60,000～100,000で居住できる新しいマンションができ相場が下がった。これまで一番安い部類だったエッセル・タワーからゴルフコースロードに引っ越してくる人も増えた。）

（出所）　Safta Group 水洗氏からの情報提供を基に作成

図表17-4-2　ニューデリーでの物件選びの留意点

・地域・赴任形態による物件タイプの違い
　ニューデリー近郊で探す場合は4階建ての建物の1フロア貸しが多い。一軒家は中央デリーの辺りに存在するが、家賃が月額INR70万程度のため、日本人が住んでいるケースは非常に少ない。一方、グルガオンで借りる場合は18階建てぐらいの高層アパートが多い。
・家賃に関して
　ニューデリーはエリアによる差がかなり大きく、グルガオンは2013年末現

在、物件が増えてやや値崩れを起こしている傾向。またグルガオンの場合、アパートを一歩出ると治安が悪いこともあるので注意が必要。

　サービスアパートメントは家賃が高いため、短期滞在の出張者が利用することは多いものの、単身赴任者は家族帯同者と同様、通常のアパートメントを利用することが多い。

　民間企業の家族帯同者の家賃を比較すると、ニューデリーは月額 INR 7 万から INR30万（平均 INR20万）、グルガオンでは月額 INR 8 万から INR20 万（平均 INR13万）が多い。

・物件の選び方
　新築がお勧め。家主にいろいろなリクエストをしすぎると家主から断られる場合がある。家主の方が借り手より立場が強く、借り手自身はもちろん、同居人がどういった人なのかということにも非常に関心が高いケースが多く、家賃さえ払ってくれるならば貸す、といったスタンスではない。

・デポジット
　家主との交渉次第だが通常は約3か月分。更新期間は、一般的には初回1年間又は2年間、その次から1年ごとの更新というケースが多い。また更新のたびに、家賃が15％程度上がるというケースもある。

・契約書の内容をよく確認する
　疑問点が残っているまま契約しないこと。分からないことがある場合は家主又は不動産業者によく確認すること。

・不動産業者への仲介手数料
　仲介手数料はローカル系の不動産業者の場合、半月分というケースもあるが、一般的には1か月分のケースが多い。

・ペットについて
　問題なく飼育可能。ペットが理由で断られるケースはほとんどないが、家具付物件の場合は、ペットが家具を傷つけることがあるため注意が必要。

・物件探しにおいて知っておいた方がよい用語（一例）
サーヴァントクオーター
　　→住み込みメイドのための部屋（使わない場合は物置などとして使用可能）
ギザル
　　→電気式湯沸かし器（備付けのギザルの容量が小さい場合、家主に交渉して大きい容量の物に代えてもらうのも一案）

・100％電源バックアップシステム
　インドでは停電が多く、日本食などを冷凍庫に大量に保存している場合、停電で全て台無しになってしまうことがある。そのため停電発生後、数秒以内に全ての電源を復旧させる100％電源バックアップシステムが不可欠。

（出所）　Safta Group 水洗氏へのインタビュー及び同社ウェブサイトより作成

2 赴任中

5　フィリピン／駐在員向け住居の特徴や家賃相場

1．マニラの不動産（賃貸）市場の動向及び物件の種類

　マニラで日系企業向けに不動産ビジネスを営んでいる、かね甚コーポレーションの安間浩志氏にマニラにおける駐在員の住宅事情についてお伺いしました。

　安間氏によりますと「マニラではサービスアパートメントは少なく、単身赴任者でも通常のコンドミニアムを借りるのが一般的。また、2ベッドルーム以上の物件であればメイド用の部屋がついているケースが多くなっている。また仮に住居を買い上げる場合も、フィリピンでは土地の購入はできないため、建物の購入という形をとることになる（※）。また日本人駐在員の居住物件としては高層アパートタイプが大半で、一軒家については、老朽化が進んでおり、ゴキブリ等の発生や防犯上の問題もあることから好まれることは少ない」ということでした。

※住居の買上げについては、日本のように建物の登記が別ということではないため、一戸建てなどの買取りは、基本的にできません。購入できるのは、マンションのような部屋の購入に限定されます。

　また、マニフ首都圏で日本人が居住できるエリアはある程度限られてくるため、場所により家賃が大きく異なるということはなく、イメージとしては図表17-5-1の金額程度になるそうです。

図表17-5-1　マニラにおけるコンドミニアムの月額家賃相場

（2013年12月時点）

	大企業	中堅・中小企業
1ベッドルーム	PHP 7～9万	PHP 3～4万
2ベッドルーム	PHP10～12万前後	PHP 6～8万
3ベッドルーム	PHP15～17万	PHP10～12万

（注）　上記金額に12%のVATが課税される。
（出所）　かね甚コーポレーション　安間氏より情報提供

2．住居選定のポイント

マニラでの住居選定のポイントについて、安間氏にお伺いした内容をまとめたのが 図表17-5-2 です。

図表17-5-2 マニラでの住居選定のポイント

- **保証金と家賃について**
  保証金は家賃の2倍、家賃は12か月分前払いシステム。（保証金は退去時に修繕が必要な場合は、その資金に充当され、残りが借主に返却されることになっている。そのため、契約期間中の帰任等に備えて、途中解約の条項などをよく確認しておくことが重要。（通常、解約日の60日前に通知が必要））
- **家賃上昇率**
  物件や年によって異なるが、最近では年に5～10％の割合で上昇している。新築の単身者物件についてはニーズが高いので値上がり率が大きい傾向。
- **ペットの飼育**
  各コンドミニアムの規定やオーナーさんの意向によるので一概には言えないが、基本的にペットを認めるケースはそれほど多くない。（ペットに限らず、小さい子供がいる家庭も室内の破損や騒音の心配などからオーナーによっては好まない傾向もある。）
- **退去時の荷物の持出しは要注意**
  通常、家具付でのレンタルが基本となる。よって、個人で購入した家財について、退去時に持ち出そうとすると、オーナー保有の家財でないことが明確に確認できない限り、アパート外への持出しができないことになる。そのためまずは契約時に、どれがオーナーの持ち物で、どれがオーナーの持ち物でないのか明確にしておくことがトラブルを避ける上で非常に重要。
- **アパート内の備品の修繕・交換については自己負担となる場合もある**
  通常、5,000ペソ以内の小さな修繕については借主負担になっている。しかし日本人の感覚からすると、「借りてすぐに壊れたのであれば、自分の責任ではないのでオーナーが支払うべき」と考える人が多い。契約時の詰めが甘いと、後からいろいろなトラブルが生じることがあるので契約時に注意が必要。

（出所）　かね甚コーポレーション　安間氏へのインタビューより筆者作成

2 赴任中

Q18 赴任地における日本人向け教育機関
（日本人学校）

赴任地の日本人学校の概要について教えてください。

A 1 概　要
1．日本人学校とは

　日本人学校とは、国内の小中学校における教育と同等の教育を目的とする全日制の教育施設で、文部科学大臣から国内の小中学校の課程と同等の教育課程を有すると認定を受けている私立学校のことです。日本人学校は、小学部・中学部から構成されていることがほとんどで、ニューデリー、ソウル等、一部の日本人学校においては幼稚部が併設されている場合もありますが、幼稚部がある日本人学校は全世界でも少数派です。

2．日本人学校の入学資格と編入学手続
(1)　入学資格

　一般的な日本人学校の入学資格者は 図表18-1 のとおりです。次のように、日本国籍を有していることが条件となっている場合が多いですが、国籍条項がない学校もあります。

　また、最近は地域によっては二重国籍の子女（主に父親が日本国籍を保有、母親が現地の国籍を保有）も少なからず存在し、マニラ日本人学校等、学校によっては二重国籍児の割合が、全児童・生徒数の3割近くに達しているケースもあります。その一方で、入学の条件として「日本に帰国する前提があること」として、現地で永住する予定がある家庭の子女の受け入れは行っていない日本人学校も存在するなど、日本人学校によりルールが多少異なります。

　また、マレーシアについては、MM2Hという長期滞在ビザを利用し、保護者の一方（主に父親）は、仕事の拠点を日本に置きながら、当該ビザ

を取得して家族とともにマレーシアに移住、子女をマレーシア国内の日本人学校等に通わせながら、父親はマレーシアと日本を往復しつつ生活するというケースも一部見られます。その一方、インド等の日本人学校には、その大半が企業の駐在員の子女となります。

図表18-1 日本人学校の入学資格

・日本国籍を有している（この条件がない日本人学校もある）
・保護者と同居している
・その国に滞在するにあたり適切な居留許可証を有している
・日本語能力、集団生活適応能力があるなど

(2) 編入学手続

日本人学校の編入学手続は、基本的にどの学校でも大きな違いはありませんが、詳細については学校により異なります。図表18-2では一般的な日本人学校の手続方法についてまとめました。

図表18-2 日本人学校入学手続（日本からの編入学の場合）

・出国までの手続
① 入学したい日本人学校のウェブサイトなどにある編入申込書に必要事項を記入し、学校に送付する。
② 現在在籍している学校に、日本人学校に転入する旨の連絡を行う。その際、在籍校に以下の転出書類を用意してもらう。
　転出書類：在学証明書、指導要領の写し、健康診断票（歯の検査票含む）
　　　　　　教科書給与証明書（海外子女教育振興財団に提出）
③ 海外子女教育振興財団で教科書受領の手続を行う。
　手続内容：上記の「教科書給与証明書」と印鑑を持って、教科書を受け取る。
・現地到着後の手続
① 現地到着後、速やかに当該日本人学校にて手続を行う。手続に必要な書類は以下のとおり。
　必要書類：転出校よりの書類一式、パスポート、現地での居留証（本人・保護者）、入学願書、児童生徒個人調査票、緊急連絡カード、登下校届（PTA提出）、学校が指定した銀行支店で口座開設

2 赴任中

3．日本人学校入学・通学にかかる費用・児童生徒数
(1) 入学・通学にかかる費用
　　～各学校により費用は様々、中には企業寄附金が必要なケースも～

　一口に「日本人学校」といっても、入学金や授業料などの諸費用は、学校の財政状況により様々です。また、学校によっては企業寄附金等が必要になるケースもあります。

　特にムンバイ日本人学校については、不動産価格が非常に高いことや、少人数であることで、固定費の割合が非常に高くなることもあり、世界一学費の高い学校となっています。

図表18-3　台湾の日本人学校の入学金・授業料・寄附金　　　　　（単位：円）

		台北日本人学校			台中日本人学校			高雄日本人学校		
		幼稚部	小学部	中学部	幼稚部	小学部	中学部	幼稚部	小学部	中学部
入学時負担経費		0	270,900	270,900	0	32,273	32,273	0	157,500	157,500
年度ごとの保護者負担経費		0	445,410	466,830	0	330,750	337,680	0	399,042	410,382
寄附金	対企業寄附金	会費：52～1,000万円、本社資本金と駐在員数をもとに決定			―			任意の呼びかけで募る		
	対個人寄附金	本人・両親共に外国籍の場合（一人単位）：10万元			特別入学金30,000NT$（法人会員として認可されていない会社等に所属している保護者が対象）			なし		

図表18-4　韓国の日本人学校の入学金・授業料・寄附金　　　　　（単位：円）

		ソウル日本人学校			釜山日本人学校		
		幼稚部	小学部	中学部	幼稚部	小学部	中学部
入学時負担経費		40,000	80,000	40,000	0	14,400	14,400
年度ごとの保護者負担経費		582,240	439,040	444,000	0	357,552	357,512
寄附金	対企業寄附金	なし			―		
	対個人寄附金	なし			施設寄附金：所定の寄附金を納入した日本人会法人会員に所属する者を除く者を対象：入学時1家族当たり250,000円（相当ウォン）特別寄附金：非日本人会会員1家族当たり180,000ウォン（年額）		

図表18-5 マレーシアの日本人学校の入学金・授業料・寄附金 （単位：円）

		ジョホール日本人学校			クアラルンプール日本人学校			コタキナバル日本人学校		
		幼稚部	小学部	中学部	幼稚部	小学部	中学部	幼稚部	小学部	中学部
入学時負担経費		0	146,069	146,069	32,000	64,000	64,000	0	53,658	53,658
年度ごとの保護者負担経費		0	396,622	439,548	743,424	420,864	436,224	0	321,948	321,948
寄附金	対企業寄附金	300,000～650,000円、本社資本金・駐在員数に基づき決定			特別入学負担金（過去、基本寄附金制度で寄附金未納の企業に対して、小中学部入学者一人につきRM20,000）			—		
	対個人寄附金	企業に籍のない保護者対象：1家族当たりRM4,000			なし			—		

図表18-6 インドの日本人学校の入学金・授業料・寄附金 （単位：円）

		ニューデリー日本人学校			ムンバイ日本人学校		
		幼稚部	小学部	中学部	幼稚部	小学部	中学部
入学時負担経費		38,750	155,000	155,000	0	300,000	300,000
年度ごとの保護者負担経費		330,240	536,640	536,640	0	2,076,520	2,076,520
寄附金	対企業寄附金	—			—		
	対個人寄附金	—			—		

図表18-7 フィリピンの日本人学校の入学金・授業料・寄附金 （単位：円）

		マニラ日本人学校		
		幼稚部	小学部	中学部
入学時負担経費		0	46,000	46,000
年度ごとの保護者負担経費		0	544,088	562,649
寄附金	対企業寄附金	760,000円～、資本金・駐在員数・生徒数により決まる。		
	対個人寄附金	1世帯当たりUS＄2,000、政府関係機関：第1子US＄500 第2子～US＄250		

（出所）　図表18-3 ～ 図表18-7 までは海外子女教育振興財団維持会員専用サイト「日本人学校・補習授業校・私立在外教育施設　学校詳細情報」より作成

（注1）　換算レートは2013年4月1日を基準としています。（台湾：TWD1＝JPY3.15、韓国：KRW1＝JPY0.08、マレーシア：MYR1＝JPY29.81、インド：INR1＝JPY1.72、フィリピン：PHP1＝JPY2.3）

（注2）　入学時負担経費には入学金や施設負担金等が、年度ごとの保護者負担経費にはスクールバス代等が含まれている場合があります。

2 赴任中

(2) 児童・生徒数

　本書で取り上げた5か国にある日本人学校のうち、台北日本人学校（台湾）やクアラルンプール日本人学校（マレーシア）は、日本国内の小中学校並みの児童・生徒数を抱えていますが、その一方で、ムンバイ日本人学校（インド）やコタキナバル日本人学校（マレーシア）は、1学年が1クラス、教科によっては複数学年で授業を受ける場合もみられます。また、敷地の大きさや設備についても、日本の国公私立小中学校を上回る広大な敷地や最新の設備を整えた学校から小規模な学校まで様々です。

　大規模校と中〜小規模校では学校の雰囲気や敷地面積にもかなり違いがありますが、どちらもそれぞれの学校ならではの特色があります。

　いずれの学校もその割合に多少の差はあるものの、日本からの赴任者の子女の割合が高いことから、転出入が非常に多く、毎年3割近くの子供たちが入れ替わるのも特徴の一つです。また、全般的にこれらアジア地域の日本人学校は、日本企業のアジア進出の活発化にあわせ、年々子女の人数が増えています。

　また、最近の傾向としては、赴任者の若返り傾向に合わせて低学年の子女の割合が増えているようです。

図表18-8　5か国の日本人学校（小学部）における児童数

	学校名	小1	小2	小3	小4	小5	小6	特別支援学級	合計	備考
台湾	高雄日本人学校	18	17	14	16	21	8	0	94	2013/ 9 /30時点
	台中日本人学校	15	24	26	19	24	24	0	132	2013/11/ 6 時点
	台北日本人学校	99	95	112	114	89	100	(2)	609	2013/10/22時点
韓国	ソウル日本人学校	60	62	63	63	54	38	0	340	2013/11/20時点
	釜山日本人学校	3	7	3	6	4	7	0	30	2013/10/ 8 時点
マレーシア	ペナン日本人学校	22	17	23	18	23	10	0	113	2013/10/10時点
	在マレーシア日本国大使館附属クアラルンプール日本人会日本人学校	108	93	98	90	89	94	1	573	2013/ 9 /30時点
	コタキナバル日本人会附属コタキナバル日本人学校	4	4	4	6	2	1	0	21	2013/11/29時点
	在マレーシア日本国大使館附属ジョホール日本人学校	14	8	9	15	21	15	0	82	2013/10/22時点
インド	ニューデリー日本人学校	38	39	43	46	20	25	0	211	2013/11/27時点
	ムンバイ日本人学校	2	7	7	5	5	1	0	27	2013/11/27時点
フィリピン	在フィリピン日本国大使館附属マニラ日本人学校	63	63	52	50	37	50	0	315	2013/10/ 7 時点

2 赴任中

図表18-9 5か国の日本人学校（中等部）における生徒数

	学校名	中1	中2	中3	特別支援学級	合計	備考
台湾	高雄日本人学校	11	11	6	0	28	2013/ 9 /30時点
	台中日本人学校	17	18	8	0	43	2013/11/ 6 時点
	台北日本人学校	96	73	41	0	210	2013/10/22時点
韓国	ソウル日本人学校	27	20	21	0	68	2013/11/20時点
	釜山日本人学校	6	1	2	0	9	2013/10/ 8 時点
マレーシア	ペナン日本人学校	14	13	8	0	35	2013/10/10時点
	在マレーシア日本国大使館附属クアラルンプール日本人会日本人学校	65	54	42	1	162	2013/ 9 /30時点
	コタキナバル日本人会附属コタキナバル日本人学校	1	2	0	0	3	2013/11/29時点
	在マレーシア日本国大使館附属ジョホール日本人学校	15	12	5	0	32	2013/10/22時点
インド	ニューデリー日本人学校	19	15	9	0	43	2013/11/27時点
	ムンバイ日本人学校	4	2	1	0	7	2013/11/27時点
フィリピン	在フィリピン日本国大使館附属マニラ日本人学校	34	23	24	0	81	2013/10/ 7 時点

（出所） **図表18-8** ～ **図表18-9** までは海外子女教育振興財団　維持会員専用サイト「日本人学校・補習授業校・私立在外教育施設　学校詳細情報」より作成

4．日本人学校に通う子どもたちの生活及び特徴

(1) 通 学

　いずれの日本人学校も児童・生徒の住むサービスアパートメントやコンドミニアム等までスクールバスでの送迎が行われています。

　一方、周辺環境の治安に恵まれた台北日本人学校においては、スクールバス利用者は少数派で、小学生・中学生とも約6割以上の子供たちが徒歩

で通学しています。反面、相対的に治安の良くない地域の学校においては、徒歩通学は保護者同伴であっても禁止となっており、赴任先によって同じ日本人学校でも子供たちを取り巻く環境に大きな違いがあります。

(2) 昼　食

日本の公立小学校と異なり、給食はありません。そのためお弁当を持参することになりますが、お弁当が持参できない場合は、業者からの仕出し弁当等を利用できる学校もあります。

(3) 学習内容

日本人学校として、文部科学省のカリキュラムに沿った内容での授業が行われており、その点では日本の公立の小・中学校と同じ学習内容になりますが、日本の小中学校以上に力を入れているのが、語学教育（特に英語）です。

いずれの学校も語学教育には非常に力を入れており、小学1年生から少人数制、習熟度別の英会話クラスがある学校は珍しくありません。また、日本人学校には日本の要人や有名人（政治家、有名スポーツ選手、宇宙飛行士、作家）はもちろん、外国の要人（大統領経験者等）の訪問や講演会等も多く、日本では得がたい経験をすることもできます。

また、日本人学校の先生方は様々な都道府県から推薦されてきた文部科学省からの派遣教員と現地で採用された教員で構成されています。よって、色々な地域の良い要素を取り入れ、その学校ならではの特色が際立っています。

また、二重国籍児が多い学校においては、入学時点で日本語が心もとないケースもあるため、放課後などを利用して日本語教室が開講されている場合もあります。

(4) 放課後の生活

日本のカリキュラムに加えて語学教育等が熱心に行われているため、授業数は日本より長いケースが多い上、スクールバスで1時間近くかけて通学している場合、朝は早い上、帰宅したら既に夕方です。そのため、日本

2 赴任中

のように放課後、近所の友達と公園で遊ぶ、といった行動は難しくなり、時間的なゆとりは日本で地元の小中学校に通う場合と比べて少なくなる傾向にあります。(そのような中でも赴任地ならではのお稽古事に挑戦したり、放課後の時間を利用したクラブ活動等をがんばっている子供たちも存在します。)

また、日本人が多い地域においては、日本の学習塾の進出も多く、学校が終わった後は学習塾に通うなど、日本で暮らす場合と大きく変わらない生活をすることができるため、日本人だけ、日本語だけで、日本とほぼ同じように暮らすことも可能です。

しかしそのような生活の場合、「海外ならではの暮らし」とは程遠いことから、「帰国子女ならではの経験」を積むことが難しい面もあります。

(5) 海外生活を送る子どもたちの特徴

また、日本人学校に限らず、海外生活を送る子どもたちには 図表18-10 のような傾向があるようです。

図表18-10　日本在住の子どもたちと比較した日本人学校に通う子どもたちの特徴

- 平均的に学力は高く生活指導が必要な子どもたちが日本と比較して非常に少ない。
- 地理に強い。
   海外で生活し、色々なところに出かけているため、地理に関する知識が豊富で、そういった知識がひとつのフックとなって、将来勉強したときに役に立っていると考えられる。
- 社会に貢献する人材に育つ傾向がある。
   一部の児童・生徒とは卒業後も交流があるが、子ども時代に海外で暮らしたことがきっかけになっているのか、視野が広く、社会に貢献したいという思いが強いと感じられることがある。
- 同窓生の結びつきが強く、学校に対して愛着を持っている。(日本人学校の同窓会は日本国内の小中学校の同窓会以上に活発に行われている。)
   一緒にすごした時間は短くても、異国で共に苦労してきたという思いが

強い。
・海外では子どもだけでの単独行動ができないことや必然的に親と過ごす時間が長く、反抗期が少ないことや、非行に走る余地が少ない一方、常に親の目が行き届いていることで、自ら考え行動する機会が少ないことから、自立が遅れる傾向もある。
・家庭環境の整った子供たちと、穏やかで恵まれた学校生活を送っているため、日本に戻った後、そのギャップに戸惑うことがある。「日本人学校に戻りたい、外国暮らしに戻りたい」というケースも少なくない。

(出所) 複数の日本人学校関係者等へのインタビューをもとに作成

2 赴任中

Q19 日本人学校がない場合等の学校選択・インターナショナルスクール等

このたび、海外赴任したＡ氏は、小学生の子女の帯同を希望しています。Ａ氏はせっかく海外に来ているのだから子女を日本人学校ではなく、外国語環境で過ごさせたいと考えているようです。東南アジアという地域特性からみた学校選びの考え方及び日本人学校以外に通学する場合のコスト負担の考え方、子女を外国語の教育環境におく場合の留意点について教えてください。

A 1．地域特性からみた学校選びの考え方

欧米地域への駐在員の場合、子女を現地の公立校に入れることは珍しくありませんが、アジア地域において、子女を現地校に入れるケースは、両親（特に母親）が現地の出身でない限りは、あまり考えられません。

図表19-1 では帯同子女の学校選択の一般的考え方を掲載しました。

図表19-1 帯同子女の学校選択の一般的考え方

	アジア地域	欧米先進国地域
幼稚園	・日本人学校幼稚部 ・日本語幼稚園 上記がなければ ・インターナショナルスクール幼稚部	・日本人学校幼稚部 ・現地幼稚園 ・インターナショナルスクール幼稚部 ⇒現地校に通わせるケースも少なくない。
小学校	・日本人学校 上記がなければ ・インターナショナルスクール	・日本人学校 ・現地校 ・インターナショナルスクール ⇒現地校に通わせるケースも少なくない。

2 生活・教育・その他

中学校	・日本人学校 上記がなければ ・インターナショナルスクール ・私立在外教育施設	・日本人学校 ・現地校 ・インターナショナルスクール ・私立在外教育施設 ⇒現地校に通わせるケースも少なくない。
高等学校	・インターナショナルスクール ・私立在外教育施設	・日本人学校 ・現地校 ・インターナショナルスクール ・私立在外教育施設 ⇒現地校に通わせるケースも少なくない。

2．赴任者の今後のキャリアの観点から見た帯同子女の学校選択

　たとえば、現在の赴任期間が終われば日本に帰国し、その後はずっと日本勤務（少なくとも現時点では、次の赴任の予定がない）の場合は、将来の日本での生活を考えると、日本人学校に入れるのが、言葉の面や進学の面からも一番妥当といえるでしょう。

　その一方、いわゆる「海外要員」として、現在の赴任が終われば、また別の国に赴任する可能性が高いなど、今後、継続的に海外で生活することが予想され、将来は海外の大学に進学することを検討している場合は、教育の一貫性の面から考えてもインターナショナルスクールに入れた方が、子女にとってはよいかもしれません。

図表19-2　赴任者の今後のキャリアから見た学校選択

数年の海外赴任の後は日本に帰国する場合	日本人学校に入れるのが、帰国後の子どもへの負担が一番軽いと思われる。
今回の赴任終了後も再び海外赴任する可能性が高い場合	将来的に海外生活が長いと予想される場合は、インターナショナルスクールに通うのも一つの考え方
現在の赴任地で、長く留まる可能性が高い場合	現地の教育制度などにある程度納得できれば、現地校を選び、現地で大学等に入学することも考えられる。

2 赴任中

3．インターナショナルスクールの費用はどこまで会社が負担するか
～全額負担するケースから、一部本人負担や、同地域にある日本人学校の費用までを会社負担とするケースまで様々～

　インターナショナルスクールに通学させるためには通常、年間150万円以上の出費が必要です。そのため、「インターナショナルスクールの学費は、同地域に日本人学校がない場合のみ一部又は全部支給する」とする企業や「同地域に日本人学校がある場合は、日本人学校と同額の費用まで会社負担とし、残りは本人負担」とするケースまで様々です。

　なお、本書で取り上げる5か国には複数のインターナショナルスクールが存在し、それらの中には、日本人がかなり多く存在する学校も存在します。また、入学にあたり、日本人であるからという理由で入学に制限がかかるケースは、国籍ごとの入学定員を設けている学校以外では特にありませんが、ESLクラスを利用しながらでも、授業についていけるだけの程度の語学力は必要になります。なお図表19-3は5か国におけるインターナショナルスクールの一例です。

図表19-3　5か国におけるインターナショナルスクールの一例

国　名	場　所	名　称
台　湾	新　竹	新竹・オランダ・インターナショナル・スクール Hsinchu International School
	台　中	アメリカン・スクール　イン　タイチュン American School in Taichung モリソン・クリスチャン・アカデミー Morrison Christian Academy 台中・Wagor・バイリンガル・アカデミー Taichung Wagor Bilingual Academy
	台　北	ドミニカン・インターナショナル・スクール Dominican International School 台北アドベンティスト・アメリカン・スクール Taipei Adventist American School 台北アドベンティスト・プリパラトリー・アカデミー Taipei Adventist Preparatory Academy 台北アメリカン・スクール

② 生活・教育・その他

		Taipei American School 台北・ヨーロピアン・スクール Taipei European School
	高　　雄	高雄アメリカン・スクール Kaohsiung American School
韓　　国	ソウル	ソウル龍山国際学校 Yongsan International School of Seoul ソウル・フォーリン・スクール Seoul Foreign School
	済　　州	コリア・インターナショナルスクール・チェジュ Korea International School Jeju ノース・ロンドン・カレッジエイトスクール・チェジュ North London Collegiate School Jeju 一徒初等学校（イルド・チョドゥンハッキョ） Ildo Elementary School 漢拏初等学校（ハルラ・チョドゥンハッキョ） Halla Elementary School 漢拏中学校（ハルラ・チュンハッキョ） Jeju Halla Middleschool
	釜　　山	プサン・インターナショナル・フォーリンスクール Busan International Foreign School プサン・フォーリン・スクール Busan Foreign School
マレーシア	イポー	イポー・インターナショナルスクール Ipoh International School
	クアラルンプール	アリス・スミス・スクール The Alice Smith School ガーデン・インターナショナルスクール Garden International School クアラルンプール・インターナショナルスクール The International School of Kuala Lumpur モントキアラ・インターナショナルスクール Mont'Kiara International School
	コタキナバル	キナバル・インターナショナルスクール Kinabalu International School サイフォル・インターナショナルスクール・サバ（サイフォルKLの分校） Sayfol International School Sabah
	ジョホール・バル	マルボロ　カレッジ　マレーシア Marlborough College Malaysia

2 赴任中

	ペナン	ダラット・インターナショナルスクール Dalat International School フェアビュー　インターナショナルスクール　ペナン Fairview International School Penang ペナンインターナショナルスクール（アップランズ） The International School of Penang (Uplands School) プリンス　オブ　ウェールズ　アイランド　インターナショナルスクール Prince of Wales Island International School セント・クリストファー　インターナショナル・プライマリースクール St. Christopher's International Primary School of Penang テンビーインターナショナルスクール Tenby International School
インド	コルカタ	カルカッタ・インターナショナルスクール・ソサエティ Culcutta International School Society サウスシティ・インターナショナルスクール South City International School
	チェンナイ	アメリカン・インターナショナルスクール・チェンナイ American International School, Chennai
	ニュー・デリー	アメリカン・エンバシー・スクール American Embassy School ブリティッシュ・スクール The British School
	バンガロール	カナディアン・インターナショナル・スクール Canadian International School
	プネー	メルセデスベンツ・インターナショナル・スクール Mercedez-Benz International School
	ムンバイ	ディーエスビー・インターナショナル・スクール DSB International School アメリカンスクール・オブ・ボンベイ American School of Bombay
フィリピン	セブ	セブ・インターナショナル・スクール Cebu International School (CIS)
	マニラ	インターナショナルスクール・マニラ International School Manila ブリティッシュスクール・マニラ The British School Manila

（出所）　外務省ウェブサイト「諸外国・地域の学校情報」より作成

2 生活・教育・その他

Q20 日本人向け幼稚園・高等学校・学習塾の概要

このたび、海外駐在員となったＡ氏は、幼稚園児の子女を帯同します。赴任地には日本人学校は存在しますが、日本人学校には幼稚部はないようです。日本からの赴任者の子女が多く通う幼稚園として日本人向け幼稚園があると聞きましたがその内容及び会社負担の学費の考え方について教えてください。また、日本人学校卒業後の進路として、日本人向け高等学校や受験に向けた子供達の学習環境についても教えてください。

A １．日本人向け幼稚園とは
(1) 概　要

　通常、就学児童については本書で取り上げる５か国とも、都心部には日本人学校が存在するため、小中学生については日本人学校に通学させることができますが、就学前児童を帯同する場合、幼稚園をどうするかといった問題が生じます（本書で取り上げる５か国内で幼稚部を併設している日本人学校はソウル日本人学校・ニューデリー日本人学校等限定的です。)。

　そこで就学前児童の受入先として候補に挙がるのが日本人向け幼稚園です。日本人向け幼稚園は、台北等については特に多数存在し、選択の余地が多いといえます。またその他の地域についても日本人学校が存在するエリア付近には日本人向け幼稚園が存在します。

図表20-１　日本人向け幼稚園の特徴

・通学：スクールバスがあるケースが多い
・昼食：給食を提供している幼稚園も多い
・カリキュラム：日本の幼稚園のカリキュラムに準拠した上で、プラスアルファとして語学教育などにも力を入れている。（日本の四季を意識する行事も多数行われている。）
・保育開始年齢が早い場合が多い：２歳児から預入れが可能な場合もある。

2 赴任中

・費用は地域によってばらつきがある。

(出所) 本書で対象となる5か国内にある日系幼稚園等へのインタビューより作成

(2) **幼稚園費用の負担**

前述のとおり、幼稚園の保育料等が日本と比較して高額になることも多いため、駐在員の子女が通う幼稚園費用を会社が一部又は全部負担するケースも存在します。中には「義務教育ではないのだから、幼稚園の費用までは負担しない」とする企業もありますが、小さい子供を持つ若手赴任者にとっては、家族帯同での赴任が事実上難しくなってしまいます（かわいい盛りの子供を置いて（本当は帯同したいのに）単身赴任しなければならない駐在員のストレスは相当なものがあります。）。幼稚園費用を会社が全額又は一部補助する場合、図表20-2で記載した、日本の私立幼稚園でかかる金額を参考にするのも一案です。

図表20-2　幼稚園の学校教育費の支出構成　　　　　　　（単位：円）

	公　立	私　立
学校教育費	131,624	340,464
授　業　料	74,428	236,526
修学旅行・遠足・見学費	2,054	3,474
学校納付金等	14,443	45,611
図書・学用品・実習材料等	9,942	12,362
教科外活動費	549	2,406
通学関係費	22,402	31,801
そ　の　他	7,806	8,284

(出所) 文部科学省「平成24年度　子どもの学習費調査」より作成

2．日本人向け高等学校

本書でとりあげている5か国においては、日本人を対象とした高等学校は存在しません。よって中学卒業後の選択肢としては図表20-3のとおりとなります。

[2] 生活・教育・その他

図表20-3 中学部卒業後の進路

1．日本に帰国（このケースが大半）
　帰国子女枠等を利用し、日本の高等学校を受験する。
2．任地にあるインターナショナルスクール（高等部）に入学
　赴任期間が長期化する場合等にみられる。
　インター校に入学する場合、日本人学校とは学期制が異なるため、日本人学校の卒業を待たずに退学し、インター校に行く場合が多い。
3．近隣の日本人向け在外教育施設に入学
　早稲田シンガポール校など、寮が併設された在外教育施設に入学するケースもある。

3．日本人向け学習塾

　本書で取り上げた5か国の都心部においては、日本人を対象にした学習塾がひとつ又は複数校存在します。それらの先生方からお伺いした、特にアジア地域で暮らす子供達の学習傾向等をまとめたのが**図表20-4**です。

図表20-4 海外で生活する子供たちの学習上の特徴

- 学習能力の平均値は日本より高いと感じる。
  （家庭環境が整った、落ち着いた素直な子が多い。）
- 全国から集まっているため、高校受験にしても志望する学校はバラバラであり、同じ学校を目指してライバル心を燃やす、といった要素が少ないため、よくいえば和やかだが、勉強についてもややのんびりしてしまう傾向がみられる場合もある。
- 日本語だけでも生活できてしまう地域（台北、ソウル等）もあり、そのような場合、外国語を学ぶ必要性が低くなるため、結果として外国語の能力は身につきにくい。
- 日本と比較的近い環境の国で生活している場合、日本に帰国した際、「帰国子女」としての特徴（語学力等）が出にくい傾向もある。
- 英語が一般に通じやすい国（フィリピン、マレーシア等）においては、英語を使う機会が多いため、日本の子供たちよりも英語が得意な場合が多い。
- 母親が日本人でない場合、日本語の能力に課題がある子供たちがみられる。また、両親ともに日本人であっても、インターナショナルスクールに通う

2 赴任中

場合は日本語について丁寧なサポートを行う必要がある。
・両親ともに日本人であり、日本人学校に通っていても、新聞やテレビ、両親や先生以外の大人との接触機会が少ないため、どうしても日本国内にいるよりも日本語に触れる機会が少ない。よって、海外生活が長くなると日本語のボキャブラリーが同年代の子供たちよりも少ない子も存在する。
・海外ということで、どうしても生活範囲が限定されるうえ、日本で居住していないことから、日本の地理、歴史などには興味を抱きにくい傾向にある。

（出所） 日本人向け学習塾、日本人駐在員家族へのヒアリングをもとに作成。

2 生活・教育・その他

Q21 赴任地の祝祭日・労働時間の取扱い

海外駐在員から、「日本と比べて祝祭日が少ないので、その点を考慮して手当等を支給して欲しい。また土曜出勤についても考慮してほしい。」との意見が出ています。
赴任地の祝祭日・労働時間数と日本との違いについて教えてください。

A [1] 概　要

海外駐在員からよく出る不満のひとつに、日本と赴任地の休日・祝祭日の日数差、労働時間差があります。一般に日本は祝祭日が多いため、海外に赴任すると「日本の祝祭日の日数と比較すると当地は休暇が少ない」と感じることが増えてきます。

また、東南アジア地域では、任地によっては毎週又は隔週の土曜日出勤などもあるため、この点についても「日本であれば休日なのに、現地法人の就業規則に従うと、土曜日も出勤しなければならない。その点について休暇を増やすか時間外手当を支給して欲しい」といった声が出る場合もあります。

では、日本及び5か国(台湾、韓国、マレーシア、インド、フィリピン)との休日及び祝日の日数及び労働時間にはどのくらいの差があるのでしょうか。

[2] 国別で見た場合の祝祭日・労働時間
1．祝祭日

日本及び5か国の祝祭日スケジュールは以下のとおりです。駐在員からの不満のとおり、日本と比べると、どの国も祝祭日が少ないことがわかります。

2 赴任中

　また、これら5か国は比較的近い距離にあるため、日本から、5か国まとめて出張などを検討されている場合は、各国の祝祭日を頭に入れた上でスケジュールを組まないと出張中の貴重な1日が休日に重なってしまうことも考えられます。

図表21-1　日本及び5か国の祝祭日（2014年）

	台湾	韓国	マレーシア	インド	フィリピン	日本
1月	1日：開国記念日 30日〜2月4日：春節	1日：新年 30日〜2月1日：旧正月	1日：新年 14日：モハメッド生誕祭 17日：タイプーサム 31日〜2月1日：中国歴新年	1日：新年	1日：元旦 31日：中国旧正月	1日：元旦 13日：成人の日
2月	28日：和平記念日		3日：首都制定日			11日：建国記念の日
3月		1日：独立運動記念日（三一節）		17日：水掛け祭		21日：春分の日
4月	4日：児童節 5日：清明節			8日：ラーマ神（ヒンズー教ラーマ）誕生日 18日：聖金曜日	9日：勇者の日 17日：聖木曜日 18日：聖金曜日 19日：聖土曜日	29日：昭和の日
5月		1日：労働者の日 5日：子供の日 6日：釈迦誕生日	1日：メーデー 13日：釈迦誕生日		1日：レイバーデー	3日：憲法記念日 4日：みどりの日 5日：こどもの日 6日：振替休日
6月	2日：端午節	6日：戦没者慰霊日（顕忠日）	7日：国王誕生記念日		12日：独立記念日	
7月			28・29日：断食明け大祭	29日：イスラム教断食明け祭		21日：海の日
8月		15日：解放記念日（光複節）		15日：独立記念日 18日：クリシュナ神誕生日	21日：ニノイアキノ記念日 25日：英雄記念日	

96

2 生活・教育・その他

9月	8日：中秋節	7日～10日：お盆（陰暦）	1日：独立記念日の振替休日 16日：マレーシア・デー			15日：敬老の日 23日：秋分の日
10月	10日：国慶節 25日：台湾光復節	3日：建国記念日（開天節） 9日：ハングル日	6日：聖地巡礼祭 7日：聖地巡礼祭の振替休日 23日：ヒンズー教新年 25日：イスラム新年	2日：マハトマ・ガンジー誕生日 3日：ヒンズー教デサラ祭 6日：イスラム教謝肉祭 23・24日：ヒンズー教新年祭		13日：体育の日
11月	12日：国父生誕記念日			4日：イスラム教新年	1日：万聖節 30日：ボニファシオ記念日	3日：文化の日 23日：勤労感謝の日 24日：振替休日
12月	25日：行憲記念日	25日：クリスマス（キリスト誕生日）	25日：クリスマス	25日：クリスマス	24日：追加特別休日 25日：クリスマス 26日：追加特別休日 30日：リサール記念日 31日：大晦日	23日：天皇誕生日

（出所）　ジェトロ・ウェブサイト「世界の祝祭日」より作成
　　　　http://www.jetro.go.jp/biznews/holiday/

2．労働時間等

　各国の労働時間に関する規定は以下のとおりです。労働時間に関しては、駐在員によりばらつきがありますが、日本との時差も少ないことから、アメリカ駐在員のように、日本の業務開始時間に合わせていると、深夜まで電話やメールの対応をしなければならない、といったことは発生しません。

2 赴任中

図表21-2 日本及び5か国の週当たり労働時間

台　　湾	1日8時間、週48時間以内
韓　　国	1日8時間、週40時間以内
マレーシア	1日8時間、週48時間以内
イ ン ド	1日9時間、週48時間以内
フィリピン	1日8時間、週48時間以内
日　　本	1日8時間、週40時間以内

3．時間外労働に対する手当

　各国の時間外労働に関する規程は以下のとおりです。通常、日本からの駐在員は管理職であるため、時間外労働については直接関係しませんが、若手の駐在員などで現地でも非管理職の場合は、時間外手当についても検討する必要があります。

図表21-3 日本及び5か国の時間外労働に対する手当

台　　湾	時間外労働の最初の2時間は通常賃金の3分の1の割増 2時間を超えて延長した場合は通常賃金の3分の2
韓　　国	時間外労働の最初の4時間は通常賃金の25％割増 それ以後は50％割増
マレーシア	通常の就業日：賃金の時給の1.5倍 休日出勤：賃金の時給の2倍 公休日出勤：賃金の時給の3倍
イ ン ド	通常の報酬の2倍で計算された報酬を支払う
フィリピン	通常の報酬の25％増し、夜間は更に10％増し
日　　本	就労日の時間外労働：25％（1か月間の残業時間が60時間を超えた場合は50％） 休日の場合は35％以上の割増賃金

（出所）　日本貿易振興機構「アジア主要国のビジネス環境比較」等より作成

3 健康・リスク管理面（台湾、韓国、マレーシア、インド、フィリピン）

Q22 駐在員による自動車の運転

当社では海外駐在員については欧米については自動車の運転を認めていますが、アジア地域についての運転は認めていません。しかし東南アジア地域の駐在員から「現地の生活にも慣れてきたし、自動車の運転を認めて欲しい」という要望が出ています。東南アジア地域についての自動車運転について他社状況を教えてください。

A

1 概要

一般に海外駐在員の自動車の運転は、許可制としている企業が多く、許可を出している地域は北米やヨーロッパの一部の国に限定していることがほとんどです。

一方、東南アジア地域については、本書で取り上げた5か国のうちでは、マレーシアについては、自動車の運転を会社が認めているケースが見られます。

その他地域については図表22-1のとおり、交通事故による死者も日本と比較して非常に多く、運転により被害者又は加害者になるリスクも大きいため、駐在員本人が運転するケースは稀で、通常は運転手付の自動車が貸与されているケースが多く見られます。（ただし、マレーシアについては駐在員による運転を認めている会社も少なからず存在します。）

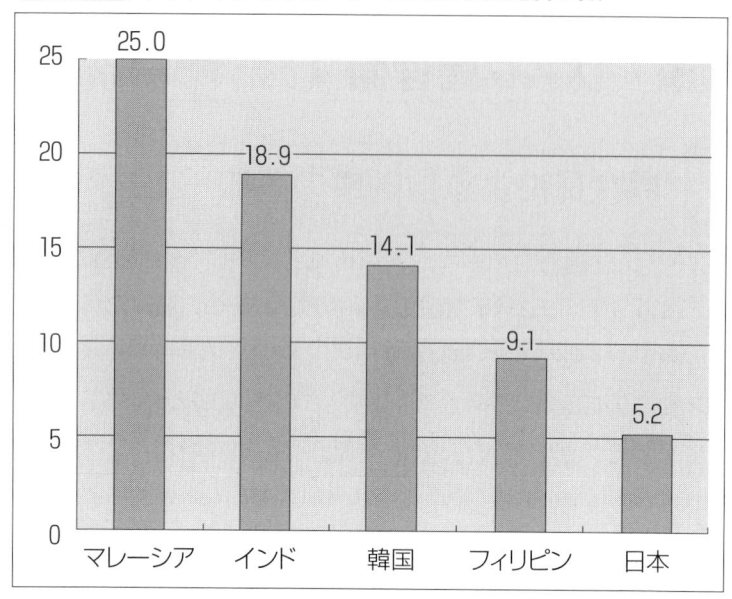

2 赴任中

図表22-1 人口10万人当たりでみた交通事故死者の数

マレーシア	インド	韓国	フィリピン	日本
25.0	18.9	14.1	9.1	5.2

（出所）　World Health Organization
「GLOBAL STATUS REPORT ON ROAD SAFETY 2013」より
作成（台湾はデータなし）

　なお、本書で取り上げた5か国のうち、韓国、マレーシア、インド、フィリピンについては、国外運転免許証を保有すれば現地で自動車の運転が可能です。
（台湾については当初から現地の運転免許証の取得が必要です。）
　国外運転免許証の取得にあたっては 図表22-2 の書類が必要になります。

3　健康・リスク管理面

図表22-2　国外運転免許証取得のための必要書類

・運転免許証
・写真1枚（縦5cm×横4cm）・パスポート等渡航を証明するもの
・古い国外運転免許証
　※国外運転免許証は、発行から1年以内。
　　日本の免許証が有効期限内であれば何度海外に行っても利用可能だが、有効期間が短い場合は一旦返納し、新しい国外運転免許の取得が必要

2 赴任中

Q23 駐在員に関する危機管理・安全管理

海外ではデモや暴動なども発生しますし、現地の駐在員に万一のことが生じないよう、会社としても必要な対策をとりたいと考えています。社員の安全確保のために最低限、会社が行うべきことを教えてください。

A

1．日本企業が直ちに取り組むべき対策事項

世界各地の企業の海外危機管理対策について詳しいインターナショナルSOSジャパン株式会社にお話をお伺いしました。2012年の中国における反日暴動や、2013年のアルジェリアテロ事件等、海外では各地域固有の危機が発生しており、企業における海外事業に対するリスクマネジメント体制の整備が不可欠になってきていますが、同チームによりますと「リスクマネジメント体制の整った日本企業はまだまだ非常に少なく、特に同規模の海外企業の標準的な安全対策と比べると課題が多い」ということでした。

同社からお伺いした日本企業が直ちに取り組むべき対策内容をまとめたものが 図表23-1 です。

図表23-1　日本企業が直ちに取り組むべき対策事項

1．リスクの「見える化」による実効性の高いリスクマネジメント
　多くの日本企業から「現地情報の把握が難しい」「対策主体が現地又は本社に偏りすぎる」「危機内容が国ごとに異なり、汎用化が困難」といった声や「一言でリスクといってもあまりに漠然としているため、何をどう判断したら良いかわからない」といった声が聞こえる。
→まずはどのようなリスクがあり、それが自社にとってどの程度影響を与えるのか「見えるか」を行う必要がある。
　※特に海外駐在員、家族、出張者が直面するリスクとしては、テロ、クーデター、国家間紛争、犯罪、身代金誘拐、暴動、ストライキ、交通事故、自然災害、パンデミック等様々。

③ 健康・リスク管理面

2．危機管理方針の規程とマニュアルの作成
　万一の発生に備え、有事対応策を危機管理マニュアルで規程する必要があるが、実際に危機管理マニュアルを整備している企業は少ない。
→海外駐在員や出張者をどのように守るのか、誰が責任と権限を負うのか、誰が危機管理の実務を行うのかといった基本方針とガイドラインを規程し、その基本方針に沿って現場レベルに落とし込んだ詳細な危機管理マニュアルを作成する必要がある。
　また、既にマニュアルがある企業においても、そのマニュアルが自社の事業内容、進出先、進出携帯、組織にあわせてカスタマイズされているかを確認する必要があり、一旦作成した後も随時見直しや訓練を行い、「生きたもの」にしておくことが重要

3．外部専門企業の活用も有効
　アシスタンス・サービス会社やセキュリティコンサルタント会社では、全世界の国・地域別のリスク評価を24時間体制で行っていることも多い。世界の大手企業ではそれら外部専門企業による情報やアドバイスを活用しながら、リスクに対する意思決定を行っている。

（出所）　インターナショナルSOSジャパン株式会社からの情報提供に基づき作成

2．社員の安全確保のために最低限、会社が行うべきこと

　では、会社は危険地域に赴任する社員の安全確保のために具体的にどのようなことを行うべきでしょうか。社内の人材やインターネットなどを活用することでも実行可能な対策を以下にまとめてみました。

⑴　**駐在・出張させる地域にどのようなリスクがあるかを把握する**

①　**外務省・日本大使館からの情報収集**

　社員を駐在・出張させる地域にどのようなリスクがあるかを把握するには、有料で配信されている海外危険情報を購入するのもひとつですが、外務省の海外安全ホームページ、海外邦人安全協会のホームページや駐在地・出張地を管轄する日本大使館・領事館のホームページを参照するのが最も手軽で確実な方法です。また、在外公館のホームページでは、日本語の通じる医療機関の情報やそれぞれの地域の安全対策についての冊子もダウンロードできますので、駐在予定者にもこれら資料を渡し、しっかり読んでおくように指導することも重要です。このようにインターネットを利用し、無料でも信頼できる医療機関や赴任地のさまざまな安全・医療情報

2 赴任中

を検索することが可能です。

なお、外務省ホームページに発表されている情報として「渡航情報」があります。この渡航情報とは、「渡航・滞在にあたって特に注意が必要な場合に発出される情報で、最新の現地治安情勢と安全対策の目安を示す「危険情報」と、限定された期間、場所、事項について安全対策の観点から速報的に発出される「スポット情報」」から構成されています。この渡航情報は、海外に渡航・滞在する方が自分自身で安全を確保するための参考情報であり、法的な強制力や、渡航を禁止したり、退避を命令したりするものではありません。しかしながら、企業が社員の渡航の是非を判断する上での最も重要な判断基準のひとつとして活用されています。なお、この渡航情報では、海外安全の目安を 図表23-2 のとおり分類しています。

図表23-2 渡航情報における海外安全の目安

1	十分注意してください	当該国（地域）への渡航、滞在に当たって特別な注意が必要であることを示し、危険を避けるようすすめるもの。
2	渡航の是非を検討してください	当該国（地域）への渡航に関し、渡航の是非を含めた検討を真剣に行っていただき、渡航する場合は、十分な安全措置を講じることをすすめるもの。
3	渡航の延期をおすすめします	当該国（地域）への渡航は、どのような目的であれ延期をすすめるもの。また現地に滞在している邦人については退避の可能性や準備を促すもの。
4	退避を勧告します。渡航は延期してください	現地に滞在している全ての邦人に対して、当該国（地域）から安全な国（地域）への退避（日本への帰国も含む）を勧告するもの。

（出所）外務省ウェブサイト「海外安全ホームページを使いこなそう！」より作成

② 出張者、一時帰国者からの情報収集

上記①のほかに、当地の生の情報を得るために、当地に出張したことがある社員等から情報収集を行うことも重要です。また、すでに当地に駐在員がいる場合は、駐在員から情報を収集するのも有効です。

③ 健康・リスク管理面

図表23-3 出張者、一時帰国者からの情報収集の一例

一時帰国中の社員	一時帰国時は必ず総務部に立ち寄ることになっているので、その際、インタビューを行うこと。現地での些細な事故等についても、できるだけ提供してもらうこと。
海外からの帰任者	帰任後必ず行う人事面談の際に、安全担当者からのインタビュー時間を30分設けているので、その際、必ず情報収集すること。(インタビュー可能時間帯については人事部長より適宜連絡がある)
出張者からの情報収集	出張者については、出張地の安全情報等についての簡単なアンケートの提出が海外旅費精算の条件となっている。経理部が回収したアンケートは海外安全担当者に送付されるため、当該内容をよく読み、必要であれば、アンケート回答者に質問し、情報分析に努めること。

③ 海外安全関連セミナー等への参加による情報収集

　自社ルートだけでの情報収集では限界がありますので、他社や専門機関からの情報収集の一環として、日本在外企業協会や海外邦人安全協会が主催するセミナー等に参加し、専門家から話を聞いたり、参加者同士で情報交換することも有効です。

(2) **具体的なリスクについて海外駐在員に情報提供する**

　収集した情報は積極的に海外駐在員にも積極的に提供していくことが重要です。そうすることで、駐在員からも情報を発信してくれるようになり、その結果、会社としてとるべき対応策が明確になります。**図表23-4**は情報収集・提供のイメージをまとめたものです。

2 赴任中

図表23-4 各拠点責任者及び各駐在員への情報提供のイメージ図

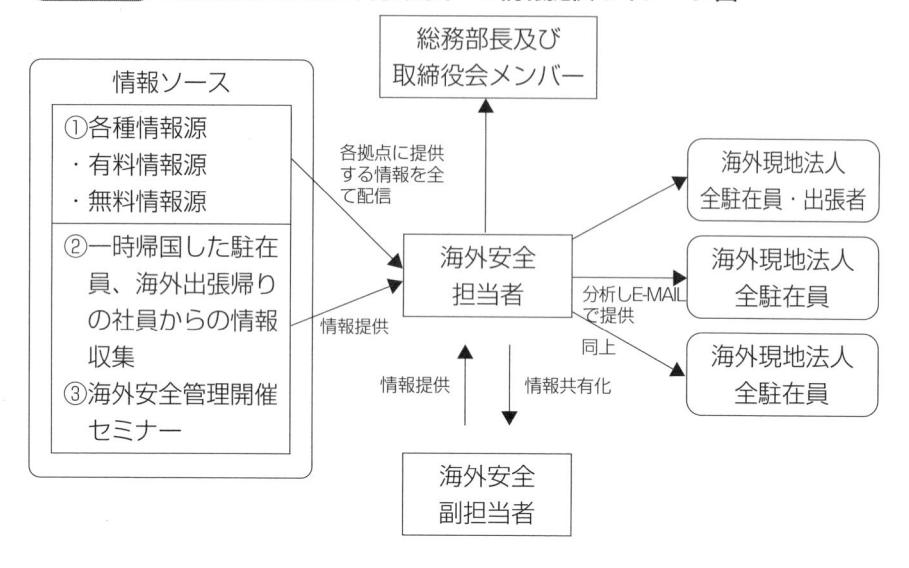

```
                                    総務部長及び
                                    取締役会メンバー
                                         ↑
  ┌─情報ソース──────┐    各拠点に提供
  │ ①各種情報源      │    する情報を全        ┌──────────┐
  │  ・有料情報源     │    て配信          →│ 海外現地法人     │
  │  ・無料情報源     │─────→            │ 全駐在員・出張者  │
  │                  │                     └──────────┘
  │ ②一時帰国した駐在│      海外安全        ┌──────────┐
  │  員、海外出張帰り │      担当者     →  │ 海外現地法人    │
  │  の社員からの情報 │              分析しE-MAIL│ 全駐在員        │
  │  収集            │   情報提供    で提供  └──────────┘
  │                  │─────→          同上  ┌──────────┐
  │ ③海外安全管理開催│                     →│ 海外現地法人    │
  │  セミナー        │                       │ 全駐在員        │
  └──────────┘                       └──────────┘
                         情報提供↑ ↓情報共有化

                          海外安全
                          副担当者
```

(3) 海外駐在員との連絡手段を確立する

　多数の大手企業においては選任の海外安全担当者が存在し、当該海外安全担当者は、海外駐在員からいつ何度、緊急事態等の連絡が入ってもよいように、24時間体制で携帯電話を持ち歩いています。また、有事の際に、海外駐在員とすぐ連絡がとれるように、赴任中に保有する携帯電話の番号及びメールアドレスを本社に届け出てもらうとともに、変更がある場合は速やかに報告するよう指示されています。

　また、緊急時に備えた連絡網の作成はぜひ行っていただきたいのはもちろんですが、作成した連絡網が機能するかを確認するため、定期的に連絡網を回してみるなどの予行演習も、いざというときに備えて必要になります。

3．海外危機管理マニュアルの作成

　上記1．が実施できれば、次は有事の際の対応を明記した海外危機管理マニュアルの作成も検討する方がよいでしょう。

　一般にグローバル企業では、海外で発生した危機についての本社側での業務内容や予防策をまとめた規程を作成しています。しかしその内容やボリュームは企業によって様々で、これといったヒナガタというものはありません。

　そもそも規程は完成させることだけが目的ではなく、むしろ作成する過程に意味があります。どんな危機が想定されるのか、発生した時点ではどのような事態が起こりえるのか、さらにそれらの事態を処理するに当ってどんな問題が出てくるのか等を議論することが重要です。

　海外駐在員に万が一の事態が発生した場合、焦点となるのは「企業の危機管理体制は万全だったか否か」です。事実上、無策の状態で事故が起これば、被害者・遺族から賠償責任を問われ、マスコミからも激しく批判され、企業の存亡にも関わる事態にもつながります。海外駐在員にかかる危機管理は、駐在員個人を守るだけでなく、企業そのものも守ることにつながります。

2　赴任中

Q24 海外駐在中における日本の健康保険の利用方法

海外駐在中にＡ氏が、海外で医療行為を受けた場合は、その際に要した費用の一部が、日本の健康保険から払い戻されると聞きました。この制度の概要と、実際の手続方法について教えてください。

A 　海外で治療を受けた場合も、健康保険組合等から治療費が一部支給されますが、支給される療養の範囲は、日本において保険診療の対象となるものに限られるため、実際に支払った金額ではなく、日本の医療機関で受診した場合の保険診療料金を基準とした金額が支給されます。

1．海外での治療費も健康保険でカバーされる
〜海外では「療養費」扱いに〜

　日本国内で使用している「健康保険被保険者証」を海外で使用することはできませんが、健康保険組合の被保険者・被扶養者が海外の医療機関で治療や投薬を受けた場合は、日本の健康保険から一部医療費の補助が受けられます。

　ただし、海外では「療養費」扱いとなるため、海外でかかった医療費（療養費）の全額を、いったん本人が立て替えた後、療養を受けた海外の病院にて「診療内容明細書」と「領収明細書」をもらい、これらに日本語の翻訳文を添付し、保険者の内容チェックを受け、特に問題がなければ療養費の一部が払い戻されます。（図表24-1 参照）

3 健康・リスク管理面

図表24-1 健康保険の場合の療養費の払戻しに必要な書類

海外療養費の支給申請には、次の書類が必要になる。
(1) 療養費支給申請書
(2) 診療内容証明書（医科用、歯科用）
(3) 領収明細書（診療明細書）
(4) 領収書（原本）
　提出書類が外国語で記載されている場合は、翻訳者の氏名及び住所を明記した日本語の翻訳文を添付しなければならない。
　(1)、(2)、(3)は、所轄年金事務所又は加入している健康保険組合に用意されているので、海外赴任時には、申請書類一式を持参するとよい。

2．健康保険の対象となる療養費
～支払った医療費全額が支払われるわけではない～

　しかし、療養費が支給される場合でも、費用の全額が払い戻されるわけではありません。日本国内で保険診療を受けたとして、保険診療報酬の点数に直して計算した額から被保険者や被扶養者の自己負担額（医療費の3割）を差し引いた額が支給されます。そのため、海外で治療を受けた場合は、支払った費用の7割が払い戻されるとは限りません。

　海外での健康保険の手続の流れは**図表24-2**のとおりです。

2 赴任中

図表24-2 海外での健康保険利用の手続

〈海外〉	〈日本〉
① 海外の医療機関でかかった医療費をいったん本人が全額立替え（その際、病院側で診療内容明細書、領収明細書などを記載してもらう） ↓ ② 上記明細書等を日本語に翻訳　→→→→　保険組合に提出	③ 健保組合等が当該診療内容を日本の保険診療報酬の点数に直して、本人への還付額を計算 ↓ ④ 本人の口座に振込み

3．健康保険で海外での医療費を賄う場合の留意点
～日本の健保システムを熟知している病院を利用するのがベター～

　いくら海外での医療費の一部が日本の健康保険から支給されるといっても、支給に当たっては、所定の条件が必要です。たとえば海外の病院で、日本の健康保険の対象外となる医療行為や処方箋を出した場合は当然、健康保険からの還付はありません。そのため、健康保険の海外療養費制度を利用するのであれば、日本の健康保険システムを熟知した病院（日本の医療機関が出資した日本人医師による日系クリニック等）を利用する方が、スムーズといえるでしょう。

　また、歯科治療については海外旅行保険の対象外となるケースも多いため、健康保険の役割はその分、大きくなります。また、この場合も日本の保険診療に沿うような形で治療が行われないと、健康保険が適用できなくなるので注意が必要です。（治療の各段階で、一度でも日本の保険診療から外れる治療が行われると、その治療にかかった医療費すべてが保険診療の対象外とされ、健康保険からの還付の対象外となります。）

③ 健康・リスク管理面

Q25 駐在中の健康上の留意点

社員を東南アジア・南アジア等に駐在させる際、健康面で留意すべき点を教えてください。

A ❶ 概　要

1．医療水準、医療に対する考え方が日本とはまったく異なることを認識する必要あり

　海外で医療行為を受ける際、海外で健康な暮らしをするために、事前に知っておくべきことはどのようなことでしょうか。

　この点について、世界各国でアシスタンスサービスを展開し、会員企業及びその社員・家族向けに、医師や危機管理専門家による24時間体制での医療・危機管理相談、ウェブサイトやE-mail、電話等で現地最新情報の提供や緊急時のサポートを提供している、インターナショナルSOSジャパン株式会社（以下「インターナショナルSOS」）にお話をお伺いしました。

　同社メディカルチームによりますと、「日本人は、他の国民以上に主治医を信じやすい傾向にあるが、悪質な病院というものが世界中に存在することに留意するべき。特に陥りやすいのが、病気になって藁をもすがる気持ちのときに相手の医師が片言でも日本語を話すと、『助かった、この人は私の事をわかってくれる、助けてくれる』との思い込み。最初から疑ってかかる必要はないものの、十分な説明もなく言葉巧みに必要以上の検査、治療を勧められる場合は、注意が必要」ということでした。

　また、図表25-1のとおり、日本の医療現場では考えられないことが、特に途上国の病院ではみられる場合もあります。

111

2 赴任中

図表25-1 途上国の医療水準が高いとはいえない病院で起きている事例

- 医者も看護師もめったに巡回に来ない、呼んでも「全く」来ない。
- 予定されていた検査あるいは診察が突然キャンセルされる。
- 入院患者に食事を提供する習慣がないので、家族あるいは知人が準備して持っていく。
- 検査室に連れて行ってくれる人がいないので、家族・知人が車いすを押して連れて行く。
- 日本語はもちろん、英語も通じない、その上患者の伝えようとする事を理解する努力をしない。
- 不潔、冷暖房の不備。開放した窓からはハエや蚊が自由に往来している。院内の掃除が行き届いていない。
- 同室患者が騒がしくて、ゆっくり眠れないが、病院スタッフは注意する事もなく、気にも留めない。
- 人工呼吸器などの医療器具の使用方法、あるいは内視鏡の消毒方法など正しいトレーニングを受けていない病院スタッフがこれらの管理を任されている。
- 物品が不足している、あるいはコストを抑制するために、本来使い捨て（ディスポーザブル）の医療器具を再利用する。これにより破損していたり、あるいは破損の恐れのある医療器具が使用される。
- 多くの検査並びに治療を行ったのに、退院時に渡された記録は、覚書程度の診断書1枚程度

（出所） インターナショナルSOSより情報提供

2．海外での医療費や搬送費について知っておくべきこと

　海外の病院では、患者の受付の際に支払能力があるか確認される場合が少なくありません。世界的に見れば、日本のように治療費が払えるか確認しないで検査や治療を進める国の方が稀といってよく、医療費が払えない患者に対しては緊急処置が必要であることが判っていても、治療すら行わない病院もあります。

　逆に「いざ治療費が払われることが確認できると、いろいろと理由をつけて検査漬け、薬漬けとなり、時として必要期間以上に入院を強いられる

3 健康・リスク管理面

場合もある。また、不幸にして交通事故にあった場合、加害者側に治療費を負担する能力がない場合もあり、その際は被害者が自分で治療費を負担することになる（インターナショナルSOS）」ようです。

通常、海外での医療費や搬送費用は、海外旅行保険、企業健保、海外労災などで費用負担をすることになりますが、海外旅行保険の場合は、既往疾患についての治療は免責となるなど、保険がすべての疾患に対応できるわけではありませんし、保険金額も、十分に検討する必要があります（海外旅行保険については**Q10**をご参照ください。）。

また、医療アシスタンスサービスについても、アシスタンス会社と個別に契約を締結していない場合は、旅行保険の付帯サービスとしてのアシスタンスサービスを受けることになります。そのため、海外旅行保険で免責と判断されたり、海外旅行保険の付保額が低いと、保険付帯の医療アシスタンスサービスが十分に受けられないことも考えられます。

3．駐在員が気をつけなければならないこと

以上のとおり、海外での健康維持及び医療行為を受ける際には様々な留意点があり、それに応じた対応策が必要です。

同社メディカルチームにお伺いし、海外赴任時・出張時の医療面の留意点及びその対応策をまとめたものが 図表25-2 です。

図表25-2 海外での医療面の留意点

1．海外では、健康面の危険リスクが多数あることを認識する

海外では、食べ過ぎ、飲み過ぎに加え、常備薬の飲み忘れ、脱水になりやすい環境（乾燥している機内でさらに飲酒をする、炎天下でのゴルフとビール、胃腸炎による下痢嘔吐、感染症）など危険因子が豊富であることを認識する必要がある。

→滞在する地域で流行する疾患を確認、必要な予防接種を受けることはもちろん、事前の対策（蚊に刺されないようにしたり、生ものには気をつける、渡航先の疾患情報等についても、外務省や国立感染症研究所のウェブサイ

2 赴任中

ト等から入手し勉強しておく）が非常に重要。

２．慢性疾患がある場合には日本以上に配慮が必要

出張時には常備薬は予定出張日数よりも余裕を持って持参するべき。紛失や盗難の恐れもあるので、万が一に備え、常備薬リスト（英文一般名）を別に保存し持ち歩くべき。血液透析患者は、透析が行われる当日になると食事制限を緩める人がいるが、非常に危険な行為。血液透析に限らず、検査や治療が延期もしくは中止となることは開発途上国では珍しいことではない。

→慢性疾患を保有する場合は、英文で書かれた病歴・処方を常に持ち歩く。

３．精神面でのストレスにも配慮を

海外での駐在、長期出張が、本人やその家族に予想外に精神的な負担となり、うつ状態などの精神障害、あるいは失踪といった事態を招く場合もまれではない。

→重症となる前に、同僚ないし家族がその兆候に気付くなり、本人自身が早めの医療相談や受診をし、状況によっては日本への帰国も考慮する必要がある。

４．海外の病院は日本の病院とは考えや習慣が異なると心得る

→日本人は、医師との関係がこじれることを恐れて希望を述べたり質問をすることをしないが、疑問点や納得できない点は主張するべき。

また、現地の病院や担当者のアドバイスを鵜呑みにせず、現地事情を理解している医師や専門家からセカンドオピニオンをとることが望ましい

（出所）インターナショナルSOSから入手した情報をもとに作成

　以下では各国別でみた健康上の留意点及び緊急医療サポートが必要になった事例をご紹介していきます。

健康上の留意点

台湾

2 各国別でみた違い
1 台湾／健康上の留意点
1．台北における医療事情

　台北の医療事情について内科・小児科を開業されている、むさしのクリニックの柯佑民先生にお話をお伺いしました。

　柯先生は東京大学で勤務後、台湾大学付属病院と台北市立陽明病院で臨床医として活躍したのち、1995年から台北の天母地区にクリニックを開業、台北に居住・出張・旅行している日本人を中心に診療行為を行っておられ、台北日本人学校の校医もされています。なお、台湾にも公的健康保険制度が存在しますが、柯先生によりますと、「台湾の医療水準は非常に高いが、日本とは異なる台湾の健康保険制度は色々な課題が多い。そのため、近年、医学新卒生は自由診療可能あるいは当直なしの皮膚科、リハビリ科、家庭医学科、美容整形科を目指す傾向にあり、内科、外科、婦人科、小児科、救急センターの応募は閑古鳥が鳴いている。若手医師が足りない状態が続けば、台湾の医療水準の向上にも影響が出る可能性がある」とのことでした。

　台北に居住する日本人が健康面で留意すべき点を柯先生にお伺いし、まとめたものが 図表25-1-1 です。なお、台湾では外国人についても台湾の公的健康保険制度（全民健康保険）への加入が必要になるため、全民健康保険を利用して医療行為を受けている日本人もいらっしゃいますが、むさしのクリニックのような外国人向けクリニックを利用される方は、日本で加入した海外旅行保険を利用されているケースが多くなっています。また、柯先生によりますと、台湾の医療の特徴としては「自然治癒力を活用しながら、強い薬を使わず治療していこうという方針の日本とは異なり、台湾では患者側の要求もあり、『強い薬を使って早く治す』という傾向が強い。そのため、薬剤の投与が日本と比べて多い傾向にある」ということでした。

　また、柯先生は「日本からの赴任者にとって、台湾で医療行為を受ける

115

2 赴任中

際は、言葉の壁は避けられず、いくら中国語が堪能であっても、自らの病状を外国語でうまく伝えることは非常に難しい。自らの訴えを医師がどう受け止めるかによって治療方針が異なることもあり、意思疎通の問題は非常に重要。日本の大学で学んだ医療や患者に対する考え方を生かして、日本人の患者に不自由のない医療環境づくりと医療向上の役割を果たしていきたい」とおっしゃっていました。

図表25-1-1 台湾での健康・医療面の留意点

1．運動不足に注意
　タクシーも安く（初乗りTWD70）徒歩で移動することも少ない上、仕事に没頭していると、運動不足になりがち。スポーツジムなどに入会し、定期的に運動することも、生活習慣病予防策の一つになる。

2．屋台などで食べ過ぎないこと
　屋台の食事は安くておいしいが、油が日本人にあわなかったり、衛生面に問題を抱えている場合もある。屋台の食事が多いと生活習慣病にもつながる可能性があるのでほどほどに。

3．インフルエンザには年中感染リスクあり
　日本では主に冬場だけ流行するインフルエンザも、温暖な台湾では春・夏にかけて局地的に流行することもある。子供がかかると家族全員感染してしまい、駐在員本人の仕事に支障がでることもある。

4．A型肝炎などは予防接種が存在するので心配な人は接種しておくと良い
　生ものを通じてA型肝炎等に感染することもあるので心配な場合は予防接種をしておくとよい。（ちなみに台湾はアメリカと同じ基準で予防接種を行っているため、日本では認可されていない予防接種も受けることができ、同時接種できるワクチンの数が日本より多い。）

5．漢方を使用する場合はよく調べてから
　漢方薬も値段が安いものは品質に問題があるケースも少なくない。漢方の場合、長期間の服用が前提になることから、品質に問題のあるものを利用すると、その蓄積で逆に体を悪くすることもある。

6．緊急手術など、急を要するものでなければ、日本で治療を受けた方が、言葉のことを考えると本人はもちろん、付き添う家族が楽。
台湾の総合病院の医療レベルは高いが、当然ながら言語は中国語（又は英語）

3 健康・リスク管理面

のため、語学に相当自信がなければ日本に戻って治療を受けた方がストレスは少ない。

（出所）むさしのクリニック　柯佑民先生へのインタビューをもとに作成

2．緊急医療搬送ケース

　台湾における緊急医療搬送ケースの一例は**図表25-1-2**のとおりです。このケースのように危険な状態の場合は、搬送には生命のリスクが伴うことを覚悟しておく必要があります。万が一の場合、搬送を希望するかどうかについて、事前に話し合っておくことも必要かもしれません。

図表25-1-2　台湾における緊急医療搬送ケース（一例・40代女性／脳出血／高血圧の既往歴あり）

　台北で駐在中に自室で意識消失して倒れているところを同僚に発見され同日現地病院に入院。意識はなく、気管内挿管され人工呼吸器を装着、5日目時点で、病状に大きな変化はないが、昏睡状態で脳幹反射は消失、人工呼吸による補助換気が行われた。
　生命予後は不良であること（回復の見込みがない）が家族に伝えられ、搬送のリスクも承知された上でご家族は日本への帰国を強く希望された。搬送中に死亡する可能性のあるリスクの高い帰国のため、ICU医師看護師の付き添いによる医療専用機を準備し8日目に実施した。

（出所）インターナショナルSOS提供資料より作成

2 赴任中

2　韓国／健康上の留意点

1．ソウルにおける医療事情

　ソウルでの医療事情について、ソウルにて日本人専用クリニックを開設しているMEDISCAN病院の中のPark Jun Gyun先生にお話を伺いました。

　Park Jun Gyun先生によりますと、「韓国には専門医療ケアができる病院は多いが、言葉などの問題で、適切な治療時期を逃す日本人が多い。そして生活習慣や食生活の違いにより発生する病気に対しては管理する必要がある。」ということです。

　Park Jun Gyun先生からお聞きした、韓国での駐在生活における医療・健康面での留意点を 図表25-2-1 にまとめました。

図表25-2-1　韓国（ソウル）で医療行為を受ける際の留意点

・言葉の問題から医療機関で診察を受ける際、自分の容態をきちんと説明することが難しいこともあり、病気が見過ごされる場合もある。
　　日本の駐在員が多いソウルのカンナムでは、日本語が通じる日本人専用病院もあるため、容態の説明に困る時はおススメ。（以前も腹痛で2週間近く、日本人専用ではない病院に通院していた人が症状が回復しないということで来院され、精密検査を行った結果、すぐに手術が必要な急性胆のう炎であることが判明した。）
　以下、特に注意すべきこと
① 　B型肝炎に注意
　　韓国人の場合、幼いころからB型肝炎を接種することが一般的。日本ではA型肝炎が多いが、韓国は生活習慣及び食生活上、チゲ鍋などを皆で一緒に食べたり、お酒の廻しのみすることが多いため、B型肝炎の免疫がない日本人には気をつけるべきである。できれば予防接種を受けておいた方が良い。
② 　韓国は、日本に比べ辛い料理が多いため、辛いものに慣れていない日本人の場合、おなかを壊したり、胃炎・胃潰瘍を起こすこともある。
③ 　椎間板ヘルニア
　　海外駐在になると、慣れない生活によるストレスや過剰な業務などで体

3 健康・リスク管理面

調を壊しやすい。精神的な苦労もあるが、それだけでなく頭痛や肩こり・腰の痛みなどを訴える人が多い。その際よくマッサージを受けたりするが、単純なマッサージでは、症状の根本的な原因を探しにくいため、専門的な医療機関での診療及び適切な治療が重要になる。(もともと脊椎狭窄を持っていたのに本人はそれを知らず、軽い症状と思ってマッサージを受けたら、脊椎神経に損傷を起してしまった場合もある。)

(出所) MEDISCAN病院　Park Jun Gyun 先生へのヒアリングより作成

2．日本と同じ治療薬が見当たらないケースも

図表25-2-2 のとおり、日本で入手できる薬剤が海外では入手できないケースもまれではありません。このケースは韓国の事例ですが、韓国に限らず、海外で日本と同じ薬剤を入手できるとは限りません。海外滞在中にも投薬が欠かせない場合は、事前の下調べが非常に重要です。

図表25-2-2　日本と同じ薬剤入手の可否

韓国へ渡航予定だが、持病があるため、ある薬剤での治療中。
韓国内でその薬剤を処方できる病院がないかアシスタンスセンターに問い合わせあり。
→患者の診断書を入手し、韓国のアシスタンスセンターを通じて確認。現地で当該の病気の治療に精通している代表的な病院に確認、いずれの病院も希望の薬剤の処方を行っておらず、市中薬局にも照会したが取扱いはなし。
　そのため、日本の担当医に上記事情を報告し、可能な限り長期間の薬剤の処方を受け、日本の担当医が書いた診断書と共に韓国に持参することを推奨。
※韓国の場合、個人の内服用として主治医の診断書と伴に患者本人が持参する場合には規制の対象とはならないとの情報あり。

(出所) インターナショナルSOS提供資料より作成

2 赴任中

3 マレーシア／健康上の留意点

1．クアラルンプールの医療事情

マレーシアでの生活上、医療面で気を付けた方がよい点について、HSC JAPAN CLINICである江頭省吾先生にお話を伺いました。江頭先生は福岡県の病院や診療所で循環器専門医や一般内科医をされた後、2009年からクアラルンプール市内で主に日本人を対象に医療行為を行っている、マレーシア国内で唯一の日本人医師です。

マレーシアはクアラルンプールなどの中核都市においては最新の医療機器を備え各科専門医のいる私立病院があり、英語での診療を受けることができます。また、大きな病院には日本語のサポート体制もあり、比較的恵まれた医療環境であるといえます。そのため、当地で病院にかかることになってもシンガポールに搬送が必要なケースもほとんどみられず、あまり心配は要りません。

しかし、当地で生活するに当たり、多少注意すべきことがあり、その点について江頭先生からのコメントをまとめたのが 図表25-3-1 です。

図表25-3-1 マレーシアで生活する上で健康・医療面において気を付けたいこと

- **全般的な医療事情**
  日本語に対応できる心療内科や、発達障害、命には別状はないものの症例の少ない病気（外見にかかわる病気や症状）の治療に対応できる病院はほとんどないので、その点は事前に認識し、対応策を検討しておく必要がある。

- **健康診断の受けっぱなしは絶対にNG**
  とかく受けっぱなしになりがちな健康診断であるが、健康診断の結果を基に、生活態度を改善したり、病気の治療方法を再考するなど具体的なアクションにつなげてこそ、健康診断を受けた価値がある。経費節減の観点からやむを得ない面はあるものの、単に健康診断の項目数や金額にばかり目を向けるのではなく、健康診断の「結果」に対して、具体的なアドバイスや治療方針を立ててくれる病院での健康診断を勧める。

3　健康・リスク管理面

- **少しでも体調が悪ければ早めに病院にかかることが重要**
　日本では、体調が悪くてもぎりぎりまで我慢した後で病院にかかる例も少なからず見られる。しかし、そのような状況でも何とかなるのは、日本の医療体制のレベルの高さのたまものである（例：救急車は呼べば10分以内に来てくれる。とりあえず病院に行けば治療をしてもらえる。へき地でも医療体制が整っているなど）。しかし、マレーシアでは、救急車を呼んでも交通渋滞のため30分以上かかっても到着しないことも十分あり得るし、状況によっては命の危機にひんする場合でもすぐに治療が受けられないこともある。マレーシアを含め、海外で健康な生活を送るには、異常を感じたら日本よりも早い段階で病院にかかることが非常に重要。

- **高齢者は要注意**
　ＭＭ２Ｈビザ（条件により最長10年までの滞在が認められる長期滞在用ビザ）で長期滞在している年配の人の中には、マレーシアに来た開放感で気持ちが高揚したためか、持病の症状が感じられなくなり、すっかり健康体になった錯覚に陥る人がいる。しかし持病が急に改善することは医学的に考えるとあり得ないことであり、むしろ物価の安さなどから外食がちの生活になると、健康体だった人も生活習慣病になってしまうケースも見られる。

（出所）　HSC JAPAN CLINIC 江頭先生へのヒアリングより作成

　上述のとおり、マレーシアはクアラルンプールなどの中核都市には最新の医療機器を備え各科専門医のいる私立病院があり、英語での診療を受けることができます。また、大きな病院には日本語のサポート体制もあり、比較的恵まれた医療環境です。このため、当地で病院にかかることになってもあまり心配はありません。しかし、当地で生活するに当たり、多少注意すべき点がいくつかあります。前出の江頭先生からの事例ごとのアドバイスは図表25-3-2のとおりです。

図表25-3-2　事例ごとのアドバイス

１．発熱した場合
　原因がデング熱やインフルエンザでの可能性があるので、日本から持ち込みの解熱薬を不用意に使用しないこと（日本ではこれらの病気に使用しては

2 赴任中

いけない解熱薬を処方する場合が多いため。）先ずは病院へかかり正しく診断してもらうことが大切。

2．犬に咬まれた時や怪我をした場合
狂犬病や破傷風のワクチンを注射してもらった方が良い場合がある。何れも発症すると致死的となるので、受傷後は直ちに病院へかかり適切な処置を受けること。

3．治療中の病気を持っている場合
予めマレーシアで同じ治療薬が継続できるかどうか調べること。また、現在の主治医へ「治療薬の目的」、「薬の変更が可能か？」、「代替薬の候補名」などを聞いておくこと。

4．マレーシアは精神安定剤や入眠剤や「うつ状態」を改善する薬の種類が日本と比べ少ないので注意が必要
精神科以外の医師はこれらの薬を処方するのが難しい場合がある。このような病気の治療を受けている人は精神科医宛の紹介状を書いてもらうことをお勧めする。他にも注意すべき事もあるので予め現地の方へ事情を聞いておくと良い。

（出所）　HSC JAPAN CLINIC 江頭先生へのヒアリングより作成

２．ロングステイ先としてのマレーシアと医療費

　ロングステイ先として日本人に最も人気の高いマレーシアでは、ＭＭ２Ｈという長期滞在ビザを取得して、リタイア後に居住する日本人の数も他国に比べて多いのが特徴的です。

　現役時代は、通常、健康診断は会社が経費負担をしてくれていたことから「定期健康診断は（自分の意思ではなく）会社から受けさせられるもの」と認識している人が散見されます。そのため「健康診断は自分のお金で受けるもの」という認識に欠けており、リタイア後から途端に健康診断を受けなくなってしまうケースも少なからず見受けられるようです。「本来、リタイア後から健康状態に問題が出ることが多いにもかかわらず、その年齢になると逆に健康診断を受けなくなる傾向があるため、早期の病気発見ができず、結果として不幸な結果を招くことも少なくない（江頭先生）」ということです。よって、特に高齢者のマレーシア滞在に当たっては、毎

3　健康・リスク管理面

年の健康診断は健康な生活を送る上で不可欠な事項の一つといえます。
　一方、高齢者につきものの持病については海外旅行保険の対象外になりますが「マレーシアでは私立病院の医療費は、日本での医療費とほとんど差がないため、国民健康保険や健康保険の請求を行えば、かかった医療費のほぼ7割が戻ってくるケースも多く見られる（江頭先生）」とのことで、そういった面もマレーシアが長期滞在先として人気がある理由の一つなのかもしれません。

3．緊急医療搬送ケース

　マレーシアにおける緊急医療搬送ケースの一例は 図表25-3-3 のとおりです。
　シンガポールを除いた東南アジアの交通事故の頻度はマレーシアに限らず、日本とは比較にならないほど高い状況です。

図表25-3-3　緊急医療搬送ケース（一例：30代男性／交通事故）

> 　クアラルンプールからペナンへ向け高速道路を走行中の自動車に乗車中、交通事故に遭い、現地医療機関へ搬送。左肺挫傷、脾臓挫傷、腹腔内損傷、左脛骨開放骨折、右、左大腿骨非開放骨折の重傷。運転は現地運転手が行っていたが運転手は死亡。
> 本人は意識不明、気管挿管後、人工呼吸器のサポートを必要とし、低血圧のため昇圧剤の投与が行われている重篤な状態。
> 　奥様は、現在の病院での治療を続け、外科的な処置が終了した段階で、その後のリハビリは日本で行いたいという意向。結果、ご家族、会社と相談の上、病状が落ち着いてからクアラルンプールから成田への商業定期便での搬送を行った。（ストレッチャー使用）
> （ご家族、会社には随時病状や手術の状況、医療搬送の手配について報告。また、受入病院の手配や医師・看護師による搬送時の付き添い、復職についての当社医師からのアドバイスも行った。）

（出所）　インターナショナルSOS提供資料より作成

2 赴任中

4 インド／健康上の留意点

1．インドにおける医療事情

2013年末時点において、インドにおいて日本語が通じるクリニックや日本人医師はほぼ期待できません。また、インドでの健康上の留意点は、外務省の在外医務官医療情報によりますと、図表25-4-1のとおりです。

図表25-4-1　インドにおける健康上の留意点

１．衛生・医療情報一般
・・・略・・・

ニューデリーやムンバイといった都市部では自動車などの排気ガスによる大気汚染が著しく、喘息などの呼吸器系疾患の誘因となっています。特に乾期のデリーではラジャスタン州の砂漠からの砂塵が舞い込み視界がぼやけることがあるほどです。

レストランは不衛生なところが多いので、サラダなどの生ものは食中毒の危険性があります。フルーツジュースも同様です。また、水はボトルの水を注文するようにしてください。

インドは感染症の宝庫で、様々な感染症があります。都市部でも例外ではありません。特に消化器感染症とデング熱などの蚊が媒介する感染症には要注意です。

病院については、公立病院は安価ですが不衛生なところが多く、ほとんどの邦人が私立病院を受診しています。都市部には最新の医療機器をそろえた病院がいくつかあります。高度先進医療を行える病院もありますが、ごく一部と考えた方がよいでしょう。

なお、インドは大変大きな国ですので、地域により医療事情や病気が異なります。日本では聞いたこともないような病気（感染症）のあるところもありますので、ご自分の行かれる地域についての情報を入手するように心がけてください。医療レベルには地域差、病院差があると思ってください。

２．かかり易い病気・怪我
(1) 消化器感染症

食べ物や飲み物を介して感染する消化器感染症は、旅行者や在留外国人にとって最もかかりやすい感染症です。ウイルス性下痢、細菌性下痢はもちろん、腸チフス、パラチフス、細菌性赤痢、アメーバ赤痢、コレラ、A型肝炎、

E型肝炎などは都市部でもよく見られます。
　・・・略・・・
3．健康上心がけること
　インドは経口感染症の多い国ですので最も注意していただきたいのは飲み物と食べ物です。生水や不衛生なレストラン、屋台での飲食は厳に慎むべきです。特に加熱調理されていない食品（フルーツジュースを含む）には十分注意してください。

　食事の前や外出から戻ったときに手を洗うようにすることが重要です。石けんを十分泡立ててまんべんなく手を洗ってください。

　インド料理はスパイシーで油も多く使われており、慣れていないと胃腸への負担が大きく下痢をしやすくなります。暑いインドでの下痢は脱水になりやすいので、水分補給に努めてください。夏のインドは大変暑く、地域によっては湿度も高くなります。熱中症には十分な注意が必要です。遺跡など屋外の観光施設が多いため、観光の際には帽子をかぶる、ボトルの水を携帯する、無理なスケジュールを避けるなどの注意が必要です。水分のみを大量に飲むと低Na血症を来たし、熱けいれんの因になりますので熱中症予防からは電解質の入ったスポーツドリンクを飲むよう心がけてください。

　インドは車の運転マナーが大変悪く、交通事故も頻繁に起きています。道を歩く際には十分気をつけてください。

　野犬が多いことは前項で述べましたが、そのほか牛や猿などは都市部でもよく見かけます。犬だけでなくこうした動物も危険ですので、近寄らないようにしてください。

（出所）　外務省在外医務官医療情報（インド）より転載
　　　　詳細は http : //www.mofa.go.jp/mofaj/toko/medi/asia/india.html 参照

2．緊急医療搬送ケース
　インドにおける緊急医療搬送ケースの一例は 図表25-4-2 のとおりです。

2 赴任中

図表25-4-2 インドでの医療事例

事例1：26歳女性／デング熱とマラリアに感染
① インドに長期滞在中、発熱、下痢、倦怠感のため入院。3日目に血小板数が6万／mm³に低下、出血の危険など症状の進行が懸念され、シンガポールへの移動を推奨したが、担当医にデング熱で血小板が下がることは珍しくないと言われ、そのまま現地に入院
② 6日目 血小板数が4万／mm³ 肝機能障害、腎機能障害を合併し重症化
③ 7日目 帰国を決意し、医療専用機で日本に帰国
入院先で熱帯熱マラリアを合併していたことが判明

事例2：30代男性／急性虫垂炎
① インドの駐在員が腹痛により現地病院を受診。急性虫垂炎と診断され、現地での手術を現地主治医が推奨。企業側が当社に現地での手術の適否の医療アドバイスを求めた。
② 企業側、患者本人とも現地病院の信頼性に疑問を持っており、バンコクなど医療先進国での手術が望ましいと考えていたが、検査結果では症状が進行しており、航空搬送によってさらに悪化する恐れがあったため、現地で水準の高い同院での手術を当社医師が推奨。
③ 東京の当社日本人医師から企業・患者に上記説明を行い、現地での手術で合意。
④ 現地での手術は無事成功し、当社が治療状況をモニタリングの結果、退院後、通常の定期便で帰国できると判断。無事帰国した。

事例3：40代男性／心筋梗塞
① インドの駐在員が心筋梗塞を起こし、現地病院に緊急搬送。
日本での帰国を患者家族、企業とも強く希望し、当社に日本への帰国搬送を依頼。
ニューデリーのインド人医師が現地病院の主治医から医療情報を入手。
容態は安定しており、医師付き添いのもと、医療専用機であれば、日本への帰国搬送が可能と推奨。
② 東京の当社日本人医師から企業・患者家族に上記説明を行い、当社の推奨通り日本への帰国で同意。同意が得られた翌日、シンガポールに駐機している当社医療専用機を最寄りのインド国内の空港まで飛行させ、当社医師の付き添いの下、患者を病院から空港まで救急車で搬送。途中、給油を

繰り返しながら、当日夜に日本に到着。
③　日本帰国後は、当社日本人医師が空港まで出迎え、日本国内の搬送先の病院まで付き添い、主治医に引き継ぎ。患者は早期の適切な治療により、後遺症もなく、無事回復し退院した。

（出所）　インターナショナルSOS提供資料より作成

2 赴任中

5 フィリピン／健康上の留意点

1．マニラの医療事情

マニラにおける医療事情について、マニラ日本人会診療所の菊地宏久先生にお話をお伺いしました。

菊地先生は海外邦人医療基金の派遣医師として2004年から2007年までジャカルタで医療活動に従事された後、一旦日本国内の病院で勤務され、2010年から再び同基金からの派遣により、マニラ日本人会診療所でフィリピン人医師を指導しながら医療アドバイザーとして、駐在員やその家族、日本人旅行者などの診療に携わっています。菊池先生によりますと、「他の東南アジア・南アジア地域の場合、緊急時にはシンガポールに搬送されるケースが多くみられるが、医療レベルや医療環境を考えてフィリピンからは直接日本へ航空搬送する場合が多い。健康な時は、『具合が悪くなったら帰国して日本で治療をすればいいさ』と言っている方がほとんどだが、発症した病態が「飛行機に搭乗可能な病態か否か」が問題」ということでした。航空機への搭乗を希望する場合、航空会社からも患者の搬送（搭乗）許可を得なければならないですし、重症度に応じて搬送形態も異なります。チャーター機を利用する場合、医師や看護師が同乗し機内で医療対応しなければならない病態、医師や看護師が念のため同乗する病態、医療スタッフの同乗は不要な病態など様々なケースがあります。これらに応じて機内準備医療機器内容や搬送医療費も大きく変わります。

「重篤な怪我や病気をした場合に備えて医学的、精神的、社会的側面等を考慮して、フィリピン国内での治療に専念するのか、日本に搬送を希望するのか、事前に家族や所属会社と話し合っておくことも大切（菊池先生）」ということでした。

また、手術や輸血の適応が日本とは異なる場合があります。これらの治療法のリスクについてもきちんと理解したうえで治療を受けることが大切です。特に「輸血による感染症の問題、重篤なアレルギーを引き起こす可能性・リスクなどについては十分に了解したうえで合意すること」が重要です。

菊地先生によりますと、「歯科治療についても日本とは抜歯の基準が異なる。小児では体動を抑制するために静脈麻酔で全身を抑制して行うことも多々ある。一時帰国したときなどに日本の歯科医のセカンドオピニオンを求めておくことも大切」ということでした。

また、手術適応や治療方法の違いは医療レベルや文化の差だけではなく、貧富の差を含めた医療環境の違いにも起因しているようです。多くの医師は複数の病院を掛け持ちし、病院に対していわゆる「施設使用料等」を支払いテナントとして入っています。医師は病院から給与をもらうのではなく、患者からの治療費を徴収するというシステムで成り立っています。

そのため、建物や設備が立派な病院で診療を行う医師は、高額な病院施設使用料等を支払えるだけの資金力が必要であることから、同じような検査・治療内容であっても、担当した医師により治療費がかなり異なることも少なからずあります。

日本でも同様ですが、信頼がおける有能な医師を見つけることは簡単ではありません。

「フィリピンにも、日々修練し、的確な診断・治療を下し、患者さんの気持ちに寄り添う志の高い有能な医師も多くいる。診断や治療方法などで不安に思った時にはセカンドオピニオンを求めることも大切（菊池先生」）です。

菊地先生からお伺いしたマニラでの医療事情について 図表25-5-1 にまとめました。

図表25-5-1 マニラでの医療事情

・運動不足やアルコール摂取過多に注意
他の東南アジアの国と同様、車での移動が中心のため、歩く機会が極端に少なくなり運動不足になる。また、常に運転手がついており、帰宅に困ることもないため、アルコールの取りすぎや生活習慣病の悪化に注意する必要がある。

2 赴任中

- **交通事故や転倒に注意**

  交通渋滞や運転マナーの問題から、交通事故に巻き込まれるリスクが非常に高い。また、道路の舗装状況がよくないため、道路の陥没も多く、陥没場所への転落事故や転倒に注意する必要がある。

- **暴漢に注意**

  こちらでは日常茶飯事なので新聞にすら掲載されない。夜遅い外出や人通りの少ない道には要注意。

- **日本では報告の少ない病気やアレルギーにも注意**

  日本では報告の少ない病気（腸チフス、アメーバ赤痢、デング熱、マラリア、破傷風、狂犬病等）もフィリピンには存在する。狂犬病については犬に限らず哺乳類全体に気をつける必要がある。トンネル工事やダム工事に携わる人は、コウモリにも注意が必要。

  アレルギーについても日本と様相が異なり、スギ花粉症の患者さんは症状が改善されることが多いが、逆にエアコンから生じるカビや排気ガス等でのアレルギー症状が悪化する場合がある。

- **メイドや運転手の健康診断も必須**

  肺結核を含めた感染症に対しての定期的な健康診断を勧める。

- **救急車について**

  救急車には公的救急車（自動的に公的病院へ搬送）と各病院ごとに所持する救急車に分けられる。後者は有料であり所有される病院へ自動的に搬送される。救急車内での医療費は車内での処置に応じて変動する。救急車を呼んでも期待する時間内に到着するとは限らない。

- **メイドや運転手、狭い日本人社会での人間関係の悩みからこころの病に至ることも**

  フィリピンではメイドや運転手を雇用することは比較的一般的だが、彼らとの人間関係からストレスを感じているケースがある。狭い日本人社会での人間関係でも同様。赴任者本人は仕事という大きな目標があるが、帯同家族にとっては生活環境の違いから大きな精神的負担を被ることもある。赴任者本人や所属企業による家族へのバックアップも大切。

  睡眠導入剤や抗うつ薬などは、投薬日数の制限や購入時に身分証明書提示を求められるなど規制は厳しい。

（出所）マニラ日本人会診療所 菊地先生へのヒアリングより作成

4 駐在員への人事評価・権限委譲

Q26 駐在員の人事評価

人事評価の時期になり、海外駐在員の評価について悩んでいます。人事評価については、駐在員からも「正当に評価されていない」と不満が出ています。海外駐在員の人事評価がうまくいかない理由を教えてください。

A 1．駐在員の人事評価がうまくいかない理由

海外駐在員の人事評価については、上記のとおり海外赴任者からの不満はもちろん、本社人事担当者からも、今後検討しなければならない重要事項の一つとして捉えられています。ではなぜ、駐在員の人事評価制度がうまくいかないのでしょうか。考えられる主な理由を以下にまとめてみました。

(1) **はっきりとしたミッションがない**

駐在に際して、「3年以内に自分の後継者を育てること」「3年以内に黒字にすること」など、きちんとしたミッションを提示する企業もありますが、そのような企業は比較的少数派であり、「とりあえず3年間」というような形で送り出している企業も少なくありません。

そのような場合でも、自らミッションを考え、そのミッションを完遂するために業務にまい進する赴任者も少なくありませんが、必ずしも「駐在員の考えるミッションの達成＝会社の評価」とはならず、結果として人事評価に結びついていないというケースも見られます。

(2) **具体的にどのような業務をしているか把握できていない**

また、駐在員の業務内容を本社側がきちんと把握できていないという

2 赴任中

ケースも少なくありません。現地法人全体としての月報の提出などは行っている会社であっても、各個人が日々どのような業務を行っているかまで把握していない例が多くみられます。

(3) よって、評価のしようがない

そのため、「何をもって評価するか」という軸がないため、結果として日本勤務時の役職に基づいた評価シートを送ったり、全員一律の評価になってしまうという事例も見受けられます。また、このような状態での人事評価なので、評価のフィードバックもできず、駐在員としても「なぜこの評価なのか」について納得がいかないという悪循環に陥ります。

図表26-1 海外駐在員の人事評価がうまくいかない構図 （よくあるパターン）

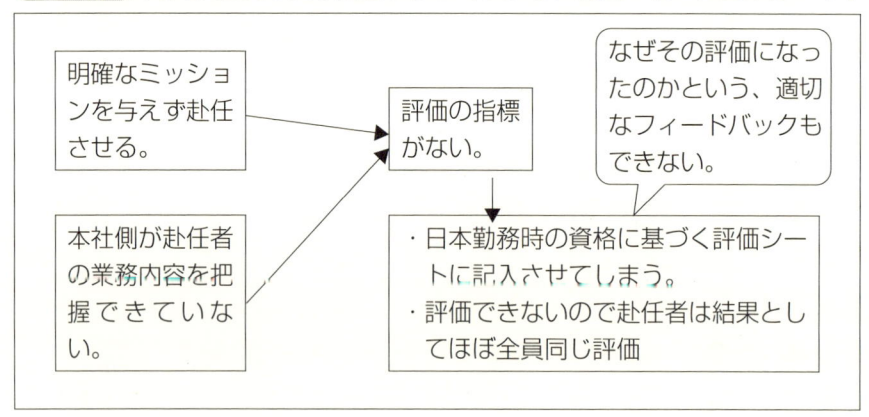

- 明確なミッションを与えず赴任させる。
- 本社側が赴任者の業務内容を把握できていない。
- 評価の指標がない。
- なぜその評価になったのかという、適切なフィードバックもできない。
- ・日本勤務時の資格に基づく評価シートに記入させてしまう。
- ・評価できないので赴任者は結果としてほぼ全員同じ評価

２．評価シートの作成

国内勤務者とは別に海外駐在員用の評価シートを作ると、国内勤務者の評価シートとの整合性の問題が出てきます。しかし、国内勤務者と同様の評価制度では海外駐在員の評価はできないという判断になれば、駐在員向けの評価制度を構築する必要があります。

評価シート作成の方法のひとつとしては、「駐在員の職務内容の確認」→「職務記述書の作成」→「職務記述書に基づき、本社の人事評価シートも参考にしながら海外駐在員用評価シートを作成する」という流れが考えられます。

(1) 海外駐在員からの意見聴取

　海外駐在員が、駐在中の人事制度にどのような不満や要望・意見を持っているかを把握するために、インタビューもしくはアンケートを行うのもひとつです。また、海外駐在員だけでなく、すでに帰国している赴任経験者にも実施すると、より客観性のある意見を聞くことができます。

(2) 駐在員の職務内容の確認

　前述のとおり、本社側が駐在員の任地での業務内容をしっかり把握しているケースは少なく、「忙しいことは知っているが、具体的に何をやっているかよくわからない」とおっしゃる本社のご担当者もいらっしゃいます。実際、駐在員の業務内容や各業務に投入している時間数等を記述してもらうと、本社側で想定している以上にかなり幅広い業務を行っているとともに、日本のように物事が効率的に進まないこともあり、本来行ってもらいたい業務に全力投球できない環境にあることがわかるなど、会社側として改善すべき点が見つかることも少なくありません。

　職務内容が把握できないと、きちんとした評価もできませんから、人事評価に対する意見聴取とともに、業務内容の把握も行うことをお勧めします。また、駐在員の職務内容を正確に把握することは、赴任者に万一の事態が生じるなど、現地法人の中核となる駐在員の業務が滞ってしまった場合等の危機管理上も重要であり、現地法人の事業継続計画作成のための貴重な資料のひとつとして活用できます。

図表26-2 駐在員の職務内容列挙（評価シート）

業務内容		難易度	頻度に応じて投入時間を記入			当該業務の代替者
大分類	小分類		毎日	毎月	不定期	

2 赴任中

　上記のように、駐在員からの意見及び赴任者の職務内容等に基づき、現状の評価制度の問題点及び駐在員からの要望、今後の方向性を社内全体で共有できる資料を作成します。

(3) **駐在員向け評価シートの作成**

　上記業務内容に基づき国内の評価シートも参考にしながら、海外駐在員向けの評価シートを作成していきます。

3．評価シート以外を使った評価

(1) **現地スタッフによる評価**

　日本では非管理職であっても、海外駐在員になれば一般には管理職として部下を指導することが求められます。よって、部下の育成を行っているかも、評価の重要なポイントとなります。その判断基準のひとつとして、現地スタッフに上司としての駐在員に関するアンケートを行うのも一つの方法として考えられます。現地スタッフは日本人駐在員を驚くほどよく観察しています。優秀な現地スタッフほどその傾向は顕著であり、赴任してきた駐在員を、「この人は尊敬するに値する人材か」「この人の下で働くことが自分にとって得か否か」を非常に冷静に判断し、自分がその会社に留まるべきかどうかの判断材料の一つとしています。よって、優れた人材を現地法人内に定着させることができるかどうかは、日本人駐在員の質にかかっているといっても過言ではありません（日本人駐在員の質を超えた現地人材がその会社に定着することはない、と言い切る人もいます。）。

　図表26-3 では、現地スタッフからみた「評価できる駐在員、評価できない駐在員」をまとめてみました。このような観点から現地スタッフの駐在員に対するアンケートをメールなどを使い本社に集約し、評価の一材料とするのも有効です（とはいえ、上司に当たる日本人駐在員を評価するのは現地スタッフ自身の将来にも影響が出る可能性があるため、これといったインセンティブなしでは、評価は集まらない可能性が十分あります。そこで、駐在員に対する評価を行った現地スタッフには、本社から何らかの金銭的報酬を支払うというのも一つの方法です）。

ただし、現地スタッフに駐在員を評価させる仕組みを作ると、現地スタッフの中には、当該評価制度を自分の気に入らない上司を帰任させるための手段として利用する恐れもあります。よって現地スタッフからアンケートをとることについては賛否両論あり、当然ながらこれを過信するのは禁物ですが、駐在員が現地スタッフからどの程度信頼されているかを知るための一つの参考資料としては有効といえます。

図表26-3 現地スタッフから評価される駐在員・評価されない駐在員

	評価される駐在員	評価されない駐在員
大前提	駐在するに当たって、しっかりとした志がある。	特に志がなく、本社の命令だからと仕方なく赴任している。
業務面	現地法人の業務や人事等の決定権限を持っている。	決定権限がなく、全て本社にお伺いを立てなければならない。
業務面	技術やノウハウを伝授してくれ、自分たちのキャリア形成の手助けをしてくれる。	責任ある仕事は任せてもらえず、現地スタッフを使い走り的にしか活用しない。
業務面	出来る限り会社方針等の情報を開示し、重要事項決定に際して、現地スタッフを巻き込んでくれる。	何事も日本人だけで決めてしまい、現地スタッフに必要な情報は教えてくれない。
モラル面	現地の慣習や考え方を尊重する。	「だから××国は・・・」と、何かと批判的な発言をする。
モラル面	現地スタッフを尊重する。	現地スタッフを見下す（「あいつら」「こいつら」呼ばわりする）等 ※無意識に行っているケースも多い。
モラル面	公私の区別をきちんとつけている。	職場でカラオケの女性の話をする等。

(2) 任地業績に基づく評価

駐在先の業績だけで駐在員を評価することはできませんが、ひとつの判断指標としては有効です。また、赴任中に熱心に人材育成を行ったり、販

2 赴任中

路開拓に尽力したことにより、当該駐在員が帰任後にその成果が表れたというケースも往々にしてありますので、帰任後一定期間内の旧任地の業績を人事評価に反映させることも検討に値します。

図表26-4　任地業績に基づく判断

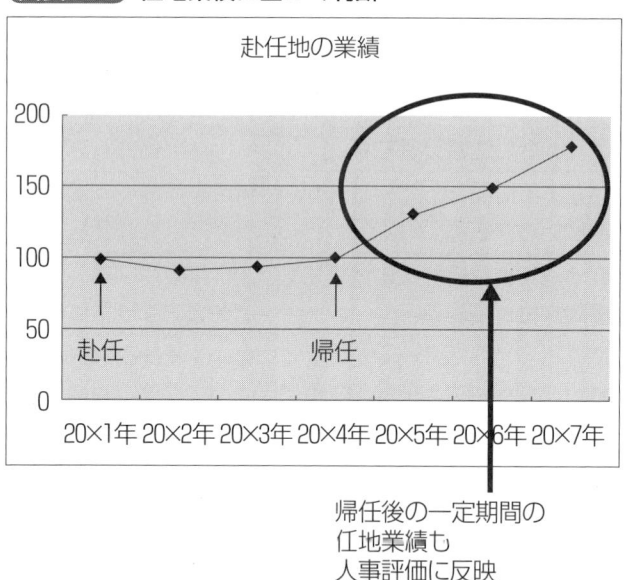

```
赴任地の業績
200
150
100
 50
  0
     20×1年 20×2年 20×3年 20×4年 20×5年 20×6年 20×7年
     ↑赴任              ↑帰任
```

帰任後の一定期間の
任地業績も
人事評価に反映

(3) 経験値等の文書化状況

　海外駐在員が赴任中に業務を通じて得た知識や経験をいかに後任の赴任者や、他の拠点の駐在員に伝えられているか、という点も現地法人が永続的に発展するために重要な要素です。よって、駐在員が得た知識や経験を文書として残し、その内容も人事評価の対象にするのも一案です。

　企業の中には諸般の事情から、十分な引継ぎ期間もないまま（中には引継ぎ期間もないまま）、駐在員を交代させるケースも見られます。そのような場合、後任の駐在員は、前任の駐在員が得た知識や経験を学ぶ機会もなく、ゼロからの積上げを行うという作業が必要になってしまいます。

　つまり、以前の駐在員が現地法人で得てきた貴重な知識や経験は当該赴任者一代限りのものとなってしまい、会社にとっても貴重な無形資産を失

うという大きな損失になります。

　よって、歴代の駐在員が赴任経験を通じて培ったノウハウ等を文書として残すことは非常に重要です。この文書化内容の充実度、後任の赴任者にもわかりやすい形で記録されているかなども人事評価のひとつのポイントとして活用できます。

(4) 駐在員によるプレゼンテーション

　たとえば任地で経営に携わる駐在員については、任地で抱える問題点の抽出とその解決策、及び解決に当たって駐在員自身が行うべき事項についてのプレゼンテーションを行ってもらうことで、どれだけ現地法人の経営に心血を注いでいるか、また経営者として必要なプレゼンテーション能力を持っているかを測ることができます。
（駐在員は日本では非管理職者であっても、現地では経営に携わる立場となるとともに、将来の本社での経営者候補というケースも多いのではないでしょうか。）

　よって、現地法人の抱える問題やその解決策を考えることは、現地での業務を遂行する上で不可欠です。

　これらのプレゼンテーションが駐在員自身の成長にもつながるだけでなく、本社が現地法人の抱える課題を早期に把握するきっかけにもつながること、また他の拠点の駐在員にとっても参考となるなど、グループ全体にとっての非常に重要な意思決定資料のひとつとして活用することもできます。

図表26-5　プレゼンテーションのテーマ例

・出向先現地法人が抱える問題点及び当該問題点及びその解決策
・駐在地における当社の海外戦略について
・駐在地における同業他社動向
・駐在地でのマーケティング手法について

2 赴任中

Q27 帰任時の不安と会社に求めるサポート体制

海外駐在を始めてから3年が経ち、そろそろ帰任命令が出るようです。帰任に当たって赴任者からよく聞かれる不安と、会社に求めるサポート体制について教えてください。

A　1．駐在員からの声

帰任に伴う不安としては 図表27-1 のような声が挙げられます。

図表27-1　帰任時の不安に対する駐在員からの声

- **国内勤務に関するスキル陳腐化への不安**
  「長期間赴任させられた挙句、いまさら日本に戻ってどんな仕事ができるのか」
  「技術職だが赴任地では、これまで蓄積したノウハウの吐き出しで、最先端のことを学べていない。帰国して最前線でやっていけるか不安」
  「国内勤務者よりOAスキルが極端に低いと思う」
- **配属先への不安**
  「海外での経験が全く生かせない業務では非常に虚しい」
  「早めに帰任先を教えてほしい」
- **逆カルチャーショックへの不安**
  「何事もゆっくりとした赴任地のペースに慣れてしまい、日本に戻ってついていけるか」
- **帯同している子女の教育への不安**
- **国内勤務者との人間関係構築への不安**
- **現地に残す部下や仕事に関する不安**
- **住居への不安**

「帰任に当たり、何ら不安はない」と言い切る人も中にはいらっしゃいますが、図表27-1 からもわかるように、帰任に伴いさまざまな不安を抱

えている方は少なくありません。

2．帰任後及び帰任に向けて会社に求めるサポート体制

では、海外駐在員は自らの帰任に際して会社に対し、どのようなサポート体制を求めているのでしょうか。図表27-2にまとめました。

図表27-2 帰任に際して会社に求めるサポート体制

1．**駐在員相談窓口**
　・赴任期間が長くなると、日本の業務、生活のことがわからなくなるので、それらについて相談に乗ってくれる窓口の設置。
　・赴任中の国内業務、方針等の変更点についてのオリエンテーション
2．**帰任後の配属先に関する面談**
　・帰任に当たっての本人の意見や希望を聞く機会を設けてほしい。
　・帰任後のポジションについて本人の意見を聞く機会の設置
3．**次回の海外赴任の可能性とそのタイミング**
　・いったん海外赴任を経験すると、帰任後もまた他国に赴任を命じられることが多い。よって、次回の赴任が予定されている場合、その時期がいつごろになるのか、どの地域に赴任になるのか可能性だけでも心の準備のために聞かせてほしい。
4．**リハビリ期間の設置**
　・いきなりライン業務に戻すのではなく、会社全体の動きがわかる本部機能などで、国内での感覚を取り戻す時期がほしい。
5．**十分な引継期間の設置**
　・引継期間が短すぎ、赴任地及び現地社員に関する情報など、必要なことが十分に伝えらない状況は組織としても好ましくないと思う。もう少し計画的な人事異動を考えてほしい。

たとえば上記の要望の中にある、「赴任中の国内業務、方針等の変更点についてのオリエンテーション」については、日ごろから赴任者にそれらの情報を発信したり、帰任の際に一時面談の機会を作り、その際に国内業務や本社における変更事項等を説明することで対応されている企業もあり

2 赴任中

ます。

　一方、帰任後の配属先については「海外駐在経験者には、その経験を活かすポジションについてほしい」と思っていても、すでにそのようなポジションは過去の駐在経験者で埋められているため、結果的に駐在経験が直接的に活かせないポジションに配属させざるを得ない状況に、歯がゆい思いをされている人事担当者も存在します。

3

帰任時

3 帰任時

1 本社側の手続事項

Q28 帰任者受入れのための準備事項

このたび、3年間海外に駐在していたA氏が任務を終え、日本に帰国することになりました。帰任者受入れに当たって、本社側で行うべき事項について教えてください。

A 給与関連では「帰任手当・支度金の支給」「給与調整」「帰任時旅費精算」について、社会保険関連では、「労災保険特別加入変更届」提出や、帰任後健康診断の手配、海外旅行保険の契約解消など様々な手続が必要になります。

1．海外駐在員帰国に当たって行うべきこと
〜帰任支度金の支給、海外給与から国内給与への変更、帰任後健康診断の手配など〜

海外駐在員の帰国に当たり、日本本社側が行うべき事項について 図表28-1 にまとめました。

1　本社側の手続事項

図表28-1　海外駐在員帰任に際して本社側が行うべき手続

給与関係	帰任手当・支度金の支給	会社の規定で帰国後の生活設営資金のため帰任手当等が定められている場合の支給手続を行う。 帰任手当・支度金支払時の税務上の考え方については、図表14-1 参照。
	給与調整	帰国に伴って、給与が海外給与体系から国内給与体系に変更になるのに伴い、通常は日割り計算による給与調整が必要になる。
	帰任関連費用精算	帰任に伴って本人が負担した交通費等の費用を会社の規定に従って精算
	有給休暇取得可能日数の設定	赴任期間中も通算で取得日数を管理していない場合は、一定ルールで帰国時に付与日数を定める必要がある。
社会保険関係	帰国後健康診断受診手配	社員を6か月以上海外赴任させた場合は、帰国後健康診断を受診させることが法律で義務付けられている。 （本人だけでなく、帯同家族の健康診断も行う会社も多い）
	海外旅行保険の契約解消	企業包括契約の場合、保険会社に保険対象者からはずすよう手配。
	被保険者報酬月額変更届の提出	帰任したことで、国内払給与額が帰任前と大きく変動した場合（固定的賃金が変動し、継続した3か月の平均報酬額が、従前の等級に比し、2等級以上の差が生じた場合）に提出
	労災保険特別加入者変更届の提出	本人が帰国後、速やかに「特別加入に関する変更届」を提出。（「特別加入者の異動（特別加入者でなくなった者）」欄に帰国者の名前を記載し提出）
その他	倉庫保管荷物の引取り	赴任期間中のトランクルームを会社が提供している場合、帰国後速やかに出国させるよう手配すること。

3 帰任時

連絡すべき事項 帰任者本人に手続しておくよう	帰任後のポジション確保	海外での経験を生かすことができるポジションに帰任させることが望ましい。
	在外公館への転居届	帰国前に行うことだが、届出を忘れていないか本人に確認すること。
	日本で転入届提出	転入届とあわせて、印鑑証明登録も行うこと。
	運転免許証の切換え・復活	赴任期間中に日本の運転免許が失効した場合でも、帰国後1か月以内に手続すれば適性試験と講習のみで新規発行を受けられる。
	納税管理人廃止届提出	赴任中に、納税管理人を立てている場合は、帰任に伴い納税管理人は不要になるので、速やかに廃止届を提出。
	住宅ローン控除再適用手続	帰国後に住宅ローン控除の再適用を受けた場合は、帰国した年に確定申告を行うこと。(「再び居住することとなる旨の届出書」添付)

1 本社側の手続事項

Q29 帰任後に追加納付となった赴任国の個人所得税を本社が負担した場合

このたび、3年間海外に駐在していたA氏が任務を終え、日本に帰国しましたが、帰国後に、海外での個人所得税の納税もれが発覚したため、赴任国で追加納税を行うことになりました。追加納税分は、A氏ではなく、日本本社が負担することになりました。
これに際し、税務上、留意すべきことはあるのでしょうか。

A 本来、A氏が支払うべき赴任国での個人所得税を、日本本社が負担すると、当該負担金は、本人の給与としてみなされます。よって、当該負担金はA氏の国外源泉所得として所得税の課税対象となります。よって、できるだけ帰国前に納税は完了しておく方がよいでしょう。

■帰国後に支払った赴任国の個人所得税
～会社が負担した場合、当該負担額は帰任者の給与扱いに～

　無事、駐在員を日本に帰国させ、ほっとしたのも束の間、赴任国での個人所得税納税もれが発覚し、赴任国で個人所得税を追加納税しなければならなくなる、ということも十分に考えられます。

　当該追加納税額は、通常、帰任者本人ではなく会社が負担するケースが多いですが、この場合、追加納税額相当額は、理論的には帰任者本人の国外源泉所得として、日本で課税対象となります。（帰任した時点で日本の居住者ですから、国内源泉所得のみならず、国外源泉所得も日本で課税対象となります。）

　よって、赴任国で追加納税する場合、当該追加納税額をグロスアップした金額を給与として支給したという形をとる必要が出てきます。

　このように帰国後、現地で追加納税等が発生した場合は、日本の所得税額増加につながるだけでなく、翌年度の住民税・社会保険料にも影響が出

145

3 帰任時

てきますので注意が必要です。
　(よって、できるだけ帰国後に追加納税が発生しないように、赴任国出国前に必ず、全ての納税を済ませておく必要があります。)
※赴任国での帰任時の税務手続は、「**Q44　帰任する年の課税上の取扱い**」
　をご参照ください。

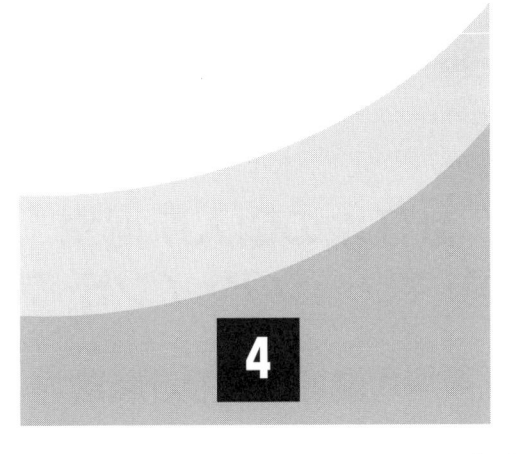

駐在員にまつわる日本及び
赴任地国での税務問題

4 駐在員にまつわる日本及び赴任地国での税務問題

1 赴任地の個人所得税
(台湾・韓国・マレーシア・インド・フィリピン)

Q30 個人所得税関連法規及び特徴

各国(台湾、韓国、マレーシア、インド、フィリピン)の個人所得税関連法規及び特徴を教えてください。

A

1 概　要

5か国の個人所得税は、いずれの国においても「地方税」ではなく、「国税」としての位置づけであり、個人の所得に対し、所得税以外にかかる税としては、韓国の住民税、インドの教育税、高度教育税、フィリピンのコミュニティタックスが存在します。

また、課税年度についてはインドについては4月1日から翌年3月31日、それ以外の4か国は日本と同様に暦年(1月1日～12月31日)ですが、居住者の課税対象所得、課税対象となる手当等はそれぞれの国によって異なります。

以下では台湾、韓国、マレーシア、インド、フィリピンの個人所得税関連法規及びその特徴について順番に見ていきましょう。

2 各国別でみた違い
1 台湾／個人所得税関連法規及び特徴

1．個人所得税関連法規
台湾における個人所得税に関連する法規は 図表30-1-1 のとおりです。

 図表30-1-1 個人所得税関連法規

- Income Tax Act
- Income Basic Tax Act
- 財政部通達　等

2．課税年度
台湾の課税年度は暦年（1／1～12／31）です。

3．個人の所得にかかるその他の税
ありません。

4．台湾個人所得税を理解する上での留意点
台湾個人所得税を理解する上での留意点は 図表30-1-2 のとおりです。

 図表30-1-2 台湾個人所得税を理解する上での留意点

- 台湾の所得税法においては、居住者であっても台湾源泉所得しか課税の対象にならない。→日本は居住者については、非居住者を除き、全世界所得に対して課税対象となる。
- 台湾には、高所得者に対する税負担の一貫として、ミニマムタックス税制が存在する。→日本ではそのような税制は存在しない。
- 台湾ではミニマムタックス税制の元、基本所得税が課税される場合を除いては、外国税額控除の適用はない。→日本は居住者については全世界所得が課税対象となるため、日本と海外で同じ所得に課税された場合は、外国税額控除が適用されることがある。
- 台湾と日本の間には租税条約はないため、台湾での滞在日数が90日を超えると、台湾で納税義務が生じる。

4 駐在員にまつわる日本及び赴任地国での税務問題

2 韓国／個人所得税関連法規及び特徴

1．個人所得税関連法規

韓国における個人所得税に関連する法規は 図表30-2-1 のとおりです。

図表30-2-1 個人所得税関連法規

・所得税法　等

2．課税年度

韓国の課税年度は暦年（1／1〜12／31）です。

3．個人の所得にかかるその他の税

所得税額の10％に相当する地方税（住民税）を、所得税納付時とあわせて納税する必要があります。なお、所得税納付時と合わせて納税するため、韓国非居住者であっても、韓国で所得税が必要な場合は、所得税と同時に住民税を納付する必要があります。

4．韓国個人所得税を理解する上での留意点

韓国個人所得税のを理解する上での留意点は 図表30-2-2 のとおりです。

図表30-2-2 韓国個人所得税を理解する上での留意点

- 日本の所得税法によく似ているものの細かい点が色々異なると共に、韓国独特の制度（納税組合など）も存在する。
- 外国籍の納税者に対する個人所得税優遇措置が存在する。（在日韓国人は韓国籍のため、上記優遇措置は適用対象にならない。）
- 年末調整制度が存在する。（給与所得者は日本払給与等がない限り、年収にかかわらず年末調整で納税を完了することも可能）
- 日本と同様、所得に対する地方税が存在するが、日本の地方税（住民税）は、前年所得に対して納税を行うのに対し、韓国の地方税は所得税と同時に課税される。
  また日本の地方税は、日本の居住者である場合に課税されるが、韓国の地方税は、居住者・非居住者にかかわらず、所得税の課税対象になる場合は、同時に地方税も納税しなければならない。

3　マレーシア／個人所得税関連法規及び特徴

1．個人所得税関連法規
マレーシアにおける個人所得税に関連する法規は 図表30-3-1 のとおりです。

図表30-3-1　個人所得税関連法規

- Income Tax Act 1967
- Public Ruling（PR）　等

2．課税年度
マレーシアの課税年度は暦年（1／1〜12／31）です。

3．個人の所得にかかるその他の税
ありません。

4．マレーシア個人所得税を理解する上での留意点
マレーシア個人所得税を理解する上での留意点は 図表30-3-2 のとおりです。

図表30-3-2　マレーシア個人所得税を理解する上での留意点

- 税法上、マレーシア居住者に該当しても、マレーシア源泉所得のみしか課税されない。
- 現物給与についての課税所得の計算方法が、非常に細かく定められている。
- 個人所得税の最高税率は26％とシンガポールほどではないが、他の東南アジア諸国に比べると低い。

4 駐在員にまつわる日本及び赴任地国での税務問題

4 インド／個人所得税関連法規及び特徴

1．個人所得税関連法規

インドにおける個人所得税に関連する法規は 図表30-4-1 のとおりです。

図表30-4-1 個人所得税関連法規

| ・INCOME TAX ACT | ・INCOME TAX RULES |
| ・CIRCULARS | ・RULING 等 |

2．課税年度

インドの課税年度は4／1～3／31です。

3．個人の所得にかかるその他の税

個人の所得にかかる所得税以外の税として高度教育税、教育税（以下、両税をまとめて「教育目的税」）が課税されます。なお、教育目的税は、居住者であるか非居住者であるかに関係なく、所得税を支払う際は同時に課されることになります。（教育目的税の税率は**Q37**をご参照ください。）

4．インド個人所得税を理解する上での留意点

インドの個人所得税を理解する上での留意点については、図表30-4-2 のとおりです。

図表30-4-2 インド個人所得税を理解する上での留意点

・課税年度が暦年ではなく4／1～3／31である。
　→日本を含む多くの国は所得税の課税年度は暦年となっているが、インドでは香港、イギリス等と同様、課税年度は4月開始となっている。

・所得控除、税額控除について日本からの駐在員が適用対象となるものがほとんど存在しない。

1　赴任地の個人所得税（台湾・韓国・マレーシア・インド・フィリピン）

　→インドでも所得控除は存在するが、日本からの駐在員に適用される所得控除はほとんどない。日本を含め多くの国にあるような本人控除、配偶者控除といったものも存在しない。よって、総所得≒課税所得になるケースが多く見られる。また、税額控除は外国税額控除が適用される程度で、適用対象になるものはほとんどないと考えた方がよさそうである。

・日本からの駐在員に適用されることの多い、各種福利厚生については基本的に所得税の課税対象になると思った方が間違いがない。
　→国によっては、住居を会社契約し、家賃を会社が負担する場合は非課税となる措置や、会社が支払った外国人向けの学校の学費は非課税扱いとなる場合があるが、インドでは日当についても課税対象になるなど、各種フリンジベネフィットは給与同等物（Perquisite）として全て課税対象になる。

4 駐在員にまつわる日本及び赴任地国での税務問題

5 フィリピン／個人所得税関連法規及び特徴

1．個人所得税関連法規

フィリピンにおける個人所得税に関連する法規は 図表30-5-1 のとおりです。

図表30-5-1 個人所得税関連法規

- Title Ⅱ of the National Internal Revenue Code (NIRC) of 1997
- Revenue Regulations
- Revenue Memorandum Orders
- Revenue Memorandum Circulars 等

2．課税年度

フィリピンの課税年度は暦年（1／1～12／31）です。

3．個人の所得にかかるその他の税

日本の住民税とはやや異なりますが、一課税年度中、30日以上連続で雇用されている場合は、本人の所得に応じて Community Tax が課税されます。

4．フィリピン個人所得税を理解する上での留意点

フィリピン個人所得税法を理解する上での留意点は 図表30-5-2 のとおりです。

図表30-5-2 フィリピン個人所得税を理解する上での留意点

- 期間限定でフィリピンに滞在する外国人は、フィリピン滞在期間にかかわらず、常に「フィリピン非居住者」と定義される。（ただしフィリピン非居住者については、フィリピン滞在期間に応じて、累進税率が課される場合と、一律税率が課される場合の二種類がある。）
- 日本の所得税法と比べて非常にシンプル
  フィリピン個人所得税法は全条文あわせても合計13条しか存在しないが、居住形態の違い（フィリピン国籍の有無、居住者か非居住者かの違い）による取扱いについて非常に明確に記載されている。
- マネジメント層の社員に提供するフリンジベネフィットは個人所得税の対象にならないが、支払った企業側にフリンジベネフィット税が課される。

1 　赴任地の個人所得税（台湾・韓国・マレーシア・インド・フィリピン）

Q31　日本の所得税との相違点

5か国（台湾・韓国・マレーシア・インド・フィリピン）と日本における個人所得税の相違点を教えてください。

A

1　概　要

図表31-1は5か国及び日本における居住者・非居住者の定義と課税所得の範囲の概要をまとめたものです。この表からわかるとおり、課税年度についてインドは4／1～3／31、それ以外の4か国は日本と同様に暦年で、それぞれの国において各種所得控除が存在します。

図表31-1　各国別で見た日本の所得税法との相違点

	台湾	韓国	マレーシア	インド	フィリピン	日本
国税？地方税？	国税	国税	国税	国税	国税	国税
個人所得にかかるその他の税	なし	住民税	なし	教育目的税（教育税・高度教育税）	コミュニティタックス	住民税
課税年度	暦年（1／1～12／31）	暦年（1／1～12／31）	暦年（1／1～12／31）	4／1～翌年3／31	暦年（1／1～12／31）	暦年（1／1～12／31）
居住者課税方式	一部を除き総合課税	一部を除き総合課税	一部を除き総合課税	一部を除き総合課税	一部を除き総合課税	一部を除き総合課税

4 駐在員にまつわる日本及び赴任地国での税務問題

税率	5～40%	6～38%（ただし外国人の勤労所得は17%の一律税率適用可）	2～26%	0～30%（教育目的税3%加算）	5～32%	5～40%（復興特別税2.1%加算）
現物給与の取扱い	課税対象の場合が多い	課税対象の場合が多い	課税対象の場合が多い	課税対象の場合が多い	マネジメント層については非課税（支給した企業側にフリンジベネフィット税が課される）	課税対象になる場合とならない場合がある。
所得控除の種類	本人控除、配偶者控除等	本人控除、配偶者控除等	本人控除、配偶者控除、扶養控除等	社会保険料控除、医療費控除等	個人控除、追加控除等	基礎控除、配偶者控除、扶養控除等
給与にかかる年末調整	なし	あり	なし	なし	なし	あり
給与所得者の確定申告	あり（～5/31）	源泉徴収されていない所得があれば必要あり（～5/30）	あり（～4/30）	あり（～7/31）	あり（～4/15）	2箇所給与等あれば必要あり（～3/15）

　以下では、台湾・韓国・マレーシア・インド・フィリピンの個人所得税と日本の所得税との相違点を順番に見ていきましょう。

2 各国別でみた違い
1 台湾／日本の所得税との相違点

台湾と日本における個人所得税の相違点をまとめたのが 図表31-1-1 です。

このように台湾と日本では居住者の定義や所得控除の種類など様々な点が異なっています。

図表31-1-1 台湾と日本における個人所得税の相違点

	台湾	日本
国税？ 地方税？	国税	国税
個人の所得にかかるその他の税	なし	地方税（住民税）
課税年度	暦年（1／1～12／31）	暦年（1／1～12／31）
居住者の定義	台湾に1課税年度に累計183日以上滞在している者　等	1年以上日本を離れる予定の場合は非居住者、それ以外は居住者
居住者の課税方式	一部を除き、総合課税方式	一部を除き、総合課税方式
居住者に対する税率	一部を除き、累進税率	一部を除き、累進税率
非課税手当	一定の条件を満たす労働者については、引越し費用や一時帰国費用が非課税	旅費等
所得控除の種類 (2013年)	1．免税額 納税義務者（TWD85,000）、配偶者（TWD85,000）、扶養家族（70歳未満：TWD85,000、70歳以上：TWD127,500）	基礎控除、配偶者控除、社会保険料控除等様々な控除が存在。 ※外国で払っている社会保険料は、フランスとの社会保険料以外は、日本の所得税法、所

4 駐在員にまつわる日本及び赴任地国での税務問題

	2．列挙控除又は標準控除 列挙控除か標準控除のいずれかを選択 3．特別控除（**Q36**参照）	得控除の対象とならない
税額控除の種類	・基本税額が課される場合は外国税額控除の適用あり	・配当控除 ・住宅借入金等特別控除　等
給与の納税方式	台湾払分：支払者により源泉徴収 台湾外払分：確定申告	日本国内払分は支払者により源泉徴収 日本国外払分は確定申告
給与支払者による年末調整制度	な　し	あ　り
確定申告	5／1〜5／31	年末調整できない所得がある場合は2／16〜3／15に確定申告
年度をまたいで支払われた所得の取扱い（計算期間が2013年12／1〜12／31で、支払日が2014年1／25の給与）	2014年度所得として認識（現金主義）	2014年度所得として認識（現金主義）

① 赴任地の個人所得税（台湾・韓国・マレーシア・インド・フィリピン）

2 韓国／日本の所得税との相違点

韓国と日本における個人所得税の相違点をまとめたのが 図表31-2-1 です。

このように韓国と日本では居住者の定義や、所得控除の種類など、様々な点が異なっています。

図表31-2-1 韓国と日本における個人所得税の相違点

	韓　国	日　本
国税？地方税？	国　税	国　税
個人の所得にかかるその他の税	地方税（住民税）	地方税（住民税）
課税年度	暦年（1／1～12／31）	暦年（1／1～12／31）
居住者の定義	韓国内に住所を有し、又は1年以上居所を有する個人	1年以上日本を離れる予定の場合は非居住者、それ以外は居住者
居住者の課税方式	一部を除き、総合課税方式	一部を除き、総合課税方式
居住者に対する税率	累進税率（ただし外国人は単一税率も選択できる）	一部を除き、累進税率
非課税手当	個人の自動車を業務使用する従業員への手当、勤務に起因する傷病・疾病により受け取る年金・慰謝料等	旅費等
所得控除の種類	日本以上に様々な種類の所得控除が存在。	基礎控除、配偶者控除、社会保険料控除等様々な控除が存在。※外国で払っている社会保険料は、フランスとの社会保険料以外は、日本の所得税法、所

159

4 駐在員にまつわる日本及び赴任地国での税務問題

税額控除の種類	・勤労所得税額控除 ・外国税額控除 ・納税組合税額控除	得控除の対象とならない ・配当控除 ・住宅借入金等特別控除　等
給与の納税方式	・韓国払分は支払者により源泉徴収 ・韓国外払分は納税組合を通じて納税を行うか、確定申告時に納付。	日本国内払分は支払者により源泉徴収、日本国外払分は原則として確定申告
給与支払者による年末調整制度	あり	あり
確定申告	年末調整の対象とならない所得がある場合は5／1〜5／31に確定申告	年末調整の対象とならない所得がある場合は2／16〜3／15に確定申告
年度をまたいで支払われた所得の取扱い（計算期間が2013年12／1〜12／31で、支払日が2014年1／25の給与）	2013年度所得として認識（勤労提供日基準）	2014年度所得として認識（現金主義）

① 赴任地の個人所得税（台湾・韓国・マレーシア・インド・フィリピン）

3　マレーシア／日本の所得税との相違点

マレーシアと日本における個人所得税の相違点をまとめたのが 図表31-3-1 です。

このようにマレーシアと日本では居住者の定義や、所得控除の種類など、様々な点が異なっています。

図表31-3-1 マレーシアと日本における個人所得税の相違点

	マレーシア	日　本
国税？ 地方税？	国　税	国　税
個人の所得にかかるその他の税	な　し	地方税（住民税）
課税年度	暦　年（1／1～12／31）	暦　年（1／1～12／31）
居住者の定義	一課税年度中、累計で182日以上、マレーシアに滞在している者等、いくつかの要件があり、それらを一つでも満たしていれば居住者とみなされる。（詳細は**Q32**参照）	1年以上日本を離れる予定の場合は非居住者、それ以外は居住者
居住者の課税方式	一部を除き、総合課税方式	一部を除き、総合課税方式
居住者に対する税率	一部を除き、累進税率	一部を除き、累進税率
非課税手当	一時帰国時の交通費等	旅費等
所得控除の種類	本人控除、配偶者控除、子女控除、教育・医療控除等様々な控除あり。（本人の能力向上に資する費用について控除できる制度がある。）	基礎控除、配偶者控除、社会保険料控除等様々な控除が存在 ※外国で払っている社会保険料は、フランスとの社会保険料以外は、日本の所得税法、所

161

4 駐在員にまつわる日本及び赴任地国での税務問題

	（Q36参照）	得控除の対象とならない
税額控除の種類	税額割戻控除等	・配当控除 ・住宅借入金等特別控除　等
給与の納税方式	マレーシア払分：支払者により源泉徴収 マレーシア外払分：マレーシア法人側で源泉徴収	日本国内払分は支払者により源泉徴収 日本国外払分は確定申告
給与支払者による年末調整制度	な　し	あ　り
確定申告	翌年4月30日までに確定申告	年末調整できない所得がある場合は2／16〜3／15に確定申告
年度をまたいで支払われた所得の取扱い（計算期間が2013年12／1〜12／31で、支払日が2014年1／25の給与）	2014年度所得として認識（現金主義）	2014年度所得として認識（現金主義）

162

① 赴任地の個人所得税（台湾・韓国・マレーシア・インド・フィリピン）

4 インド／日本の所得税との相違点

インドと日本における個人所得税の相違点をまとめたのが 図表31-4-1 。
このようにインドと日本では居住者の定義や、所得控除の種類など、様々な点が異なっています。

図表31-4-1 インドと日本における個人所得税の相違点

	インド	日本
国税？地方税？	国税	国税
個人の所得にかかるその他の税	教育目的税（教育税・高等教育税）	地方税（住民税）
課税年度	4／1〜3／31	暦年（1／1〜12／31）
居住者の定義	インドでの滞在日数に応じて、通常の居住者と通常の居住者以外の居住者に分けられる。（詳細は**Q32**参照）	1年以上日本を離れる予定の場合は非居住者、それ以外は居住者
居住者の課税方式	一部を除き、総合課税方式	一部を除き、総合課税方式
居住者に対する税率	一部を除き、累進税率	一部を除き、累進税率
非課税手当	一定額までの医療費、交通費等	旅費等
所得控除の種類	寄附金控除、医療費控除等があるが、日本人駐在員が利用できる控除項目は少ない。	基礎控除、配偶者控除、社会保険料控除等様々な控除が存在。※外国で払っている社会保険料は、フランスとの社会保険料以外は、日本の所得税法、所得控除の対象とならない。
税額控除の種類	外国税額控除が適用可能	・配当控除 ・住宅借入金等特別控除　等

163

4 駐在員にまつわる日本及び赴任地国での税務問題

給与の納税方式	日本払給与もまとめてインド雇用主側で源泉徴収。	日本国内払分は支払者により源泉徴収、日本国外払分は原則として確定申告
給与支払者による年末調整制度	なし	あり
確定申告	源泉徴収や予定納税（四半期申告）によって、全ての納税が完了している場合も、確定申告書の提出が必要。	年末調整の対象とならない所得がある場合は2／16〜3／15に確定申告
年度をまたいで支払われた所得の取扱い（計算期間が2013年12／1〜12／31で、支払日が2014年1／25の給与）	2014年3月の給与で2014年4月に支払った場合でも、2013年度（2013年4月〜2014年3月期）の所得として認識（発生主義）	2014年度所得として認識（現金主義）

① 赴任地の個人所得税（台湾・韓国・マレーシア・インド・フィリピン）

5　フィリピン／日本の所得税との相違点

フィリピンと日本における個人所得税の相違点をまとめたのが 図表31-5-1 です。

このようにフィリピンと日本では居住者の定義や、所得控除の種類など、様々な点が異なっています。

図表31-5-1 フィリピンと日本における個人所得税の相違点

	フィリピン	日本
国税？ 地方税？	国　税	国　税
個人の所得にかかるその他の税	な　し (Community Taxの課税あり)	地方税（住民税）
課税年度	暦年（1／1～12／31）	暦年（1／1～12／31）
居住者の定義	フィリピン国籍か外国籍かによって分類される。	1年以上日本を離れる予定の場合は非居住者、それ以外は居住者
居住者の課税方式	総合課税方式と分離課税方式の中間に位置する。（フィリピンでは個人の所得は「Compensation Income（給与所得はこれに該当する）」「Business Income」「Passive Income」「Other Income」に分類され、前者2つの所得については合算の上、累進税率（5～32％）が適用される。一方、Passive IncomeやOther Incomeについては所得の種類ごとに一定税率で源泉徴収され、納税が完結する源泉分離課税方式）	一部を除き、総合課税方式

フィリピン

165

4 駐在員にまつわる日本及び赴任地国での税務問題

居住者に対する税率	給与にかかる税率：5～32% （非居住者でもフィリピン滞在期間が暦年で180日以上の場合は、居住者と同様の累進税率が適用） ※多国籍企業の地域統括会社に勤務する場合、総所得から非課税手当を引いた課税総所得（TGCI）に15%の一律税率が適用される。	一部を除き、累進税率
非課税手当	・PHP30,000までの13か月目の給与、クリスマス賞与 ・生命保険契約に基づく保険金 ・法令に基づき支払われる退職金	旅費等
所得控除の種類	個人控除 追加控除 健康保険料控除 （Q36参照）	基礎控除、配偶者控除、社会保険料控除等様々な控除が存在。 ※外国で払っている社会保険料は、フランスとの社会保険料以外は、日本の所得税法、所得控除の対象とならない。
税額控除の種類	なし	・配当控除 ・住宅借入金等特別控除　等
給与の納税方式	フィリピン払分：支払者が源泉徴収 フィリピン外払分： 　フィリピン現法に付替請求があれば日本払分もまとめてフィリピン現法が源泉徴収。付替請求がなければ確定申告時に納付。	日本国内払分は支払者により源泉徴収 日本国外払分は確定申告

1　赴任地の個人所得税（台湾・韓国・マレーシア・インド・フィリピン）

給与支払者による年末調整制度	あ　り	あ　り
確定申告	年末調整の対象にならない所得がある場合は4／15までに確定申告（ただし外国人は必ず確定申告が必要）	年末調整できない所得がある場合は2／16～3／15に確定申告
年度をまたいで支払われた所得の取扱い（計算期間が2013年12／1～12／31で、支払日が2014年1／25の給与）	2014年度所得として認識（現金主義）	2014年度所得として認識（現金主義）

4 駐在員にまつわる日本及び赴任地国での税務問題

Q32 居住者・非居住者の定義と課税所得の範囲

居住者・非居住者の定義と課税所得の範囲について教えてください。

A

1 概　要

たとえば貴社の社員A氏を海外で勤務させる場合、その国で個人所得税を納めなければならないか、また納める場合どのような計算方法を用いるのかを考える上で、まず初めに考えなければならないのは、A氏がその国の居住者に該当するのか、非居住者に該当するのかという点です。

図表32-1 は5か国における居住者・非居住者の定義と課税所得の範囲の概要をまとめたものです。この表からわかるとおり、いずれの国においても、非居住者に該当する場合は「国内源泉所得」のみ課税されるのに対し、居住者に該当する場合は、「国内源泉所得」はもちろんですが、韓国とインドは「国外源泉所得」も課税対象になります。（つまり、A氏が受け取った給与はもちろん、A氏が日本の住居を賃貸して得た所得等、A氏が受け取った所得全てが課税の対象になります。）

一方、台湾とマレーシアとフィリピンの場合は居住者であっても、「国内源泉所得」のみしか課税されません。

図表32-1 国別で見た居住者の定義及び居住者の課税所得の範囲

	居住者の定義	課税所得の範囲
台　湾	以下のいずれかに該当する者 ・台湾に住所を有し、常に台湾に居住する者 ・台湾に住所（戸籍）は有さないが、一課税年度（1／1～12／31）に累計で182	台湾源泉所得

168

① 赴任地の個人所得税（台湾・韓国・マレーシア・インド・フィリピン）

	日以上滞在する者	
韓　　国	① 韓国国内に住所を有し又は1年以上居所を有する個人 ② 上記のうち外国人、かつ、課税年度終了日の10年前から韓国国内に住所や居所を有していた期間の合計が5年以内	全世界所得 韓国源泉所得及び韓国外源泉所得のうち韓国国内で支払われたもの及び送金されたもの
マレーシア	以下のいずれかに該当する者 ・課税年度中、累計で182日以上マレーシアに滞在する者 ・課税年度におけるマレーシア滞在期間は累計182日以下だが、課税年度前年度又は翌年度において、マレーシアに暦年で182日以上滞在する者　等	マレーシア源泉所得
インド	① 通常の居住者 ② 通常の居住者以外の居住者	全世界所得 ・インド国内で受領又は受領したとみなされる所得 ・インド国内で発生又は発生したとみなされる所得 ・インド国内でコントロールしている事業から発生し、インド国外で発生した所得
フィリピン	以下のいずれかに該当する者 ・フィリピン国籍を有し、フィリピン国内に恒久的住居を有する者 ・フィリピン国籍を有しないが、フィリピン国内に定住的な住居を有する者 ※期間限定でフィリピンに赴任している外国人はフィリピン税法上、「非居住者」に該当する。	フィリピン源泉所得

　以下では、台湾・韓国・マレーシア・インド・フィリピンの居住者・非居住者の定義及び課税所得の範囲について順番に見ていきましょう。

居住者・非居住者の定義と課税所得の範囲

台湾

2 各国別でみた違い
1 台湾／居住者・非居住者の定義と課税所得の範囲

1．居住者・非居住者の定義

図表32-1-1 は台湾における居住者・非居住者の定義ですが、日本から台湾に赴任する日本人の場合、1月1日から12月31日までの間に、累計183日以上台湾に滞在すると、当該年度は台湾において税務上、居住者として取り扱われることになります。

図表32-1-1 台湾における居住者・非居住者の定義

区　分	定　義
居住者	以下①～②のいずれかに該当する場合 ① 台湾に住所を有し、常に台湾に居住する者（つまり台湾に居住する台湾人をさす） 　なお、台湾国籍者については以下※参照 ② 台湾に住所（いわゆる戸籍）は有さないが、1課税年度（1/1～12/31）に累計で183日以上滞在する者 （※）台湾国籍者のみ、以下についても適用 ③ 台湾での在留許可をもち、かつ台湾滞在期間が暦年で31日以上 ④ 台湾に在留許可をもち、台湾滞在期間は30日以下だが、台湾に重要な経済的基盤がある場合
非居住者	上記以外

2．居住者・非居住者で異なる課税所得の範囲

では居住者と非居住者で課税される所得の範囲がどのように異なるのでしょうか。図表32-1-2 を参照ください。

図表32-1-2 台湾の居住者・非居住者で異なる課税所得の範囲

	課税対象所得	税額計算方法	申告・納税方法
居住者	台湾源泉所得	（所得−所得控除）×累進税率	確定申告
非居住者	台湾源泉所得	図表33-1-1 参照	図表33-1-2 参照

① 赴任地の個人所得税（台湾・韓国・マレーシア・インド・フィリピン）

2 韓国／居住者・非居住者の定義と課税所得の範囲

1．居住者・非居住者の定義

図表32-2-1は韓国における居住者・非居住者の定義ですが、日本から韓国に赴任する日本人の場合、1年以上の予定で韓国に入国した時点から、税務上、韓国居住者として取り扱われることになります。

図表32-2-1 韓国における居住者・非居住者の定義

区　分	定　義
居住者	韓国内に住所を有し、又は1年以上居所を有する個人
非居住者（※）	上記以外

2．居住者・非居住者で異なる課税所得の範囲

では居住者と非居住者で課税される所得の範囲がどのように異なるのでしょうか。次のように図表32-2-2にまとめました。

図表32-2-2 韓国の居住者・非居住者の定義と課税所得の範囲

		課税対象所得	税額計算方法（給与所得）	申告・納税方法
居住者	① 韓国内に住所を有し、又は1年以上居所を有する個人	全世界所得	（給与−所得控除）×累進税率−税額控除	年末調整又は必要に応じて確定申告
	②上記のうち外国人かつ、課税年度終了日の10年前から韓国内に住所や居所を有していた期間の合計が5年以内	韓国源泉所得及び韓国外源泉所得のうち、韓国内で支払われたもの及び送金されたもの	（給与−所得控除）×累進税率−税額控除	年末調整又は必要に応じて確定申告
非居住者		韓国源泉所得	（給与−所得控除）×累進税率−税額控除	年末調整又は必要に応じて確定申告

4 駐在員にまつわる日本及び赴任地国での税務問題

3　マレーシア／居住者・非居住者の定義と課税所得の範囲

1．居住者・非居住者の定義

マレーシアでは 図表32-3-1 のとおり、居住者であっても非居住者であっても、課税対象となる所得の範囲はいずれもマレーシア源泉所得のみとなります。

図表32-3-1　マレーシアにおける居住者・非居住者の定義

区　分	定　義
居住者	以下のいずれかに該当する者 ① 課税年度中、累計で182日以上マレーシアに滞在するもの ② 課税年度におけるマレーシア滞在期間は累計182日以下だが、課税年度前年度又は翌年度において、マレーシアに暦年で累計182日以上滞在する者 ③ 課税年度におけるマレーシアでの滞在期間が90日以上で、直前4課税年度のうち3課税年度においてマレーシア居住者に該当するか、累計で90日以上マレーシアに滞在する者 ④ 直前3課税年度においていずれも居住者に該当し、かつ翌年の課税年度においても居住者に該当する者（当該年度にマレーシア滞在期間がない場合も居住者扱いとなる。）
非居住者	上記のいずれにも該当しない者

2．居住者・非居住者で異なる税務上の取扱い

では居住者と非居住者で税務上の取扱いがどのように異なるのでしょうか。 図表32-3-2 にまとめました。

① 赴任地の個人所得税（台湾・韓国・マレーシア・インド・フィリピン）

図表32-3-2 マレーシアの居住者・非居住者の定義と課税所得の範囲

	課税対象所得	税額計算方法 （給与所得）	申告・納税方法
居住者	マレーシア国内源泉所得	（所得－所得控除） ×累進税率	確定申告
非居住者	マレーシア国内源泉所得	所得×26% ※所得控除は適用されない。	マレーシアでの勤務期間が１課税年度中60日超の場合、確定申告が必要 →FORM M 又は MT を使って申告 ※ただしマレーシアでの勤務期間が１課税年度中、60日以下（注）の場合は課税対象にならない。

（注）ここでいう「60日」の計算方法は実際の滞在期間ではなく、マレーシアでの就労期間に基づきます。（例：たとえばマレーシアでの勤務期間が９月１日から９月30日及び10月１日から31日であり、その年の30日、31日が休日だったため、29日にマレーシアを出国した場合も、あくまで勤務期間は31日まで、と認定されるため、マレーシアでの滞在期間は実際の滞在期間である59日ではなく、勤務期間の61日となってしまうため、マレーシアで課税の対象になります。）

詳細は、Public Ruling NO. 8 /2011（マレーシアで働く外国人の税務に関する規則）をご参照ください。

4 インド／居住者・非居住者の定義と課税所得の範囲

1．居住者・非居住者の定義

図表32-4-1はインドにおける居住者・非居住者の定義です。なお、インドでは居住者をその滞在日数に応じて「通常の居住者」と「通常の居住者以外の居住者」に税務上、分類しています。

図表32-4-1 インドにおける居住者・非居住者の定義

区　分		定　義
居住者	通常の居住者	賦課年度前年度に以下のいずれかの条件を満たした場合 ・182日以上インドに滞在 ・60日以上インドに滞在かつ、その前年度4年間に365日以上インドに滞在
	通常の居住者以外の居住者	「通常の居住者」の定義に当てはまる者のうち、以下のいずれかの条件を満たした場合 ・前年以前10年間のうち9年間が非居住者 ・前年以前7年間でのインド滞在日数が729日以下
非居住者		居住者以外

2．居住者・非居住者で異なる課税所得の範囲

では居住者と非居住者で課税される所得の範囲がどのように異なるのでしょうか。図表32-4-2にまとめました。

1 赴任地の個人所得税（台湾・韓国・マレーシア・インド・フィリピン）

図表32-4-2 インドの居住者・非居住者の定義と課税所得の範囲

		課税対象所得	税額計算方法 （給与所得）	申告・納税方法
居住者	通常の居住者	全世界所得	（所得－所得控除）×累進税率－税額控除	源泉徴収＆予定納税（四半期申告）→確定申告
	通常の居住者以外の居住者	・インド国内で受領又は受領したとみなされる所得 ・インド国内で発生又は発生したとみなされる所得 ・インド国内でコントロールしている事業から発生し、インド国外で発生した所得		
非居住者		・インド国内で受領又は受領したとみなされる所得 ・インド国内で発生又は発生したとみなされる所得		現地法人が存在する場合は源泉徴収後、年度末に確定申告

175

4 駐在員にまつわる日本及び赴任地国での税務問題

5 フィリピン／居住者・非居住者の定義と課税所得の範囲

1．居住者・非居住者の定義

　フィリピンでは図表32-5-1のとおり、居住者と非居住者でフィリピンにおいて個人所得税が課される所得の範囲が異なります。

　なお、フィリピンでは図表32-5-1のとおり、外国籍の者が「外国籍の居住者」に該当する場合は、定住（永住）ビザ保有、フィリピン勤務期間が恒久的で、定住するための住居を保有している場合のいずれかに該当する場合のみです。

　そのため、日本からフィリピンに会社命令で赴任している者については、その勤務期間は通常、限定されていることから、「外国籍の非居住者」とみなされます。（ただし、フィリピン滞在期間が180日以上の場合は、フィリピンで確定申告が必要ですし、居住外国人であっても非居住外国人であっても課税所得の範囲はいずれもフィリピン国内源泉所得に限定されていることから、税務上、居住外国人と大きな違いはありません。）

図表32-5-1 フィリピンにおける居住者・非居住者の定義

		定　義
フィリピン国籍	居住者	フィリピン国籍を有し、フィリピン国内に恒久的住居を有する者
	非居住者	フィリピン国籍を有するが、フィリピン国内に恒久的住居を有さない。
外国籍	居住者	フィリピン国内に定住的な住居を有する者。 具体的には以下のいずれかに該当する場合を指す。 ・定住（永住）ビザ保有 ・フィリピンでの任期が恒久的 ・定住するための住居をフィリピン内に保有している
	非居住者	フィリピンに定住的な住居はないが、フィリピンに暦年で180日以上滞在する者

① 赴任地の個人所得税（台湾・韓国・マレーシア・インド・フィリピン）

		上記以外 （フィリピンに定住的な住居も持たず、滞在期間も暦年で180日未満の者）

2．居住者・非居住者で異なる課税所得の範囲

では外国籍の居住者と非居住者で課税される所得の範囲がどのように異なるのでしょうか。図表32-5-2にまとめました。

図表32-5-2　外国籍の居住者・非居住者で異なる課税所得の範囲

	課税対象所得	税額計算方法 （給与所得）	申告・納税方法
居住者	フィリピン国内源泉所得（給与所得の場合）	（所得（※1）－所得控除）×累進税率 （※1）フィリピン国内源泉所得	フィリピン払給与：源泉徴収 日本払給与：確定申告 フィリピン現地法人に付替請求している場合はフィリピン法人で日本払もあわせて源泉徴収。
非居住者	フィリピン滞在期間が180日以上	同　上	同　上
	フィリピン滞在期間が180日未満	所得×25%	源泉徴収のみ。 確定申告の必要はなし。

4 駐在員にまつわる日本及び赴任地国での税務問題

Q33 居住者・非居住者で異なる税務上の取扱い

居住者と非居住者で税務上の取扱いがどのように異なりますか。

A

1 概要

一般に日本など多くの国においては、居住者に該当する場合は全世界所得が課税の対象になり、非居住者については国内源泉所得（その国で生じた所得）のみが課税されます。

図表33-1 はQ32と多少重複しますが、5か国及び日本における居住者・非居住者の税務上の取扱いの相違点をまとめたものです。

この表からわかるとおり、台湾とマレーシアとフィリピンの場合、日本と異なり居住者であっても、国内源泉所得のみしか課税されません。一方、韓国とインドは居住者は全世界所得が課税の対象になるため、課税される所得の範囲が広くなります。

図表33-1 国別で見た居住者・非居住者の相違点の概要

		台湾	韓国	マレーシア	インド	フィリピン
課税年度	居住者	暦年	暦年	暦年	4／1〜3／31	暦年
	非居住者	暦年	暦年	暦年	4／1〜3／31	暦年
課税所得の範囲	居住者	台湾源泉所得	全世界所得（ただし例外あり）	マレーシア源泉所得	全世界所得（ただし例外あり）	フィリピン源泉所得

□ 赴任地の個人所得税（台湾・韓国・マレーシア・インド・フィリピン）

	非居住者	台湾源泉所得	韓国源泉所得	マレーシア源泉所得	インド源泉所得	フィリピン源泉所得
所得控除	居住者	適用あり	適用あり	適用あり	適用あり	適用あり
所得控除	非居住者	適用なし	適用あり	適用なし	適用あり	滞在日数により異なる
給与にかかる税率	居住者	5～40%	6～38%（外国人の勤労所得は17%の一律税率適用可）	2～26%	10～30%	5～32%
給与にかかる税率	非居住者	18%	同上	26%	同上	滞在日数により異なる
外国税額控除	居住者	適用なし	適用あり	適用なし	適用あり	適用なし
外国税額控除	非居住者	適用なし	適用なし	適用なし	適用なし	適用なし

以下では、台湾・韓国・マレーシア・インド・フィリピンの居住者・非居住者の税務上の取扱いについて順番に見ていきましょう。

居住者・非居住者の税務上の取扱い

台湾

2 各国別でみた違い

1 台湾／居住者・非居住者の税務上の取扱い

台湾における居住者と非居住者の税務上の取扱いの相違点は図表33-1-1のとおりです。詳細についてはQ34以下をご参照ください。

図表33-1-1 居住者・非居住者で異なる税務上の相違点

	居住者	非居住者
課　税　年　度	暦　年	暦　年
課税所得の範囲	台湾国内源泉所得	台湾国内源泉所得
所　得　控　除	適用あり（詳細はQ36参照）	適用なし
給与にかかる税率	累進税率（詳細はQ37参照）	18％の一律税率
給与に関する税額計算方法	（所得－所得控除）×累進税率－累進差額（詳細はQ34参照）	給与×18％
台湾における外国税額控除の適用	なし（基本所得税が課される場合のみ適用あり）	な　し

なお、台湾滞在日数によって異なる課税所得の有無や確定申告の方法は、図表33-1-2のとおりです。

① 赴任地の個人所得税(台湾・韓国・マレーシア・インド・フィリピン)

図表33-1-2 台湾滞在日数で異なる台湾での課税上の取扱い

1/1〜12/31の台湾滞在期間(※1)	税務上の取扱い	所得税計算における税額控除の適用	適用される所得税率	台湾国内源泉所得(台湾で勤務した対価)		台湾国外源泉所得(台湾以外(日本)で勤務した対価)		確定申告	基本所得税条例(ミニマムタックス税制)の適用
				台湾国内から支払われた場合(A)	台湾国外(日本等)から支払われた場合(B)	台湾国内から支払われた場合(C)(注4)	台湾国外(日本等)から支払われた場合(D)		
90日以下	非居住者	なし	給与:18%その他:20%	課税(18%の税率で源泉徴収)	非課税	課税	非課税	なし	なし
			台湾で支払うべき税額=(A+C)×18%(給与の場合)						
91〜182日	非居住者	なし	給与:18%その他:20%	課税	課税	課税	非課税	源泉徴収されない台湾源泉所得があれば確定申告(※3)	なし
			台湾で支払うべき税額=(A+B+C)×18%(給与の場合)						

4 駐在員にまつわる日本及び赴任地国での税務問題

183〜299日	居住者	あり	累進税率	課税(累進税率で課税)	課税(累進税率で適用)	課税(※2)	非課税(※2)	あり(※4)	基本所得がTWD600万以上の場合適用あり(**Q34**参照)
			台湾で支払うべき税額＝(A＋B＋C－所得控除)×累進税率－累進差額 ※台湾払国外源泉は日割りOK						
300日以上	居住者	あり	累進税率	課税(累進税率で課税)	課税(累進税率で適用)	課税	非課税(※2)	あり	基本所得がTWD600万以上の場合適用あり(**Q34**)
			台湾で支払うべき税額＝(A＋B＋C－所得控除)×累進税率－累進差額 ※台湾払国外源泉は日割りNG						

（※1） 滞在日数は入国日を1日とカウントしないが、出国日はカウントする。
（※2） 台湾国外源泉所得がTWD100万以上ある場合はミニマムタックス税制が適用される。
（※3） 綜合所得税結算申報書（簡式）を使用
（※4） 綜合所得税結算申報書（一般）を使用
（※5） 理論上は台湾では国外源泉所得は非課税であるが、実務上は、台湾払給与については、その給与が日本本社に付け替え等をしていない限り、台湾払給与は全て「台湾源泉所得」とみなされ、課税されることが一般的。

① 赴任地の個人所得税（台湾・韓国・マレーシア・インド・フィリピン）

2 韓国／居住者・非居住者の税務上の取扱い

韓国における居住者と非居住者の税務上の取扱いの相違点は図表33-2-1のとおりです。詳細についてはQ34以下をご参照ください。

図表33-2-1 居住者・非居住者で異なる税務上の相違点

	居住者		非居住者
課税年度	暦年		暦年
	図表32-2-2①	図表32-2-2②	左記以外
課税所得の範囲	全世界所得	韓国源泉所得及び韓国国外源泉所得のうち、韓国内に送金又は韓国内で支払われたもの	韓国源泉所得
所得控除	適用あり（詳細はQ36参照）		一部の所得控除に限定される。（詳細はQ36参照）
給与にかかる税率	累進税率（詳細はQ37参照）		居住者と同じ累進税率
給与に関する税額計算方法	（給与－所得控除）×累進税率－税額控除 外国籍の場合、次の方法も採用可能 給与×一律税率 （詳細はQ34参照）		（給与－所得控除）×累進税率（※）－税額控除 又は外国籍の場合、次の方法も採用可能 給与×一律税率
韓国における外国税額控除の適用	あり	あり（外国税額控除の対象となる所得が存在する場合）	なし

4 駐在員にまつわる日本及び赴任地国での税務問題

3 マレーシア／居住者・非居住者の税務上の取扱い

マレーシアにおける居住者と非居住者の税務上の取扱いの相違点は図表33-3-1のとおりです。詳細についてはQ34以下をご参照ください。

図表33-3-1 居住者・非居住者で異なる税務上の相違点

	居 住 者	非居住者
課税年度	暦　年	暦　年
課税所得の範囲	マレーシア源泉所得	マレーシア源泉所得
所得控除	適用あり（詳細はQ36参照）	適用なし
給与にかかる税率	累進税率（詳細はQ37参照）	給与については26%
給与に関する税額計算方法	（所得－所得控除）×累進税率 （詳細はQ34参照）	収入×累進税率
マレーシアにおける外国税額控除の適用	国内源泉所得しか課税しないため、外国税額控除の必要性はない。	適用なし

1 赴任地の個人所得税（台湾・韓国・マレーシア・インド・フィリピン）

4 インド／居住者・非居住者の税務上の取扱い

インドにおける居住者と非居住者の税務上の取扱いの相違点は図表33-4-1のとおりです。詳細についてはQ34以下をご参照ください。

図表33-4-1 居住者・非居住者で異なる税務上の相違点

	居 住 者	非居住者
課税年度	4／1～3／31	4／1～3／31
課税所得の範囲	【通常の居住者】 全世界所得 【通常の居住者以外の居住者】 ・インド国内で受領又は受領したとみなされる所得 ・インド国内で発生又は発生したとみなされる所得 ・インド国内でコントロールしている事業から発生し、インド国外で発生した所得	・インド国内で受領又は受領したとみなされる所得 ・インド国内で発生又は発生したとみなされる所得
所得控除	寄附金控除、医療費控除等（ただし日本からの駐在員に適用対象となる所得控除はほとんどないと考えてよい）（詳細はQ36参照）	居住者と同じ
給与にかかる税率	累進税率 （詳細はQ37参照）	居住者と同じ
給与に関する税額計算方法	（所得－所得控除）×累進税率－税額控除 （詳細はQ34参照）	居住者と同じ
インドにおける外国税額控除の適用	適用可能	不可（国外源泉所得がないため）

4 駐在員にまつわる日本及び赴任地国での税務問題

5　フィリピン／居住者・非居住者の税務上の取扱い

フィリピンにおける居住者と非居住者の税務上の取扱いの相違点は、図表33-5-1のとおりです。詳細についてはQ34以下をご参照ください。

※なお、フィリピンでは課税上の取扱いをフィリピン国籍の居住者・非居住者、外国籍の居住者・非居住者の4つに分けていますが、本書は主に日本からフィリピンに赴任・出向する人を対象にまとめている関係上、以下は外国籍の居住者、非居住者で分けてみていきます。

図表33-5-1　居住者・非居住者で異なる税務上の相違点

	外国籍の居住者	外国籍の非居住者
課税年度	暦年	暦年
課税所得の範囲	フィリピン源泉所得	フィリピン源泉所得
所得控除	個人控除、追加控除（扶養控除）、健康保険料控除（※） ※世帯所得がPHP250,000以下の場合のみ適用される。 （詳細はQ36参照）	フィリピン滞在期間が暦年で180日以上：個人控除、追加控除（扶養控除）、保険料控除（※） ※世帯所得がPHP250,000以下の場合のみ適用される。 フィリピン滞在期間が暦年で180日以内：適用なし
給与にかかる税率	5～32%の累進税率 （詳細はQ37参照）	フィリピン滞在期間が暦年で180日以上：5～32%の累進税率 フィリピン滞在期間が暦年で180日未満：25%の一律税率
給与に関する税額計算方法	（所得－所得控除）×累進税率 （詳細はQ34参照）	フィリピン滞在日数が180日以上の場合： （所得－所得控除）×累進税率 フィリピン滞在日数が180日未満の場合：所得額×25%
フィリピンにおける外国税額控除の適用	適用なし（外国籍の居住者については国内源泉所得のみ課税となるため、国外源泉所得が課税されない）	同　左

① 赴任地の個人所得税（台湾・韓国・マレーシア・インド・フィリピン）

Q34 個人所得税の計算方法

個人所得税の計算方法について教えてください。居住者と非居住者では、個人所得税の計算方法は異なるのでしょうか。

A

1 概　要

1．居住者の個人所得税計算方法

居住者の個人所得税の計算方法は、いずれの国においても、簡単にいうと 図表34-1 のとおりですが、所得控除の種類が現物給与（住居の提供、子女教育費の支給など）の取扱い、累進税率の違いにより、最終的な個人所得税額は国によってかなり異なります。

図表34-1 居住者の個人所得税計算方法（税込み給与の場合）

（所得－所得控除）×個人所得税率－税額控除＝納付すべき個人所得税額

2．非居住者の個人所得税計算方法

非居住者については、居住者と同様に収入から所得控除を差し引いた額に累進税率をかける国と、非居住者には所得控除は適用せず、一律の税率で課税する国があります。

4 駐在員にまつわる日本及び赴任地国での税務問題

図表34-2 国別で見た非居住者に支払う給与の取扱い

	台湾	韓国	マレーシア	インド	フィリピン	日本
非居住者に支払う給与の取扱い	給与×18%	給与×累進税率(※) ※外国人の勤労所得は17%の一律税率の適用可	給与×26%	給与×累進税率	滞在日数が暦年で180日以上：5～32%の一律税率 滞在日数が暦年で180日未満：給与×25%	給与×20.42%

2 各国別でみた違い
1 台湾／個人所得税の計算方法

1．台湾居住者の個人所得税計算手順

台湾の居住者の個人所得税の計算方法は **図表34-1-1** のとおりです。

図表34-1-1 所得税額の計算（個人所得税結算申報書をもとに作成）

1．所得純額（Net Taxable Income／いわゆる課税所得）の計算

① 配当所得等 ②事業所得 ③台湾内での労務提供所得 ④利子所得 ⑤リース所得、ロイヤリティ ⑥農業所得 ⑦資産取引から生じる所得 ⑧賞金など ⑨退職金など ⑩その他所得（所得税法14条より）

所得純額＝所得総額（Gross Income）－分離課税所得－免税額（Exemptions）－控除額（Deductions）－特別控除

- 免税額：本人のみ →TWD79,000／夫婦合算控除 →TWD158,000 ※詳細は **Q36** 参照
- 控除額：標準控除か列挙控除かのいずれかを選択。※詳細は **Q36** 参照
- 特別控除：給与所得控除等 ※詳細は **Q36** 参照
- 控除額（Deductions）：いわゆる「所得控除」

2．所得税法に基づく税額計算

(1) 総合所得税額の計算
　　総合所得税額＝所得純額×累進税率－累進差額
　　（5～40%の累進税率 ※詳細は **Q37** 参照）

(2) 所得税法に基づく最終納税（還付）額
　　最終納税（還付）額＝総合所得税額－源泉徴収税額（すでに源泉徴収された税額）等

3．基本所得税条例に基づく税額計算（基本所得額がTWD600万以上の場合のみ計算を行う）
　　いわゆる「ミニマムタックス税制」

4 駐在員にまつわる日本及び赴任地国での税務問題

(1) 基本所得額の計算
　　基本所得額＝所得純額＋TWD100万以上の台湾国外源泉所得＋非課税所得（生命保険給付金等）

【一例】①退職金のうち、日本勤務相当期間分（**Q46**参照）②日本の不動産から生じる所得等

(2) 基本所得税額計算の計算
　　基本所得税額の計算＝（基本所得額－TWD600万）×20％

4．基本所得額と総合所得税額の比較及び追加納付
　基本所得税額＞総合所得税額・・・（基本所得税額－総合所得税額）－外国税額控除を追加納付
　基本所得税額≦総合所得税額・・・追加納付なし

　一方、日本からの駐在員については、手取りで給与を保障しているケースが多く、その場合の税額の計算方法は簡単に言うと 図表34-1-2 のとおりになりますが、以下では 図表34-1-1 に沿って説明していきます。

図表34-1-2　税抜き給与（会社が個人所得税を負担）を受け取っている場合の計算

　台湾個人所得税法上、グロスアップ用の計算式や個人所得税率表は用意されていません。
　グロスアップを行う際は、「会社が負担する個人所得税額＝会社が負担する個人所得税額を課税所得の対象とした個人所得税額」になるまで、循環計算を行う必要があります。ちなみに台湾の駐在員の場合、たとえば2013年度の所得に関する確定申告は2014年に行いますが、台湾では確定申告時に会社が駐在員の所得税を支払う場合が多いようです。（そのため、2013年度の所得税を会社が負担した場合、当該所得税相当額は駐在員の2014年度所得として認識されることになります。）

2．非居住者の個人所得税計算手順

　台湾非居住者の給与に関する個人所得税の計算方法は、居住者と異なり、給与については支払時に通常、18％の税率で源泉徴収が行われ、源泉徴収されない台湾源泉所得がない限り、台湾で確定申告する必要はありません

1　赴任地の個人所得税（台湾・韓国・マレーシア・インド・フィリピン）

が、実務上は、台湾滞在期間が暦年で91日以上であれば、日本払給与も申告し、確定申告することがほとんどです。

図表34-1-3　非居住者の確定申告時の税額計算

（台湾源泉所得が全額、支払時に台湾で源泉徴収されている場合は確定申告の必要はありません。）
6％の税率が適用される所得×6％＝所得税額（A）
20％の税率が適用される所得×20％＝所得税額（B）
それ以外の税率が適用される所得（給与等）×所得ごとに定められた税率
　　　　　　　　　　　　　　　　　（給与は18％）＝所得税額（C）
納付すべき税額＝A＋B＋C－源泉徴収された税額

4 駐在員にまつわる日本及び赴任地国での税務問題

2 韓国／個人所得税の計算方法

1．韓国居住者の個人所得税計算手順

韓国の居住者の個人所得税の計算方法の概略は 図表34-2-1 のとおりです。

図表34-2-1 個人所得税の計算方法（勤労所得（給与所得）のみで年末調整にて納税完了する場合）

【累進税率を利用する場合】
1．調整勤労所得額の計算　　　　　　　　　　　詳細は Q36参照
　　調整勤労所得額＝総勤労所得－勤労所得控除
2．課税所得額の計算　　　　　　　　　　　　　詳細は Q36参照
　　課税所得＝調整勤労所得額－所得控除（※）
　　（※）①人的控除　②年金控除　③特別控除　④その他控除
3．所得税額の計算　　　　　　　　　　　　　　詳細は Q37参照
　　所得税額＝課税所得×累進税率　　　　　　　（6～38％）
4．最終税額の計算（Final Tax）
　　最終税額（Final Tax）
　　　＝所得税額（Income Tax）－税額控除（Tax Exemption、Tax Credit）
5．支払税額／還付税額の計算（Payable/Refundable Tax）
　　支払税額／還付税額（Payable/Refundable Tax）
　　　＝最終税額（Final Tax）－既納付税額（Prepaid Tax）

【一律税率を利用する場合】
　　最終税額＝給与×一律税率　　　　　　　　　詳細は Q37参照
　　支払税額／還付税額＝最終税額－既納付税額

一方、日本からの駐在員については、手取りで給与を保障しているケースが多く、その場合の税額の計算方法は簡単に言うと 図表34-2-2 のとおりになりますが、以下では 図表34-2-1 に沿って説明していきます。

1 赴任地の個人所得税（台湾・韓国・マレーシア・インド・フィリピン）

図表34-3-2 税抜き給与（会社が個人所得税を負担）を受け取っている場合の計算式

> マレーシア個人所得税法上、グロスアップ用の計算式や個人所得税率表は用意されていません。
> グロスアップを行う際は、「会社が負担する個人所得税額＝会社が負担する個人所得税額を課税所得の対象とした個人所得税額」になるまで、循環計算を行う必要があります。
> ちなみにマレーシアの駐在員の場合、たとえば2013年度の所得に関する確定申告は2014年に行いますが、マレーシアでは確定申告時に会社が駐在員の所得税を支払う場合が多いようです。（そのため、2013年度の所得税を会社が負担した場合、当該所得税相当額は駐在員の2014年度所得として認識されることになります。）

2．非居住者の個人所得税計算手順

マレーシア非居住者の給与に関する個人所得税はFORM Mという申告書を用いて計算しますが、居住者の申告と大きく異なる点はTAX RELIEF（いわゆる所得控除：**Q35**参照）が適用されない点、累進税率は適用されず、給与所得の場合、一律26％の税率で課税される点です。

4 駐在員にまつわる日本及び赴任地国での税務問題

4 インド／個人所得税の計算方法

1．インド居住者の個人所得税計算手順

インドの居住者の個人所得税の計算方法の概略は 図表34-4-1 のとおりです。

図表34-4-1 個人所得税の計算方法（ITR-1を元に作成）

1．GROSS INCOME（グロス所得）の算出
　グロス所得＝給与＋居住資産からの所得＋キャピタルゲイン＋その他所得－各種損失

2．TOTAL INCOME（トータル所得）の算出
　トータル所得＝グロス所得－CHAPTER VI-A に基づく控除

3．AGGREGATE INCOME の算出
　AGGREGATE INCOME＝TOTAL INCOME－特別レートが課された所得＋農業所得

4．総税額（Gross Tax Liability）の計算
　(1) 所得税額の計算
　　所得税額（Tax Payable on Income Tax）＝AGGREGATE INCOME×累進税率（**Q37**参照）
　(2) 教育目的税（教育税（Education Cess）と高等教育税（Higher Education Cess））の計算
　　教育目的税額＝所得税額×教育目的税（教育税2％＋高等教育税1％）
　(3) 総税額（Gross Tax Liability）の計算
　　総税額＝所得税額＋教育目的税額

5．ネット税額（Net Tax Liability）の計算
　ネット税額＝総税額－税額控除＋利子

6．支払うべき税額の計算
　支払税額／還付税額＝ネット税額－既納付額（予定納税額、源泉税額など）

一方、日本からの駐在員については、手取りで給与を保障しているケースが多く、その場合の税額の計算方法は簡単に言うと 図表34-4-2 のとおりになりますが、以下では 図表34-4-1 に沿って説明していきます。

① 赴任地の個人所得税（台湾・韓国・マレーシア・インド・フィリピン）

図表34-4-2 税抜き給与（会社が個人所得税を負担）を受け取っている場合の計算式

> インド個人所得税法上、グロスアップ用の計算式や個人所得税率表は用意されていませんが、会社が所得税を負担する場合には、所得税をグロスアップ計算することが法令によって定められています。雇用者が従業員の所得税を負担する場合には、特に厳格なグロスアップ計算が求められます。（従業員が自分で所得税を負担する場合には、この限りではなくグロスアップ計算は不要です。）マレーシアや台湾のような簡易式のグロスアップ計算は認められません。
> また、グロスアップを行う際は、「会社が負担する個人所得税額＝会社が負担する個人所得税額を課税所得の対象とした個人所得税額」になるまで、循環計算を行う必要があります。
> 個人でこのグロスアップ計算を実行するのは困難であるため、通常は、会計事務所等に依頼して計算をしてもらうことになります。

2．非居住者の個人所得税計算手順

　インド非居住者の給与に関する個人所得税の計算方法は、居住者と同様で、申告書フォーマットも居住者と同じものを使用することになります。

4 駐在員にまつわる日本及び赴任地国での税務問題

5 フィリピン／個人所得税の計算方法

1．フィリピン居住者の個人所得税計算手順

フィリピンの居住者の個人所得税の計算方法の概略は、図表34-5-1のとおりです。（なお、フィリピンでの暦年での滞在期間が180日以上の外国人についても、図表34-5-1と同じ手順で計算することになります。）

図表34-5-1 個人所得税の計算方法（BIR FORM1700 をもとに作成）

1．課税対象所得の算出
① 課税総所得額（Gross Taxable Compensation Income：GCTI）
　　＝Gross Compensation Income（総報酬）－Non-Taxable Income（非課税所得）　　＜詳細はQ36参照＞
② 所得控除額の算出
　　所得控除額（Total Deductions）＝個人控除（Personal Exemption）＋追加控除（扶養控除）（Additional Exemption）＋健康保険料控除（Premium on Health and Hospitalization Insurance）（※）
　　（※）世帯所得がPHP250,000以下の場合のみ適用される。
③ 課税純所得額（Net Taxable Income：NTI）
　　課税純所得額＝課税総所得（①）－総所得控除額（②）

2．個人所得税額の計算　　＜詳細はQ37参照＞
　　課税純所得額×累進税率＝個人所得税額（③）

3．支払税額　　源泉徴収済の税額（FORM2316）／Surcharge、Interest、Compromise
　　支払税額＝個人所得税額－税額控除・既納付額等＋各種ペナルティ
　　（支払税額＜既納付額の場合は、申告書提出から2か月程度で還付が行われる）
※支払税額が一定額以上ある場合は、税額を4／15までと7／15までの2回に分けて分割納付が可能。
※修正申告が必要な場合も、初回の申告時と同様にFORM1700を使用する。

一方、日本からの駐在員については、手取りで給与を保障しているケースが多く、その場合の税額の計算方法は簡単に言うと図表34-5-2のと

⬜ 赴任地の個人所得税（台湾・韓国・マレーシア・インド・フィリピン）

おりになりますが、以下では 図表34-5-1 に沿って説明していきます。

図表34-5-2 税抜き給与（会社が個人所得税を負担）を受け取っている場合の計算式

> フィリピン個人所得税法上、グロスアップ用の計算式や個人所得税率表は用意されていません。
> グロスアップを行う際は、「会社が負担する個人所得税額＝会社が負担する個人所得税額を課税所得の対象とした個人所得税額」になるまで、循環計算を行う必要があります。
> 個人でこのグロスアップ計算を実行するのは困難であるため、通常は、会計事務所等に依頼して計算をしてもらうことになります。(なお、グロスアップ計算は通常、年初、6～7月ごろ(賞与支給時)、年末の合計3回行うケースが多いようです。)

2．非居住者の個人所得税計算手順

　フィリピン非居住者の給与に関する個人所得税の計算方法も、基本的には居住者と同様ですが、税額控除の適用はごく一部に限定され、実質的にはほとんど受けられないと思っておいた方がよいでしょう。

4 駐在員にまつわる日本及び赴任地国での税務問題

Q35 課税対象となる手当・非課税となる所得・福利厚生

海外駐在員に対しては、海外基本給、海外勤務手当といった給与のほかに、現地での住居費や子女教育費を会社負担しています。これらの手当・福利厚生にかかる費用については給与として課税対象になるのでしょうか。

A

1 概　要

海外駐在員に対しては、海外基本給、海外勤務手当といった給与のほかに現地での住居費や子女教育費を会社負担しています。

これらのいわゆる「現物給与」は金銭換算するとかなり大きな金額になるため、これら現物給与が個人所得税を計算する上で課税の対象となると、その分だけ個人所得税が高くなります。

図表35-1 国別で見た現物給与の個人所得税法上の取扱いの特徴

台　　湾	課税対象になる場合が多い。
韓　　国	課税対象になる場合が多い。
マレーシア	課税対象になる場合が多い。
インド	課税対象になる場合が多い。
フィリピン	マネジメントクラスに支払う現物給与は非課税。ただし支給した企業側にフリンジベネフィット税が課税される。

以下では台湾、韓国、マレーシア、インド、フィリピンの現物給与の個人所得税法上の取扱いについて順番に見ていきましょう。

現物給与の個人所得
税法上の取扱い

台 湾

2 各国別でみた違い
1 台湾／現物給与の個人所得税法上の取扱い

　台湾では外国人については、非課税対象となる所得について 図表35-1-1 のような項目を列挙しています。ちなみに給与所得者に支払われる食事手当（TWD1,800／月が限度）、休日出勤手当（ただし休日出勤手当の金額が多すぎると課税対象になることもある）については課税対象にはなりません。

　なお、台湾では外国籍専門人員（※）について非課税対象となる所得が別途定められていますが、当該制度を利用する場合、支払った法人の法人税申告が煩雑になるため、実際に外国籍専門人員の非課税制度を利用されるケースは多くはみられません。（外国籍人員に適用される非課税所得を適用したとしても、それほど大きな税務上メリットがあるわけではありません。）

※①年間収入がTWD120万以上、②外国籍（台湾国籍を保有していない）であること、③就業服務法第46条に記載された業種（外国籍者が政府許可のもと設立された企業の管理職も含む）の3条件を揃えている外国人は、外国籍専門人員としてみなされています。

図表35-1-1 課税対象となる手当・福利厚生、非課税となる手当・福利厚生

	具体例	会社が直接支払う場合	本人に実費を手当として支給する場合
住居家賃	任地住居は全額会社負担	非課税（家財も非課税）※会社名義での契約が必要	同　左
子女教育費	台北の日本人学校・日本語補修授業校の費用又はインターナショナルスクール費用を全額会社負担	課　税	同　左

201

4 駐在員にまつわる日本及び赴任地国での税務問題

一時帰国時の交通費	年1回の一時帰国に要する交通費の帯同家族分を含め、全額会社負担	本人分は非課税、帯同家族分は課税（出張精算報告書、搭乗券半券、航空券領収書があれば会社の旅費交通費として精算し、本人分について個人所得税は非課税。帯同家族分は基本的には課税だが、「外国籍専門人員」に該当する外国人の帯同家族については非課税扱い）	同 左
医 療 費	海外旅行保険料を会社が負担	課税対象として考えられる。	同 左
	台湾政府による医療拠出金（個人負担分）を全額会社負担	課 税	同 左
	海外旅行保険や台湾の医療保険が適用できない医療費（歯科治療等）を会社が負担	課税対象として考えられる。	同 左
自 動 車	雇用主が支給した車を従業員が個人使用した場合	課税対象として考えられる。（ただし業務使用の場合は非課税になると考えられる）	同 左
	配偶者用自動車を貸与	課税対象として考えられる。	同 左
語学研修費用	現地語等を学習するための費用を会社が	課税対象として考えられる。（会社業務に不	同 左

① 赴任地の個人所得税（台湾・韓国・マレーシア・インド・フィリピン）

	負担	可欠の場合（会社の研修に組み込まれている場合）は実務上非課税対応の場合も見られる）	
引越費用	赴任時、帰任時の引越費用を会社が負担	非課税	同　左
赴任者の個人所得税納税申告にかかる費用	従業員の個人所得税額を会社が払った場合	課税対象に入れていないケースもある。	同　左
出張日当	出張に要した旅費、宿泊費を会社が負担した場合	基準に定められた金額までは非課税	同　左
	出張日当を支給	一定額まで非課税 ※「中央政府各機關派赴國外各地區出差人員生活費日支數額表（原中央各機關派赴國外各地區出差人員日支生活費標準）」に基づく金額までなら非課税	同　左

203

4 駐在員にまつわる日本及び赴任地国での税務問題

2 韓国／現物給与の個人所得税法上の取扱い

韓国では非課税となる所得について 図表35-2-1 のような項目を列挙しています。

図表35-2-1 非課税となる所得（一部）

- 個人の自動車を業務使用する従業員への手当（月額上限 KRW20万）
- 勤務に起因する傷病・疾病により受け取る年金・慰謝料
- 教育法による学校及び勤労者職業訓練促進法による職業能力開発訓練施設の入学金や授業料で一定の条件を満たすもの
- 職場で着用する制服、作業服
- 実費補償程度の日直料・宿直料・旅費
- 食事やその他飲食物の提供を受けない従業員の食事代（月額上限 KRW10万）
- 従業員又はその配偶者の出産又は6歳以下の子女の保育関連で使用者から受け取る給与（月額上限 KRW10万）

一方、日本からの駐在員に支給されることが多い各種現物給与については 図表35-2-2 のとおり、支給方法によっては非課税になるものもありますが、業務に関係のない費用であったり、渡切りの場合は、すべて給与として課税対象となります。

図表35-2-2 課税対象となる手当・福利厚生、非課税となる手当・福利厚生

	具体例	会社が直接支払う場合	本人に手当として支給する場合
住居家賃	任地住居は全額会社負担	以下のいずれかに該当する場合は非課税。 ・社宅提供を受ける場合 ・会社名義で賃貸借契約を行い、家賃を会社が直接支払う場合	課　税

① 赴任地の個人所得税（台湾・韓国・マレーシア・インド・フィリピン）

子女教育費	韓国の日本人学校・日本語補修授業校の費用又はインターナショナルスクール費用を全額会社負担	全額課税対象 （ただし所得控除のうち、特別控除の一つとして教育費控除が適用される。→Q36 図表36-2-1 参照）	同左
一時帰国時の交通費	年1回の一時帰国に要する交通費の帯同家族分を含め、全額会社負担	非課税 （家族分は課税）	同左
医　療　費	海外旅行保険料を会社が負担	受益者が従業員である場合は課税。 ただし、団体純粋保障性保険と団体還付付保障性保険の保険料のいずれか年間KRW70万以下の金額は非課税とする。	同左
	韓国健康保険の個人負担分を全額会社負担	全額課税対象 （ただし日本からの駐在員の場合、加入していない人が多い）	全額課税対象
	海外旅行保険や韓国の医療保険が適用できない医療費（歯科治療等）を会社が負担	全額課税対象	全額課税対象
自　動　車	雇用主が支給した車を従業員が個人使用した場合	課税。 ただし、個人所有の自動車を社用に利用する際の会社からの経費補助（月額KRW20万）	全額課税対象

205

4 駐在員にまつわる日本及び赴任地国での税務問題

	配偶者用自動車を貸与	は非課税となるが、日本人駐在員が個人所有の自動車を韓国内で所有することは一般的にはあまり見られない。	全額課税対象
語学研修費用	現地語等を学習するための費用を会社が負担	全額課税対象	全額課税対象
引越費用	赴任時、帰任時の引越費用を会社が負担	課税（実費に対し非課税例あり）	課税
駐在員の個人所得税納税申告にかかる費用	従業員の個人所得税額を会社が払った場合	全額課税対象	全額課税対象
出張日当	出張時に日当を支給した場合	全額課税対象（実際にかかった費用は非課税だが、渡切りの場合は課税される）	全額課税対象

① 赴任地の個人所得税（台湾・韓国・マレーシア・インド・フィリピン）

3 マレーシア／現物給与の個人所得税法上の取扱い

マレーシアでは雇用者が被用者に給与以外に与える各種便益の供与を、受け取った被用者が換金し、第三者に供与することが物理的に可能な「PERQUISITES（いわゆる臨時収入）」と、換金することができない「Benefit In Kind（BIK）（現物給付）」とを 図表35-3-1 のとおり明確に分けています。なお、BIK に該当するものについては確定申告時に課税所得に算入、PERQUSITES に該当するものについては、支払時に源泉徴収することになります。

図表35-3-1 BENEFIT IN KIND と PERQUISITES

BENE-FIT IN KIND：BIK（換金できない）	計算方法	一般的な計算方法	課税対象となる BENEFIT ＝当該ベネフィット取得にかかるコスト÷償却年数（※） ※償却年数は提供されるベネフィットにより異なる。 　詳細は 図表35-3-2 参照
		異なる計算方法が認められる場合	自動車に関する BIK	① 自動車にかかるコスト 課税対象となる年間 BENEFIT ＝（当該自動車取得にかかるコスト÷償却年数）×80％ ※ただし簡易な表を用いた算定も認められている。（詳細は 図表35-3-3 参照） ※年の途中から提供を受けた場合、自動車を他の人とシェアしている場合などは使用期間や使用比率に応じて按分計算が可能 ② ガソリン代にかかるコスト 実際のガソリン代 ※ただし簡易な表を用いた算定も認められている。（詳細は 図表35-3-4 参照） ※年の途中から提供を受けた場合、自動車を他の人とシェアしている場合などは使用期間や使用比率に応じて按分計算が可能 ③ 自動車の提供を受けずガソリン代のみ提供

4 駐在員にまつわる日本及び赴任地国での税務問題

		を受ける場合 実際のガソリン代が課税対象所得となる。 ④ 運転手の提供を受ける場合 　1か月あたりMYR600を課税対象所得として計算する。
	住居に関連するBIK	上記の「公式の計算方法」を使用するが、図表35-3-5 のような表を使った計算方法も認められている。
	上記以外のBIK	・図表35-3-6 のとおり。ただし図表35-3-7 に掲載されていないベネフィットについては、上記の公式の計算方法に基づく。 　ただし、以下の項目については、BIKではあるが非課税とされている。 ・デンタルケア、チャイルドケアセンター費用、無償で提供される食事や飲み物、自宅から職場までの交通費、外国人がSOCSOの代わりに加入する、強制の社会保険料、グループ保険料、1年間に3回までの一時帰国費用(ただし1回につきMYR3,000まで)、従業員が業務を実施するためだけに必要なベネフィット等
Perquisites（換金できる）	従業員の現金債務	・雇用主が負担する従業員の個人所得税 　→負担した翌年の従業員の所得として扱う 　(詳細はPR NO.2/2006) ・電気、ガス、水道代など 　→負担額が従業員の課税所得に含まれる。 　　ただし、一部の場合は課税対象に含まれない。
	業務に使用するためのクレジットカード	PERQUISITEとはみなさない。(ただし、当該カードを使用して個人の買物をした場合は除く)
	子供の入学金・授業料	会社が負担した入学金・学費を課税対象所得に含める。(ただしEducation Refund Plan

208

1 　赴任地の個人所得税（台湾・韓国・マレーシア・インド・フィリピン）

		を利用する場合はこの限りではない）
	その他	ローンの金利、各種会員費用等についても明記。

図表35-3-2　各資産ごとの償却年数（PERQUISITES FROM EMPLOYMENTPUBLIC RULING NO. 2 /2013）

資産の種類	償却年数
1．自動車	8
2．家具等 　（i）　カーテン、カーペット 　（ii）　家具等 　（iii）　エアコン 　（iv）　冷蔵庫	 5 15 8 10
3．台所用具（電気ケトル、トースター、コーヒーメーカー、食洗機など）	6
4．娯楽関連 　（i）　ピアノ 　（ii）　オルガン 　（iii）　テレビ、ビデオデッキ、CD/DVDプレーヤー、ステレオセット 　（iv）　スイミングプール、サウナ	 20 10 7 15
5．その他	5

4 駐在員にまつわる日本及び赴任地国での税務問題

図表35-3-3 自動車関連のベネフィット（PERQUISITES FROM EMPLOYMENT PUBLIC RULING NO. 2/2013)

自動車 MYR	年間ベネフィット MYR	年間ガソリン代 にかかるベネフィット MYR
Up to 50,000	1,200	600
50,001—75,000	2,400	900
75,001—100,000	3,600	1,200
100,001—150,000	5,000	1,500
150,001—200,000	7,000	1,800
200,001—250,000	9,000	2,100
250,001—350,000	15,000	2,400
350,001—500,000	21,250	2,700
500,001 and above	25,000	3,000

図表35-3-4 会社が提供した住居の課税所得への算入方法

	カテゴリー	課税所得	備考
1	EMPLOYEE	以下①②のいずれか小さい額を課税所得に算入 ① 年間所得×30% ② 実際の年間家賃 (Value Of Living Accomodation) ※オフィス兼住居の場合は、②については使用比率で按分することができる。 ※課税年度中、一部期間のみ当該ベネフィットが提供される場合は、①と②を比較し、小さい方を月数で按分する。	本人が家賃の一部を個人負担する場合は、当該家賃負担額相当額を課税所得から控除することができる。
2	DIRECTOR	実際の年間家賃 オフィス兼住居の場合は、使用比率で按分することができる。	
3	公務員など	省略	

1　赴任地の個人所得税（台湾・韓国・マレーシア・インド・フィリピン）

（出所）　PUBLIC RULING No. 3 /2005 Living Accommodation Benefit Provided for the Employee by the Employer

図表35-3-5　住宅関連のベネフィット（PERQUISITES FROM EMPLOYMENT PUBLIC RULING NO. 2 /2013）

CATEGORY	TYPE OF BENEFIT	ANNUAL PRESCRIBED VALUE OF BIK PROVIDED (MYR)
1	Semi-furnished with furniture in the kounge, dining room or bedroom.	840
2	Semi-furnished with furniture as in Column 1 and one or two of the following: ＊ air-conditioners ＊ curtains and alike ＊ carpets	1,680
3	Fully furnished with benefits as in Columns 1 and 2 as above plus one or more of kitchen equipment, crockery, utensds and appliances	3,380
4	Service charges and other bills such as water and electricity.	Service changes and bills paid by the employer.

211

4 駐在員にまつわる日本及び赴任地国での税務問題

図表35-3-6 その他のベネフィット（PERQUISITES FROM EMPLOYMENT PUBLIC RULING NO. 2/2013）

ITEM	TYPE OF BENEFIT		VALUE OF BIK PER YEAR
1	Telephone (ncluding mobile phone)	a) Before the year of assessment 2008	a) Hardware : RM300 pertelephone b) Bills- (i) Telephone is subscribed and paid by the employer： ✓ The benefit is taxed under paragraph 13(1)(b) of the ITA 1967. ✓ The prescribed value is RM300 per telephone. ✓ Where the formula method is used, the value of the benefit is the amount of the actual cost of the private bills paid by the employer. (ii) Telephone is subscribed by the employee and by employer ✓ The benefit is taxed under paragraph 13(1)(a)of the ITA 1967. ✓ The benefit to be taxed is the amount of the actual bills paid by the employer.

□ 赴任地の個人所得税（台湾・韓国・マレーシア・インド・フィリピン）

		b) From the year of assessment 2008	(i) Hardware-fully exempt (ii) Bills-fully exempt
2	Gardener		RM 3,600 per gardener
3	Household servant		RM 4,800 per servant
4	Recreational club membership	a) Indiviudal membership-Membership subscription paid or reimbursed by employer	Tax treatment on the benefit received on the employee as follows- (i) Entrance fee for club membership-taxed under paragraph 13(1)(a)of the ITA 1967 (ii) Monthlyannual membership subscription fees for club membership-taxed under paragraph 13(1)(a) of the ITA 1967 (iii) Term membership-is taxed on the amount of payment made under paragraph 13(1)(a)of the ITA 1967
		a) Corporate membership-Membership subscription paid by employer	Tax treatment on the benefit received on the employee as follows- (i) Entrance fee - not taxable (ii) Monthlyfanmual membership subscription fees for club membership-taxed on the pxescribed value under paragraph 13(1)(b)of the ITA 1967

213

4 駐在員にまつわる日本及び赴任地国での税務問題

そのため、日本からの赴任者に支給されることが多い各種現物給与、臨時収入については 図表35-3-7 のとおり、支給方法にかかわらず、すべて給与として課税対象となります。

図表35-3-7　課税対象となる手当・福利厚生、非課税となる手当・福利厚生

	具体例	会社が直接支払う場合	本人に実費を手当して支給する場合
住居家賃	任地住居は全額会社負担	課税 (詳細は 図表35-3-1 、 図表35-3-2 、 図表35-3-4 参照)	課税 (詳細は 図表35-3-1 、 図表35-3-2 、 図表35-3-4 参照)
子女教育費	マレーシアの日本人学校・日本語補修授業校の費用又はインターナショナルスクール費用を全額会社負担	課税 (詳細は 図表35-3-1 参照)	課税 (詳細は 図表35-3-1 参照)
一時帰国時の交通費	年1回の一時帰国に要する交通費を帯同家族分を含め、全額会社負担	・海外への帰省（Leave Passage） →家族分も含め年1回までは非課税（ただし1回あたりMYR3,000まで） ・マレーシア国内への帰省（マレーシア国内旅行も可）(Leave Passage)→年3回まで非課税 ※ 図表35-3-1 の「Perquisites」の項目を参照	同　左
医療費	海外旅行保険料を会社が負担	非課税（医療関係は非課税）	非課税

214

① 赴任地の個人所得税（台湾・韓国・マレーシア・インド・フィリピン）

	マレーシア健康保険の個人負担分を全額会社負担	マレーシアには公的健康保険制度は存在しない。	同　左
	海外旅行保険やマレーシアの医療保険が適用できない医療費（歯科治療等）を会社が負担	非課税 ※図表35-3-1の「Perquisites」の項目を参照	非課税 ※図表35-3-1の「Perquisites」の項目を参照
自動車	雇用主が支給した車を従業員が個人使用した場合	課税 （詳細は図表35-3-1、図表35-3-2、図表35-3-4 参照）	課税 （詳細は図表35-3-1、図表35-3-2、図表35-3-4 参照）
	配偶者用自動車を貸与	同　上	同　上
語学研修費用	現地語等を学習するための費用を会社が負担	全額課税	全額課税
引越費用	赴任時、帰任時の引越費用を会社が負担	非課税（ルール上は明記されていないが）	非課税（同左）
赴任者の個人所得税納税申告にかかる費用	従業員の個人所得税額を会社が払った場合	雇用者負担額全額が課税 （ただし、グロスアップ計算はしなくてもOK。） たとえば2013年度の所得がMYR1,000であり、それに対する所得税がMYR200だとすると、それを会社が負担した場合、2014年度の本人の所得は	雇用者負担額全額が課税（同左）

215

4 駐在員にまつわる日本及び赴任地国での税務問題

		MYR（1,000+200）で申告する。	
出張日当	出張時に日当を支給した場合	日当は非課税	同　左

1　赴任地の個人所得税（台湾・韓国・マレーシア・インド・フィリピン）

4　インド／現物給与の個人所得税法上の取扱い

　インドではこれまでフリンジベネフィットを支給した会社側に対して「フリンジベネフィット税」が課されていましたが、2009年より廃止され、会社から支給されたフリンジベネフィットは給与同等物（Perquisite）とみなされ、その全てが給与として課税対象になります。

図表35-4-1　課税対象となる手当・福利厚生、非課税となる手当・福利厚生

	具体例	会社が直接支払う場合	本人に実費を手当として支給する場合
住居家賃	任地住居家賃を全額会社負担	支給方法にかかわらず全額課税	本人に実費を手当として支給し、本人の所得から家賃を支払ったと考えた場合、以下の基準に基づき計算された金額を、所得から控除することが可能。 【人口250万人以上の都市に位置する住居の提供を受けた場合】 　従業員の総給与の15％相当額 【人口100万人以上250万人未満の都市に位置する住居の提供を受けた場合】 　従業員の総給与の10％相当額 【人口100万人未満の都市に位置する住居の提供を受けた場合】 　従業員の総給与の7.5％相当額 ・家具等について 家具や家財の実額の10％又はこれらアイテムをリースした場合の実際のコスト
子女教育費	インドの日本人学校・日本語補修授業校の費用又はイ	全額課税	ほぼ全額課税（子供2人までにつき、月INR100の授業料手当までは免税）

4 駐在員にまつわる日本及び赴任地国での税務問題

	ンターナショナルスクール費用を全額会社負担		
一時帰国時の交通費	年1回の一時帰国に要する交通費の帯同家族分を含め、全額会社負担	全額課税	全額課税
医療費	海外旅行保険料を会社が負担	年間INR15,000を超える部分について課税	年間INR15,000を超える部分について課税
	海外旅行保険やインドの医療保険が適用できない医療費（歯科治療等）を会社が負担		
自動車	雇用主が駐在員の帯同家族専用の自動車を提供	メンテナンス費用や維持費等、雇用主に発生した費用相当額が課税	メンテナンス費用や維持費等、雇用主に発生した費用相当額が課税
語学研修費用	現地語等を学習するための費用を会社が負担	全額課税	全額課税
引越費用	赴任時、帰任時の引越費用を会社が負担	新住居に引っ越すまでのホテル代を15日間以上支給した場合は、給与の	新住居に引っ越すまでのホテル代を15日間以上支給した場合は、給与の24％又はホテル代実費のいずれか低い方が課税対象

1　赴任地の個人所得税（台湾・韓国・マレーシア・インド・フィリピン）

		24％又はホテル代実費のいずれか低い方が課税対象となる。	となる。
赴任者の個人所得税納税申告にかかる費用	従業員の個人所得税額を会社が払った場合	全額課税	全額課税
出張日当	出張時に日当を支給した場合	全額課税 ※ただし交通費についてはINR800／月までは非課税	全額課税 ※ただし交通費についてはINR800／月までは非課税

4 駐在員にまつわる日本及び赴任地国での税務問題

5 フィリピン／現物給与の個人所得税法上の取扱い

　フィリピンでは課税の対象にならない所得（いわゆる非課税所得）について図表35-5-1のような項目を列挙しています。よって、給与総額の中に以下のような項目が含まれている場合は、総所得から控除が可能ですが、会社からの命令により期間限定でフィリピンに居住する日本人駐在員は、日本本社の海外勤務者規程に基づいた給与を受け取っているため、図表35-5-1で記載されているような所得を受け取ることはあまり一般的ではありません。

図表35-5-1　非課税となる所得（一部）

1．13か月目の給与・奨励手当・クリスマス賞与（PHP30,000まで）
2．租税条約に基づき免税となる所得
3．社会保障制度に基づき支給される手当
4．各種賞金など

　そのため、日本からの駐在員に支給されることが多い各種現物給与については図表35-5-2のとおり、支給方法にかかわらず、すべて給与として課税対象となります。
　ただし、マネージメント職、管理職に支給する現物給付（フリンジベネフィット）については、当該フリンジベネフィットを提供する会社側にフリンジベネフィット税が課税されるため、当該現物給付は受け取った個人の課税対象所得には含みません。なお、Managerial or Supervisory Positionの社員に支給する現物給付は、支払う側に課税されるので、本人には一切課税されません。
　一方、Rank and File employeeへのフリンジベネフィットは受け取った側が全額課税されますが、日本人駐在員の場合、Rank and File employeeの身分で就労ビザが下りるとは通常考えにくいので、海外子会社に出向させる社員については、Managerial or Supervisory Positionに該当すると考えてよいでしょう。

① 赴任地の個人所得税（台湾・韓国・マレーシア・インド・フィリピン）

図表35-5-2 課税対象となる手当・福利厚生、非課税となる手当・福利厚生

	具体例	Managerial or Supervisory Positionの社員に支給する現物給付		左記以外の社員（Rank and File employee）に支給する現物給付	
		会社が直接支払う場合	本人に実費を手当として支給する場合	会社が直接支払う場合	本人に実費を手当として支給する場合
住居家賃	任地住居は全額会社負担	非課税→ただし支給する会社側でフリンジベネフィット税が課される。	非課税→ただし支給する会社側でフリンジベネフィット税が課される。	課　税	課　税
子女教育費	フィリピンの日本人学校・日本語補修授業校の費用又はインターナショナルスクール費用を全額会社負担	同　上	同　上	課　税	課　税
一時帰国時の交通費	年1回の一時帰国に要する交通費の帯同家族分を含め、全額会社負担	同　上	同　上	課　税	課　税
医療費	海外旅行保険料を会社が負	同　上	同　上	課　税	課　税

4 駐在員にまつわる日本及び赴任地国での税務問題

	担				
	フィリピン健康保険の個人負担分を全額会社負担	同 上	同 上	課 税	課 税
	海外旅行保険やフィリピンの医療保険が適用できない医療費（歯科治療等）を会社が負担	同 上	同 上	課 税	課 税
自 動 車	雇用主が支給した車を従業員が個人使用した場合	同 上	同 上	課 税	課 税
	配偶者用自動車を貸与	同 上	同 上	課 税	課 税
語学研修費用	現地語等を学習するための費用を会社が負担	同 上	同 上	課 税	課 税
引越費用	赴任時、帰任時の引越費用を会社が負担	同 上	同 上	課 税	課 税
駐在員の個人所得税納税申告にかかる費用	従業員の個人所得税額を会社が払った場合	同 上	同 上	課 税	課 税
出張日当	出張時に日当を支給した場	日当については、役職ごとに違いがあるにせよ、全社員に支給されるものであり、かつ合理的な金			

1 赴任地の個人所得税(台湾・韓国・マレーシア・インド・フィリピン)

| | 合 | 額であれば非課税になると考えられる。(また、提供する会社側にもフリンジベネフィット税は課されない。) |

4 駐在員にまつわる日本及び赴任地国での税務問題

Q36 所得控除の種類

所得控除の種類とその額について教えてください。

A

1 概　要

　所得控除についてはインドを除き、いずれの国においても日本と同様、配偶者控除、扶養控除などが存在します。配偶者控除や扶養控除については、本人が扶養している場合は、たとえ一緒に住んでいなくても（単身赴任で日本に家族を残している場合でも）、所得控除の対象にできる場合もあります。

　また、外国で支払っている強制社会保険料（日本の社会保険料等）については原則として控除の対象にならないと考えてよいでしょう。

　以下では台湾・韓国・マレーシア・インド・フィリピンの所得控除の種類について順番に見ていきましょう。

所得控除の種類

台湾

2 各国別でみた違い
1 台湾／所得控除の種類

Q34でご紹介したとおり、居住者の個人所得税の税額計算に当たっては、所得から所得控除を引いた額に累進税率をかけることになります。

では、台湾ではどのような所得控除が認められているのでしょうか。

1．所得控除の種類

台湾では 図表36-1-1 のとおり様々な控除があります。

※なお、所得控除は居住者のみ（台湾での滞在日数が暦年で183日以上）の場合に適用され、非居住者には適用されません。

図表36-1-1 所得控除の種類

所得控除の種類		内容	控除適用のための必要書類
免税額		納税義務者：TWD85,000 配偶者：TWD85,000 扶養家族：TWD85,000（70歳未満） 　　　　　TWD127,500（70歳以上） ※親の場合は、生存証明を求められる場合がある。 　単身赴任の場合、日本に残した配偶者・扶養家族についても免税額に加えても構わない。	戸籍謄本 学生かつ20歳以上の人については、学生証コピー又は在学証明の原本
控除額（右記の「標準控除」又は「列挙控除」のいずれかを選択適用）	標準控除	独身者：TWD79,000 夫婦の場合：TWD158,000 （夫婦合算で申告する際には計算方法がいくつかあり、①すべての所得を合算する場合、②夫を納税義務者にする場合、③妻を納税義務者にする場合がある。） 日本に残している配偶者に所得がある場合は、配偶者の所得については確定申告時に合算する必要はない。 （ただし、ミニマムタックス税制の	戸籍謄本

225

		もと、基本所得を計算する際の台湾国外源泉所得部分に配偶者の所得も含める必要がある。)	
	列挙控除	① 保険料控除 本人、配偶者、親族のための控除。1人当たりTWD24,000まで控除可能。 ② 医療費控除 本人、配偶者、同居扶養家族のために公立病院、政府認可の病院に支払った医療費を全額控除 ③ 災害損失控除 保険等が支払われない部分を控除。 ④ 家屋購入利子控除 持ち家購入に際しての金融機関への支払利子をTWD300,000／年まで控除可能 ⑤ 寄附金控除：政府に対する寄附金が総所得の20％まで控除可 等	左記の支払が証明できる書類
特別控除	給与所得控除	TWD108,000／人 (給与所得がTWD108,000未満の場合は、給与所得額実額が給与所得控除額となる)	特に必要なし
	障害者控除	TWD104,000／人	
	貯蓄控除	台湾国内の銀行から得た受取利息 (ただしTWD270,000／年まで)	左記の受取が証明できる書類
	教育費特別控除	台湾政府が認めた大学・大学院の授業料(ただし1人につきTWD25,000／年まで)	学校の領収書
	財産取引から生じた損失	同一年度の財産取引から生じた利益を限度として控除可能。(控除できなかった損失は最大3年間繰越可能)	損失が証明できる書類

① 赴任地の個人所得税（台湾・韓国・マレーシア・インド・フィリピン）

2　韓国／所得控除の種類

Q34でご紹介したとおり、居住者の個人所得税の税額計算に当たっては、所得から所得控除を引いた額に累進税率をかけることになります。

では、韓国ではどのような所得控除が認められているのでしょうか。

なお、これら所得控除は累進税率を適用して税額計算を行った場合のみ適用されますので、単一税率を使って税額計算を行う場合は、所得控除の適用を受けることはできません。

1．所得控除の種類

韓国所得税法で認められている所得控除は 図表36-2-1 のとおりです。

なお、2014年度から子女に関連した控除（子女養育費控除、多子女控除）が、子女税額控除（**Q47**）に統合されました。

図表36-2-1　所得控除の種類と居住者・非居住者で異なる所得控除適用有無

所得控除の種類		内　容 ※控除適用のための必要書類	控除適用の有無	
^^	^^	^^	居住者	非居住者
勤労所得控除		日本の給与所得控除と同様。給与総額に応じて所得控除額が決定される。勤労所得控除額は 図表36-2-2 参照。	○	○
人的控除	基礎控除 （本人、配偶者、扶養家族）	① 本人：KRW150万 ② 配偶者→KRW150万（ただし配偶者の年収が年間 KRW100万以下） ③ 居住者又はその配偶者の60歳以上の直系尊属（※）→KRW150万（ただし年収が年間 KRW100万以下） ④ 居住者又はその配偶者の兄弟姉妹で20歳以下又は60歳以上（※）→KRW150万（ただし年収が年間 KRW100万以下） ⑤ 居住者又はその配偶者の直系卑属で20歳以下（※）→KRW150万（ただし年収が年間 KRW100万以下） ⑥ 当該課税年度に6か月以上養育した児童福祉法により委託を受けた養子→KRW150万（※）障害者の場合は、年齢制限を適用しない 日本に残す配偶者や子女も所得控除の対象となる。	○	本人分のみ

227

4 駐在員にまつわる日本及び赴任地国での税務問題

		配偶者・扶養家族の年間所得や、家族関係を証明する公的書類の添付が必要。		
	追加控除 (高齢、傷害、一定の女性納税者)	① 敬老優待控除（詳細は省略） ② 障害者控除（同上） ③ 婦女子控除（同上） ④ 6歳以下直系卑属控除（同上） ⑤ 出生・養子控除（同上） ⑥ 片親家族控除	○	本人分のみ
年金控除		省略	○	○
特別控除 (右記を申請しない場合又は特別控除が年KRW100万未満の場合、KRW100万を控除)	Housing fund	省略	×	×
その他所得控除	小規模企業	省略	○	×
	住宅購入控除	※外国人は住居オーナーとはみなさない。	×	×
	投資組合	省略	○	×
	クレジットカード利用	クレジットカード等の利用額に応じた控除。 ※韓国のクレジットカードを利用した場合のみ。（日本のクレジットカード利用時は適用対象外）	○	×
	長期の株式貯蓄	省略	○	×
	S/M企業の従業員	省略	○	×
	従業員株式	省略	○	○

図表36-2-2　勤労所得控除額　　　　　　　　　　　　　　　　　　　　（単位：KRW）

	総給与額		控除率
	超	以下	
1		500万	総給与額×70%
2	500万	1,500万	350万＋500万超過額×40%
3	1,500万	4,500万	750万＋1,500万超過額×15%
4	4,500万	1億	1,200万＋3,000万超過額×5%
5	1億		1,475万＋4,500万超過額×2%

① 赴任地の個人所得税（台湾・韓国・マレーシア・インド・フィリピン）

3 マレーシア／所得控除の種類

Q34でご紹介したとおり、居住者の個人所得税の税額計算に当たっては、所得から所得控除を引いた額に累進税率をかけることになります。

では、マレーシアではどのような所得控除が認められているのでしょうか。

1．所得控除の種類

マレーシアでは20項目に及ぶ様々な所得控除が存在し、本人控除や配偶者控除はもちろんですが、本人の能力向上に資するとみなされる費用についても、各項目ごとに一定額までの実費が所得控除として認められています。以下では日本人駐在員が適用を受ける可能性が高い控除についてまとめています。

※なお、所得控除が適用できるのは居住者のみで、非居住者には適用されません。

図表36-3-1 所得控除の種類

所得控除の種類	内　容	控除適用のための必要書類
本人控除	MYR9,000 （本人が障害者の場合、上記にMYR6,000が追加される。）	特になし
配偶者控除	MYR3,000 （配偶者が障害者の場合、上記にMYR3,500が追加される。） ※日本に残した家族も適用可能。	特になし
子女控除	① 18歳未満：MYR1,000／人 （身体／精神に障害を持つ場合は上記にMYR5,000が追加される。） ② 18歳以上の場合、高等教育機関に通う子女、見習契約に基づきマレーシア国内外の一定の高等教育機関に就学	特になし

229

4 駐在員にまつわる日本及び赴任地国での税務問題

	中の子等について、MYR6,000／人の控除が認められている。） ※日本に残した家族も適用可能。	
その他	・教育・医療保険料：最大MYR3,000 ・生命保険料、EPF保険料：最大MYR6,000 ・本人、配偶者、子女の難病や健康診断費用（MYR500まで）等：最大MYR5,000 ・技術・職業訓練、修士・博士課程コースに支出した費用等：最大MYR5,000 ・パソコン購入代金控除（3年毎に1回のみ）：最大MYR3,000 ・知識を高めるための本、ジャーナル、雑誌及びその他類似する出版物費用：最大MYR1,000 等、個人の能力向上に寄与すると考えられる支出について控除が認められている。	特になし

① 赴任地の個人所得税（台湾・韓国・マレーシア・インド・フィリピン）

4 インド／所得控除の種類

Q34でご紹介したとおり、居住者の個人所得税の税額計算に当たっては、所得から所得控除を引いた額に累進税率をかけることになります。

では、インドではどのような所得控除が認められているのでしょうか。

1．所得控除の種類

インドでは 図表36-4-1 のような所得控除が認められていますが、日本の所得税をはじめ、多くの国において所得控除の対象となる本人控除、配偶者控除、子女控除といった人的控除は存在しません。このように、日本からの駐在員に適用される所得控除は特にないと考えた方がよいでしょう。

図表36-4-1 所得控除の種類

所得控除の種類	内　容	控除適用のための必要書類（申告書に添付の必要はなく、手元資料として保管）
社会保険料（EPF）・生命保険料控除	年間 INR10万まで	支払明細がわかる証憑
医療費控除	・本人・配偶者・子女に関する年間 INR1.5万までの医療費 ・両親に関する年間 INR1万までの医療費	支払明細がわかる証憑
その他	様々な寄附金控除あり（寄附受贈組織の適格性によって金額制限があり、政府の指定により寄附金額の100％まで控除が認められる場合と50％まで控除が認められる場合に分かれる。）	支払明細がわかる証憑

231

4 駐在員にまつわる日本及び赴任地国での税務問題

5　フィリピン／所得控除の種類

　Q34でご紹介したとおり、居住者の個人所得税の税額計算及び暦年で180日以上フィリピンに滞在する外国人の税額計算に当たっては、所得から所得控除を引いた額に累進税率をかけることになります。

　では、フィリピンではどのような所得控除が認められているのでしょうか。

1．所得控除の種類

　フィリピンでは 図表36-5-1 のとおり様々な控除があります。

　なお、フィリピンにおける主な所得控除は以下のとおり、基礎控除・扶養控除・健康保険料控除となります。

　※フィリピン滞在期間が暦年で180日以上の非居住外国人についても以下の控除が適用されます。

図表36-5-1　所得控除の種類

	所得控除の種類	内　容	控除適用のための必要書類
個人控除	個人控除	PHP50,000	
追加控除	扶養控除	PHP25,000／人（子供で4人まで） →家族が日本にいても控除される。 ・主として納税者に依存して同居している嫡子、非嫡子、要旨 ・21歳未満 ・未婚でかつ完全雇用されていない。 ・心身の障害により自活できない者	家族関係を示すことができる書類
	健康保険料控除	納税者本人又は家族を被保険者とする生命保険などの保険料、年間最大PHP2,400まで控除可能 ※ただし、一世帯の総収入がPHP250,000以下の場合しか適用されない。	

① 赴任地の個人所得税（台湾・韓国・マレーシア・インド・フィリピン）

Q37 個人所得税率

個人所得税率について教えてください。

A

1 概　要

　日本の場合、居住者については 5 〜40％の 6 段階の累進税率となっています（平成27年分以後は 5 〜45％の 7 段階の累進税率）。

　一方、本書で取り上げているアジア 5 か国については、個人所得税にかかる最も高い累進税率が台湾の40％で次に韓国の38％、フィリピンの32％、インドの30％、マレーシアの26％となっています。

　しかし、日本の累進税率でもっとも高い40％については課税所得が1,800万円超の場合に初めて適用されますが、台湾の場合は、TWD4,400,000（約1,500万円）以上で40％の最高税率が、韓国の場合は KRW 1 億5,000万（約1,350万円）以上で38％の最高税率が課税されます。

　この点から考えても、日本からの駐在員はおそらく最高税率又はそれに近い税率が適用されるため、日本勤務時から比べて大幅な税負担増になる場合が多いといえます。

　以下では台湾・韓国・マレーシア・インド・フィリピンの個人所得税率について順番に見ていきましょう。

2 各国別でみた違い

1 台湾／個人所得税率

1．個人所得税率

(1) 居住者にかかる個人所得税率

台湾における個人所得税率は、図表37-1-1のとおりです。

図表37-1-1 居住者に対する税率（2013年） （単位：TWD）

	区　　　分		累進差額	累進税率
1	0	520,000以下	0	5％
2	520,000超	1,170,000以下	364,000	12％
3	1,170,000超	2,350,000以下	130,000	20％
4	2,350,000超	4,400,000以下	365,000	30％
5	4,400,000超		805,000	40％

(2) 非居住者にかかる個人所得税率

非居住者に対する税率は図表37-1-2のとおりです。

図表37-1-2 非居住者に対する税率

1．給与にかかる税率
　原則として18％（稀に給与が低い人（→台湾人、日本人は該当しないケースがほとんど）については6％の税率が適用されることもある。）
2．給与以外の税率
　20％又は6％

2　韓国／個人所得税率

1．個人所得税率

(1)　居住者にかかる個人所得税率

韓国では居住者は図表37-2-1のとおり、累進税率が適用されますが、外国人については図表37-2-2のような一律税率の適用も可能です。

① 累進税率

韓国居住者の総合所得に対する累進税率は以下のとおりです。（なお、所得税以外に、所得税額の10%が地方税として課税されます）

図表37-2-1　居住者に対する税率　　　　　　　　　　　　（単位：KRW）

	区分		税率
	超	以下	
1		1,200万	6%
2	1,200万	4,600万	72万 ＋1,200万超過額×15%
3	4,600万	8,800万	582万 ＋4,600万超過額×24%
4	8,800万	1億5,000万	1,590万 ＋8,800万超過額×35%
5	1億5,000万		3,760万 ＋1億5,000万超過額×38%

② 外国人役職員の勤労所得に対する優遇税率

外国人役職員の勤労所得に対しては上記の図表37-2-1の累進税率に代えて、17%（地方税を含めると18.7%）の一律税率を選択することも可能です。ただし、この一律税率を利用する場合は、所得控除（**Q36**）、税額控除（**Q47**）は利用できません。

4 駐在員にまつわる日本及び赴任地国での税務問題

よって、計算式としては以下のとおりとなります。

図表37-2-2　外国籍人員の優遇税率を利用した場合

最終税額＝給与総額×一律税率（※）
（※）17％（地方税を含むと18.7％）

※なお、この一定税率を利用したい場合は「書式：Application of Flat Tax Rate for Foreign Employees」を提出する必要があります。
※一律税率を採用すると、本人がその税率の適用を取りやめる場合以外は、一律税率を利用し続けることになります。また、一律税率の適用を取りやめる場合は、その旨の申請を毎年12月1日〜12月31日の間に行わなければなりません。

　また、このほかにも外国からの技術者については、時限措置として、課税所得の50％を非課税とする措置が存在します。

(2)　**非居住者にかかる個人所得税率**
　一方、非居住者に対する税率は 図表37-2-3 のとおりです。

図表37-2-3　非居住者の勤労所得に対する税率

居住者と同じ 図表37-2-1 が適用される。
外国人については 図表37-2-2 の一律税率も適用可能。
（なお、非居住者のビジネス所得やレンタル所得は2％の一律税率が、株式譲渡所得・配当・利子・使用料については20％の一律税率が適用されます。）

① 赴任地の個人所得税（台湾・韓国・マレーシア・インド・フィリピン）

3 マレーシア／個人所得税率

1．個人所得税率
(1) 居住者にかかる個人所得税率

マレーシアにおける個人所得税率は、図表37-3-1のとおりです。

図表37-3-1 居住者に対する税率（2013年度）　　　　　　（単位：MYR）

区　分	累進税率	税　額
2,500まで 2,500超〜5,000の部分	0 0	0 0
5,000まで 5,000超〜10,000の部分	0 2％	100
10,000まで 10,000超〜20,000の部分	2％	100 200
20,000まで 20,000超〜35,000の部分	6％	300 900
35,000まで 35,000超〜50,000の部分	11％	1,200 1,650
50,000まで 50,000超〜70,000の部分	19％	2,850 3,800
70,000まで 70,000超〜100,000の部分	24％	6,650 7,200
100,000まで 100,000超の部分	26％	13,850

(2) 非居住者にかかる個人所得税率

非居住者に対する税率は図表37-3-2のとおりです。

4 駐在員にまつわる日本及び赴任地国での税務問題

図表37-3-2 非居住者に対する税率

1．給与にかかる税率
26%の一律税率（支払者により源泉徴収される。）
ただし以下の条件を満たせばマレーシアで免税となる。
・マレーシアでの就労が暦年で60日以内
・マレーシアでの雇用期間が連続する2課税年度にまたがる場合は、その2年間での就労期間が合計60日以内
2．その他の税率
・利子：15%
・ロイヤリティ：10%
・芸能人収入：15%　等

4 インド／個人所得税率

1．個人所得税率

(1) 居住者にかかる個人所得税率

インドにおける個人所得税率は、図表37-4-1のとおりです。

なお、所得税以外にも課税所得に対して教育税（所得税額×2％）、教育目的税（所得税額×1％）も課税されます。

図表37-4-1 60歳未満の居住者に対する税率（賦課年度2014-15）（単位：INR）

	区　　分		税　　率
	超	以下	
1		200,000	0％
2	200,000	500,000	10％
3	500,000	1,000,000	20％
4	1,000,000		30％

よって、たとえば課税対象所得がINR150万の場合、税額計算は以下のとおりになります。

図表37-4-2 居住者の税額計算（課税所得がINR150万の場合）

(1) 基本税額の計算
INR1,500,000×30％－INR170,000＝INR280,000　又は
(INR500,000－INR200,000)×10％＋(INR1,000,000－INR500,000)
×20％＋(INR1,500,000－INR1,000,000)×30％＝INR280,000
(2) 教育目的税の計算
INR280,000×教育目的税（2％＋1％）＝INR8,400
(3) 合計税額の計算
INR280,000＋INR8,400＝INR288,400

4　駐在員にまつわる日本及び赴任地国での税務問題

(2) **非居住者にかかる個人所得税率**

　一方、非居住者に対する税率は 図表37-4-3 のとおりです。

図表37-4-3　非居住者に対する税率

> 非居住者についても居住者と同様の税率が適用されます。

① 赴任地の個人所得税（台湾・韓国・マレーシア・インド・フィリピン）

5　フィリピン／個人所得税率

1．個人所得税率
(1) 居住者にかかる個人所得税率

フィリピンにおける個人所得税率は、図表37-5-1のとおりです。

図表37-5-1　居住者に対する税率（2013年度）　　　（単位：PHP）

	区　分	累進税率
1	～　10,000	5％
2	10,000～　30,000	500＋10,000を超えた額に10％
3	30,000～　70,000	2,500＋30,000を超えた額に15％
4	70,000～140,000	8,500＋70,000を超えた額に20％
5	140,000～250,000	22,500＋140,000を超えた額に25％
6	250,000～500,000	50,000＋250,000を超えた額に30％
7	500,000～	125,000＋500,000を超えた額に32％

(2) 非居住者にかかる個人所得税率
① フィリピン滞在期間が暦年で180日以上

居住者と同様に累進税率（図表37-5-1参照）が適用されます。

② フィリピン滞在期間が暦年で180日未満

図表37-5-2のとおり、税率は一律で所得控除等も適用されません。

図表37-5-2　非居住者に対する税率

フィリピン源泉所得（給与所得も含む）について25％の税率で課税される。

4 駐在員にまつわる日本及び赴任地国での税務問題

Q38 外国人駐在員に対する個人所得税優遇措置

外国人駐在員に対する優遇措置はありますか。

A

1 概　要

一定の期間のみ、自国に滞在する外国からの駐在員について、インド以外の台湾、韓国、マレーシア、フィリピンについては、個人所得税の優遇措置が存在します。

図表38-1 海外赴任者に対する個人所得税優遇措置

	優遇措置の有無
台　湾	あり（ただし条件あり）
韓　国	あり（ただし条件あり）
マレーシア	あり（ただし条件あり）
インド	なし
フィリピン	あり（ただし条件あり）

2 各国別でみた違い
1 台湾／外国人駐在員に対する個人所得税優遇措置

　台湾では、外国からの赴任者を含めたいわゆる外国籍人員については、Q35でご説明したとおり、一部のフリンジベネフィットについては非課税扱いが適用されます。（詳細は 図表35-1-1 をご参照ください。）

4 駐在員にまつわる日本及び赴任地国での税務問題

2 韓国／外国人駐在員に対する個人所得税優遇措置

　外国人の勤労所得については17％の一律税率（地方税を含めると18.7％）か、通常の累進税率のいずれか有利な方を選択して適用することができます。（詳細は 図表37-2-2 をご参照ください。）

　また、外国人投資促進法等の要件を満たす就労、一定の要件を満たす各種分野の技術者等の就労に伴う外国人の勤労所得については、その50％を非課税所得とする軽減措置を受けることが可能です。

　※なお、以前は外国人の勤労所得の30％を非課税とする優遇措置が存在しましたが、現在は当該優遇措置は廃止されています。

1　赴任地の個人所得税（台湾・韓国・マレーシア・インド・フィリピン）

3　マレーシア／外国人駐在員に対する個人所得税優遇措置

　マレーシア国内にある経営統括本社（QHQ）、リージョナルオフィス（RO）、国際的資材調達センター（IPC）又は地域物流センター（RDC）ステータス会社で勤務する外国人は、マレーシア滞在日数分の所得だけがマレーシアで課税対象となります。

　詳細な計算方法については「No.12/2011 Tax Exemption On Employment Income Of Non-Citizen Individuals Working For Certain Companies In Malaysia」をご参照ください。

　※No.12/2011 Tax Exemption On Employment Income Of Non-Citizen Individuals Working For Certain Companies In Malaysia

4 駐在員にまつわる日本及び赴任地国での税務問題

4 インド／外国人駐在員に対する個人所得税優遇措置

　インドでは、外国からの赴任者を含めたいわゆる外国籍人員についての個人所得税に対する特別な税務上の優遇措置は存在しません。

① 赴任地の個人所得税（台湾・韓国・マレーシア・インド・フィリピン）

5 フィリピン／外国人駐在員に対する個人所得税優遇措置

　フィリピンでは多国籍企業の地域統括拠点の地域駐在員等、図表38-5-1に該当する者については、総所得から非課税手当を控除した額に対して、所得の額に関係なく一律で15％の税率が適用されます。

図表38-5-1　外国籍の非居住者に対する税務上の優遇措置

　以下に該当する外国籍非居住者については、累進税率ではなく一律税率が適用される。
・多国籍企業の地域本部（RHQ）、地域運営本部（RQHQ）で勤務する従業員
・オフショアバンキングユニットにて勤務する従業員
・石油事業会社及び下請け会社
　→課税総所得（TGCI）（※）に対して一律15％の税率が適用される。
※課税総所得＝総所得－非課税手当

4 駐在員にまつわる日本及び赴任地国での税務問題

Q39 現地払給与・日本払給与の申告方法

当社では海外駐在員の給与を日本本社と、現地法人からそれぞれ支給することを計画しています。これら給与の現地での納税方法について教えてください。

A

1 概 要

海外駐在員の給与のうち、一部を日本本社から本人の口座又は現地の口座に、残りの一部を現地法人から本人の現地口座に振り込んでいるケースは少なくありません。この場合、現地法人で支払われた給与は通常、現地法人で源泉徴収されます。

一方、日本払給与は台湾、韓国、フィリピンについては当該給与相当額を現地法人に付替請求をしている場合は、日本払給与についても現地法人で源泉徴収をすることになりますが、マレーシア、インドについては日本払給与の付替の有無に関らず日本払給与についても現地法人側で源泉徴収が必要です。

図表39-1 海外赴任者に対する給与支給方法（よくあるパターン）

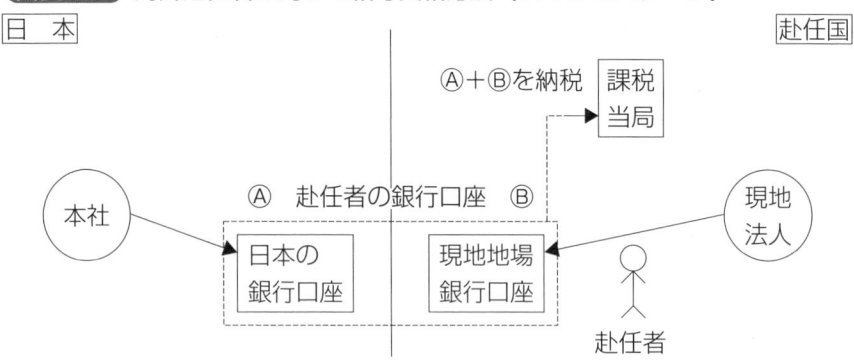

以下では台湾・韓国・マレーシア・インド・フィリピンの現地払給与と日本払給与の納税方法について順番に見ていきましょう。

2 各国別でみた違い
1 台湾／現地払給与・日本払給与の納税方法

1．居住者の給与所得等の納税方法例
居住者の納税方法例は以下のとおりです。

図表39-1-1 居住者の現地払給与、日本払給与の申告時期

	年　次	
	期　限	書　式
現地払給与	毎月：支払日の翌月10日までに源泉徴収した税を納付（源泉徴収税額表に基づき源泉徴収又は給与支給額×5％のいずれかを徴収・納付） 年次：5／1～5／31に確定申告 ※ただし、現地払給与でも、最終的には当該給与を日本本社が負担する場合は、台湾側で源泉徴収する義務はない。	毎月：納付証明書 年次：毎月の納付証明をまとめた書類を翌年1月に提出する。（そのタイミングで源泉徴収票を発行する）
日本払給与 （確定申告する）	5／1～5／31に確定申告 ※ただし、日本払給与でも、最終的には当該給与を台湾法人が負担する場合は、台湾側で源泉徴収する義務がある。	日本本社側で、日本払給与・賞与証明書を作成、公認会計士又は税務署のサインを得る。（公認会計士に依頼の場合は、当該公認会計士のライセンスのコピーが必要。税理士のサインは不可）→上記日本払給与・賞与証明書を元に確定申告を行う。

4　駐在員にまつわる日本及び赴任地国での税務問題

２．非居住者の給与所得等の納税方法例

非居住者の納税方法例は以下のとおりです。

図表39-1-2 非居住者の現地払給与、日本払給与の確定申告時期

	年　次	
	期　限	書　式
現地払給与	毎月：源泉徴収日から10日以内に納付（給与については原則として18％の税率で源泉徴収） 年次：90日以下は確定申告必要なし、91日以上は日本払給与があるという前提でみなされるため、日本払給与とあわせて確定申告を行っているケースが多い。 ※ただし、現地払給与でも、最終的には当該給与を日本本社が負担する場合は、台湾側で源泉徴収する義務はない。	居住者と同様
日本払給与	5／1〜5／31に確定申告 ※ただし、日本払給与でも、最終的には当該給与を台湾法人が負担する場合は、台湾側で源泉徴収する義務がある。→ちなみに源泉徴収するタイミングは、実際に日本本社から請求が来た際に行う。	日本本社側で、日本払給与・賞与証明書を作成、公認会計士又は税務署のサインを得る。（公認会計士に依頼の場合は、当該公認会計士のライセンスのコピーが必要。税理士のサインは不可）→上記日本払給与・賞与証明書を元に確定申告を行う。

2 韓国／現地払給与・日本払給与の納税方法

1．居住者の給与所得等の納税方法例

居住者の納税方法例は以下のとおりです。

なお、韓国では以前は、勤労所得を「A所得（韓国国内から受け取る所得、いわゆる甲種勤労所得）」と「B所得（韓国国外から受け取る所得、いわゆる乙種勤労所得）」に分類していました。現在はそのような区分の仕方は廃止されていますが、慣習的にA所得（甲種勤労所得）、B所得（乙種勤労所得）という用語が使用されています。（ちなみにこの分類でいくと、日本からの駐在員の韓国払給与はA所得、日本払給与はB所得となります。）

図表39-2-1　居住者の現地払給与、日本払給与の申告時期

	年次 期限	書式
現地払給与	韓国法人により源泉徴収後、翌月10日までに申告	源泉徴収履行状況申告書
日本払給与（個人が納付、ただし韓国国内にある組織、個人に委任することも可能）	以下のいずれかを選択 ① 納税組合に加入し、納税組合により源泉徴収（納税組合を通じて納税することで所得税額の10%を納税組合税額控除として税額控除を受けることができる。） ② 確定申告時にまとめて申告・納付	本社作成・押印の日本払給与の証明書（書式は特になし）

2．非居住者の納税方法例

非居住者の納税方法についても居住者と基本的には同様です。

3 マレーシア／現地払給与・日本払給与の納税方法

1．居住者の給与所得等の納税方法例

居住者の納税方法例は以下のとおりです。

図表39-3-1 居住者の現地払給与、日本払給与の申告時期

	年次	
	期限	書式
現地払給与	翌月10日までに雇用主が源泉徴収を行う。(これをPCBと呼ぶ) →STD (Scheduler Tax Deduction) FORM CP39を使って納税。	毎月：FORM39（源泉徴収） 年に1回：FORM BE
日本払給与 (個人が納付、ただしマレーシア国内にある組織、個人に委任することも可能)	原則として、付替の有無にかかわらず、翌月10日までにマレーシア雇用主が日本払分給与とマレーシア払分とまとめて源泉徴収を行う。	FORM BE

2．非居住者の給与所得等の納税方法例

非居住者の納税方法についても居住者と基本的には同様です。

4 インド／現地払給与・日本払給与の納税方法

1．居住者の給与所得等の納税方法例
(1) 概　要

居住者の納税方法例は以下のとおりです。

なお、図表39-4-1のとおり、現地法人側で日本払給与もあわせて源泉徴収を行う必要がありますが、日本払給与を現地法人側で源泉徴収してしまうと、現地社員に日本払給与が筒抜けになってしまうため、日本払給与は予定納税（四半期申告）＋確定申告で対応する企業もあります。ただしこのように予定納税（四半期申告）で納税を行う場合は遅延利息が発生すること、税務当局から指摘を受ける可能性がある点にご注意ください。

また、日本払給与がある場合、当該日本払の給与額を証明する根拠資料として雇用契約書・給与明細・銀行振込がわかる通帳コピー等の書類が必要となります。特にインド税務当局がひな型を設けているわけではなく、公認会計士の認証等も不要です。

図表39-4-1　居住者の現地払給与、日本払給与の申告時期

	年次	
	期　限	書　式
現地払給与	現地法人が7日までに源泉徴収を行う。	FORM16 （確定申告時に提出不要）
日本払給与	現地法人が現地払給与とまとめて源泉徴収、又は予定納税を行う。 →いずれの納税方法で、全額納税が完了していても確定申告は必要。	特に所定の書式は必要ない。 （確定申告時に提出不要。）

4 駐在員にまつわる日本及び赴任地国での税務問題

(2) 予定納税（四半期申告）制度

インドでは、年間INR10,000以上の納税が必要と見込まれる場合のうち、源泉徴収されない税額がある場合は予定納税（いわゆる「四半期申告」）を行う必要があります。

予定納税の時期は図表39-4-2のとおりです。なお、最終的には確定申告にて最終税額を納めます。仮に現地法人側でインド払、日本払の給与の合計について月次で源泉徴収している場合も、四半期申告を行います。

基本的には四半期申告時に追加納付はありませんが、四半期中で給与金額の変動がある場合など納付があるケースも考えられます。

図表39-4-2 予定納税（四半期申告）の時期

期　日	申告・納税すべき税額
9月15日	見積税額×30%
12月15日	見積税額×60%－既納付額
3月15日	見積税額×100%－既納付額

2．非居住者の給与所得等の納税方法

インドでは非居住者の納税も、居住者と同様です。

外貨で受け取った所得をインドルピー（INR）に換算する際は、給与支給日の最終日のSBI（State Bank of India）の電信買相場（TTB）を使用する必要があります。

① 赴任地の個人所得税（台湾・韓国・マレーシア・インド・フィリピン）

5 フィリピン／現地払給与・日本払給与の納税方法

1．居住者・非居住外国人（フィリピン滞在日数が暦年で180日以上）の納税方法例

居住者の納税方法例は以下のとおりです。

図表39-5-1 居住者の現地払給与、日本払給与の申告時期

	月次		年次	
	納税方法	申告・納付期限	納税方法	申告・納付期限
現地払給与	支払者により源泉徴収。(FORM 1601C)	翌月10日まで（電子申告の場合は翌月15日まで）	【支払者→BIR】が年次申告書NO.1604CFを提出。（給与所得にかかる源泉税及び最終源泉税にかかる年次申告書：翌年1月31日までに1年分の被雇用者のリストを添付して提出） 【支払者→給与所得者】 給与にかかる源泉徴収票（翌月1月31日までに雇用者から被雇用者に発行） 1箇所給与で源泉徴収で納税が正しく行われている場合は確定申告の必要なし。それ以外の場合は確定申告(FORM1700)必要。	翌年4／15

255

4 駐在員にまつわる日本及び赴任地国での税務問題

| 日本払給与 | ① 日本払給与を現地法人に付替請求している場合
→現地法人側で日本払給与も含めて源泉徴収。
② 上記以外
付替請求が行われていない場合 | ① 翌月10日まで
（電子申告の場合は翌月15日まで）
② なし | ① 確定申告
（FORM1700）
② 確定申告時
（日本払給与の証明書） | 翌年4／15 |

1　赴任地の個人所得税（台湾・韓国・マレーシア・インド・フィリピン）

Q40 外貨払給与（日本払給与等）の現地通貨への換算方法

当社では海外駐在員の給与の一部を日本本社から本人の日本の口座に支給しています。この円建て給与を現地通貨に換算する際には税務上、どのレートを使えばよいでしょうか。

A

1 概　要

日本本本社から駐在員の日本の口座に振り込まれている円払いの給与等、現地通貨以外で支給されている給与（いわゆる外貨建給与）については、赴任地の個人所得税を計算する際に、現地通貨に換算する必要があります。

以下では台湾・韓国・マレーシア・インド・フィリピンにおける外貨払給与の換算方法について順番に見ていきましょう。

外貨払給与(日本払給与等)の現地通貨への換算方法

台湾

2 各国別でみた違い

1 台湾／外貨建給与の現地通貨への換算方法

　外貨で受け取った所得を台湾ドル（TWD）に換算する際は、財政部国税局が定める月次の平均レートを用いることになります。

① 赴任地の個人所得税（台湾・韓国・マレーシア・インド・フィリピン）

2 韓国／外貨建給与の現地通貨への換算方法

　外貨で受け取った給与を韓国所得税計算に際して韓国ウォン（KRW）に換算する際のレートは以下のとおりです。

図表40-2-1 換算レート

Agreed Date 以前に支払が行われた場合	Actual Payment Date の Standard Exchange Rate 又は Arbitrated Rate（裁定レート）
Agreed Date に支払が行われた場合	Agreed Date の Standard Exchange Rate 又は Arbitrated Rate（裁定レート）
Agreed Date 以後に支払が行われた場合	Agreed Date の Standard Exchange Rate 又は Arbitrated Rate（裁定レート）

4 駐在員にまつわる日本及び赴任地国での税務問題

3　マレーシア／外貨建給与の現地通貨への換算方法

　外貨で受け取った所得をマレーシアリンギット（MYR）に換算する際のレートは外貨で所得を受け取った日又は使用した日のマレーシア中央銀行のレートを使用することになっています。

4 インド／外貨建給与の現地通貨への換算方法

　外貨で受け取った所得をインドルピー（INR）に換算する際のレートは、給与支給日の最終日のSTATE BANK OF INDIAの電信買相場（TTB）を使用することになっています。

4 駐在員にまつわる日本及び赴任地国での税務問題

5　フィリピン／外貨建給与の現地通貨への換算方法

　外貨で受け取った所得をフィリピンペソ（PHP）に換算する際は、フィリピン中央銀行のレートから大きく乖離していなければ、会社のブッキングレートを使用しても問題ありません。

1 赴任地の個人所得税（台湾・韓国・マレーシア・インド・フィリピン）

Q41 給与にかかる年末調整制度の有無及び確定申告

年末調整制度は存在しますか。また確定申告制度について教えてください。

A

1 概　要

日本では給与所得者にとっておなじみの年末調整制度ですが、他の国では同様の制度はあるのでしょうか。

また、毎月の源泉徴収や予定納税制度にもとづき、1年間の所得について正しく申告・納税が行われている場合でも確定申告は必要なのでしょうか。

以下では台湾・韓国・マレーシア・インド・フィリピンの年末調整制度の有無及び確定申告について順番に見ていきましょう。

2 各国別でみた違い

1 台湾／年末調整制度の有無及び確定申告

1．年末調整

台湾には年末調整制度はありません。

したがって、給与所得者についても確定申告が必要です。

2．確定申告

(1) 居住者の場合

① 申告の流れ

台湾における居住者の確定申告までの流れは 図表41-1-1 のとおりです。

図表41-1-1 確定申告までの概略

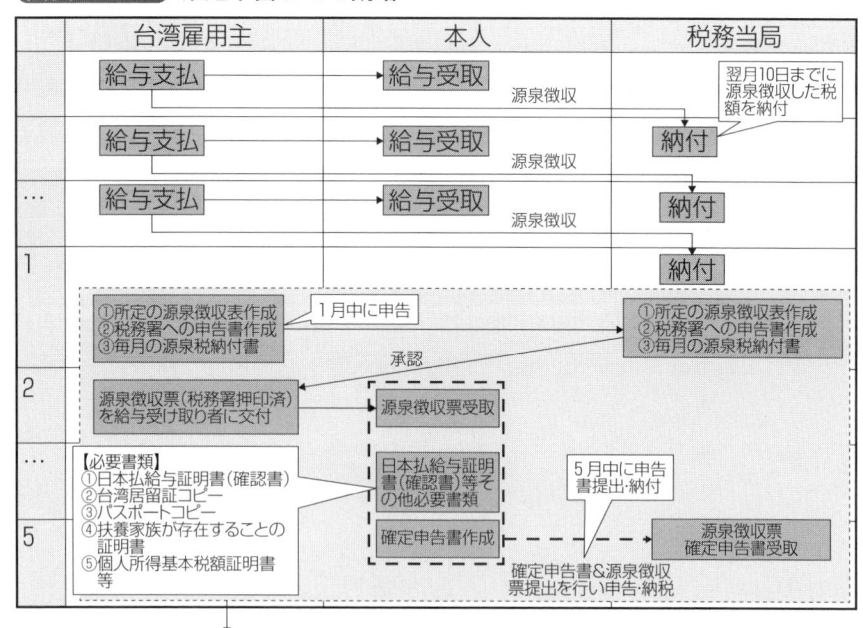

	台湾雇用主	本人	税務当局
	給与支払 →	給与受取（源泉徴収）	翌月10日までに源泉徴収した税額を納付
	給与支払 →	給与受取（源泉徴収）	納付
…	給与支払 →	給与受取（源泉徴収）	納付
1			納付
	①所定の源泉徴収表作成 ②税務署への申告書作成 ③毎月の源泉税納付書	1月中に申告	①所定の源泉徴収表作成 ②税務署への申告書作成 ③毎月の源泉税納付書
2	源泉徴収票（税務署押印済）を給与受け取り者に交付 ← 承認	源泉徴収票受取	
…	【必要書類】 ①日本払給与証明書（確認書） ②台湾居留証コピー ③パスポートコピー ④扶養家族が存在することの証明書 ⑤個人所得基本税額証明書等	日本払給与証明書（確認書）等その他必要書類	5月中に申告書提出・納付
5		確定申告書作成 → 確定申告書&源泉徴収票提出を行い申告・納税	源泉徴収票確定申告書受取

確定申告に際して必要な処理

① 赴任地の個人所得税(台湾・韓国・マレーシア・インド・フィリピン)

(2) 非居住者の申告
① 概　要
　台湾での滞在期間が一課税年度に91日以上の場合は、日本払給与を含めて台湾で確定申告する必要があります。(滞在期間が一課税年度で90日以下の場合は、通常、源泉徴収で納税が完結します。)

② 申告書及び申告方法
　申告書(※)及び申告方法は居住者と同様で、申告書提出及び納付期限も居住者と同様です。なお、日本から台湾への出張者について台湾で納税義務が生じ、台湾個人所得税を会社が負担した場合は、当該個人所得税相当額は本人が日本の居住者であれば、日本では給与とみなされ、日本の所得税等の課税対象になりますので注意が必要です。

　※非居住者の場合、簡便様式の申告書様式を用いることになりますが、一般様式での申告も可能です。

4 駐在員にまつわる日本及び赴任地国での税務問題

2 韓国／年末調整制度の有無及び確定申告

1．年末調整

韓国には年末調整制度が存在します。なお、韓国の年末調整制度は、日本のように「年収2,000万円を超えたら確定申告を行わなければならない」といった決まりはないため、給与所得者の場合は、その所得が1箇所のみから支払われている又は、納税組合を通じて納税が行われている場合は、給与の金額にかかわらず年末調整だけで納税が完了することになります。毎月の源泉徴収及び年末調整の流れは 図表41-2-1 のとおりです。

※ちなみに日本からの駐在員については、韓国から支払われる給与以外にも日本から給与・賞与が支払われていたり、給与全額が日本から支払われている場合もありますが、この場合も、日本払給与が納税組合を通じて納税されている場合、年末調整だけで納税が完了することになります。

図表41-2-1 年末調整までの概略

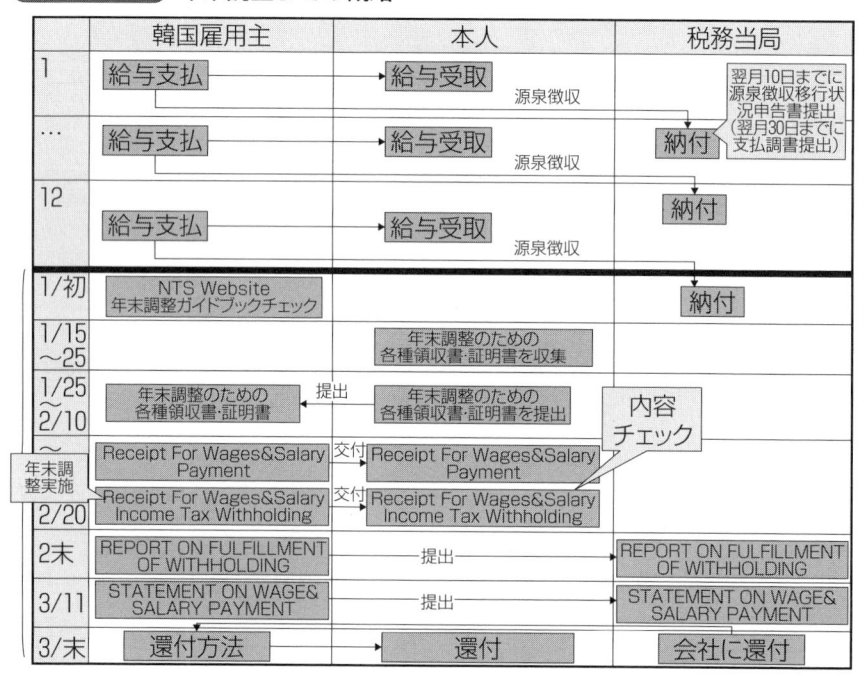

	韓国雇用主	本人	税務当局
1	給与支払 →	給与受取 源泉徴収	翌月10日までに源泉徴収移行状況申告書提出（翌月30日までに支払調書提出）
…	給与支払 →	給与受取 源泉徴収	納付
12	給与支払 →	給与受取 源泉徴収	納付
1/初	NTS Website 年末調整ガイドブックチェック		納付
1/15～25		年末調整のための各種領収書・証明書を収集	
1/25～2/10	年末調整のための各種領収書・証明書 ← 提出	年末調整のための各種領収書・証明書を提出	内容チェック
年末調整実施	Receipt For Wages&Salary Payment → 交付	Receipt For Wages&Salary Payment	
2/20	Receipt For Wages&Salary Income Tax Withholding → 交付	Receipt For Wages&Salary Income Tax Withholding	
2末	REPORT ON FULFILLMENT OF WITHHOLDING	提出 →	REPORT ON FULFILLMENT OF WITHHOLDING
3/11	STATEMENT ON WAGE& SALARY PAYMENT	提出 →	STATEMENT ON WAGE& SALARY PAYMENT
3/末	還付方法 →	還付	会社に還付

（出所）「Easy Guide For foreigners' Year-End Tax Settlement」を元に作成

① 赴任地の個人所得税（台湾・韓国・マレーシア・インド・フィリピン）

2．確定申告
(1) 居住者の場合
① 申告の流れ
　年末調整で納税が完了しない場合、たとえば日本払給与があり、納税が行われていない場合、外国籍人員向けの単一税率を適用する場合（納税組合を利用しても税額控除が受けられないため）、納税組合を通じての納税が面倒な場合は、確定申告を行う必要があります。確定申告は毎年5／1～5／31の間に実施されます。
② 申告書式
　確定申告に必要な申告書式は以下のとおりです。

【図表41-2-2】個人所得税申告書式

FORM40-1：Income Tax Form

(2) 非居住者の申告
① 概　要
　非居住者についても居住者と同様の取扱いとなります。
　たとえば韓国に長期出張し、韓国払給与が発生したり、韓国払給与が発生しなくても、韓国滞在期間が183日を超えた場合、韓国で納税が必要になりますが、この場合も、居住者と同様、年末調整又は確定申告を行うことになります。
② 申告書及び申告方法
　申告書及び申告方法は居住者と同様で、申告書提出及び納付期限も居住者と同様です。なお、日本から韓国への出張者について韓国で納税義務が生じ、韓国個人所得税を会社が負担した場合は、当該個人所得税相当額は日本では給与とみなされ、日本の所得税等の対象になりますので注意が必要です。

4　駐在員にまつわる日本及び赴任地国での税務問題

3　マレーシア／年末調整制度の有無及び確定申告

1．年末調整

マレーシアには年末調整制度はありません。よって、給与所得者についても確定申告が必要です。

2．確定申告

(1) **居住者の場合**

① **申告の流れ**

マレーシアにおける居住者の確定申告の流れは 図表41-3-1 のとおりです。

図表41-3-1　確定申告までの概略

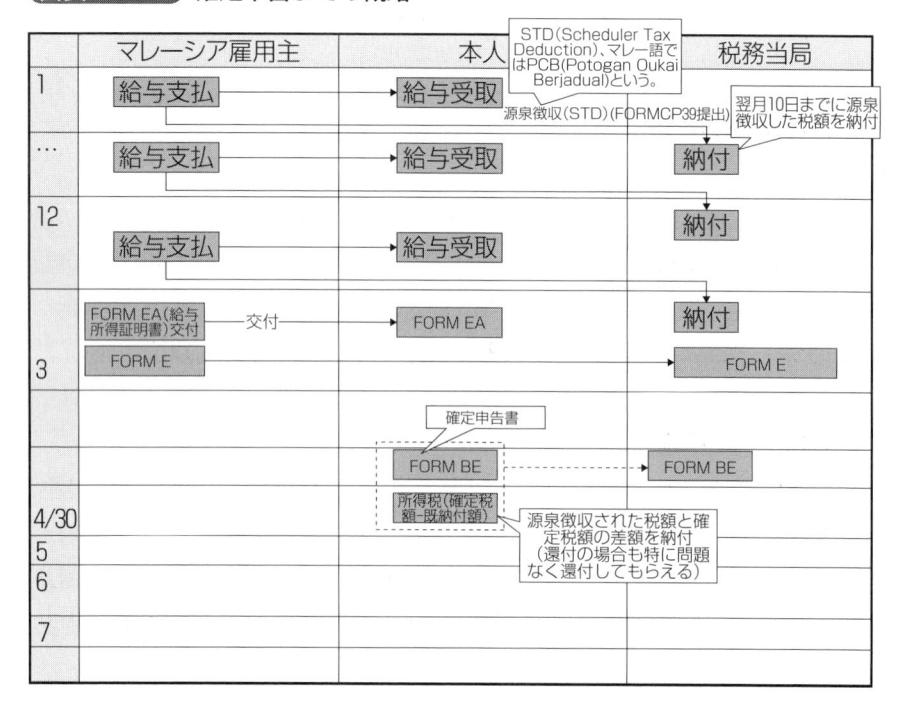

	マレーシア雇用主	本人	税務当局
1	給与支払	給与受取 源泉徴収(STD)(FORMCP39提出)	翌月10日までに源泉徴収した税額を納付
…	給与支払	給与受取	納付
12	給与支払	給与受取	納付
3	FORM EA(給与所得証明書)交付　交付 FORM E	FORM EA	納付 FORM E
4/30		確定申告書 FORM BE 所得税(確定税額−既納付額)	FORM BE 源泉徴収された税額と確定税額の差額を納付（還付の場合も特に問題なく還付してもらえる）
5			
6			
7			

※ STD(Scheduler Tax Deduction)、マレー語ではPCB(Potogan Oukai Berjadual)という。

マレーシア

268

1　赴任地の個人所得税（台湾・韓国・マレーシア・インド・フィリピン）

(2)　非居住者の申告
①　概　要
　マレーシアでの滞在期間が一課税年度に60日超の場合は、確定申告が必要です。（滞在期間が一課税年度で60日以下の場合は、通常、源泉徴収で納税が完結します。）

②　申告書及び申告方法
　申告書及び申告方法は居住者と同様で、申告書提出及び納付期限も居住者と同様です。なお、日本からマレーシアへの出張者についてマレーシアで納税義務が生じ、マレーシア個人所得税を会社が負担した場合は、当該個人所得税相当額は日本では給与とみなされ、日本の所得税等の対象になりますので注意が必要です。

4 インド／年末調整制度の有無及び確定申告

1．年末調整

インドには年末調整制度はありません。よって、給与所得者についても、仮に源泉徴収や予定納税（四半期申告）で当該年度に納付すべき税額を全て支払っていたとしても、確定申告が必要です。

2．確定申告

(1) 居住者の場合

① 申告の流れ

インドでの確定申告の流れは図表41-4-1のとおりです。

なお、表中の「FORM16」とは従業員に関するすべての所得と源泉徴収税の詳細を記載した源泉徴収証明書のことです。これは法的な納税証明書であり、税務年度終了後の5月末までに雇用者（会社が作成して従業員に交付）に交付しますが、インドでは確定申告は全て電子申告形式のため、添付資料の提出は求められていません。そのため、申告に際しての計算に要した証拠書類（FORM16等）は保管しておく必要はあるものの、所得税申告書に添付して税務当局に提出する必要はありません。

① 赴任地の個人所得税（台湾・韓国・マレーシア・インド・フィリピン）

図表41-4-1 インドでの確定申告の流れ

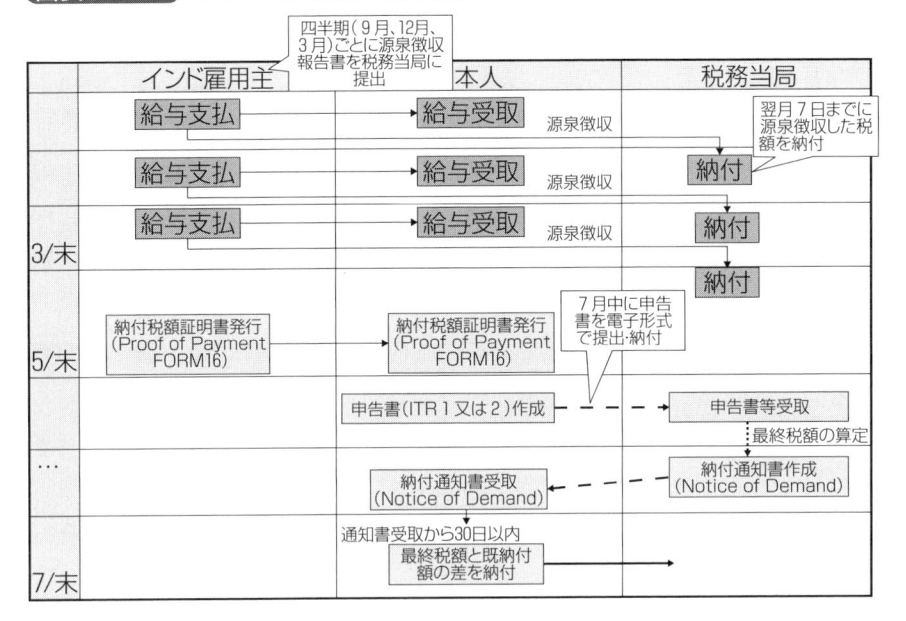

	インド雇用主	本人	税務当局
	給与支払 →	給与受取 源泉徴収 →	翌月7日までに源泉徴収した税額を納付
	給与支払 →	給与受取 源泉徴収 →	納付
3/末	給与支払 →	給与受取 源泉徴収 →	納付
			納付
	※四半期（9月、12月、3月）ごとに源泉徴収報告書を税務当局に提出		
5/末	納付税額証明書発行 (Proof of Payment FORM16) →	納付税額証明書発行 (Proof of Payment FORM16)	
		申告書(ITR1又は2)作成 → 7月中に申告書を電子形式で提出・納付	申告書等受取
...		納付通知書受取 (Notice of Demand) ← ───	最終税額の算定 納付通知書作成 (Notice of Demand)
7/末		通知書受取から30日以内 最終税額と既納付額の差を納付 →	

(2) **非居住者の申告**

① **概　要**

　居住者と同様です。

② **申告書及び申告方法**

　申告書及び申告方法は居住者と同様で、申告書提出及び納付期限も居住者と同様です。

　なお、日本からインドへの出張者についてインドで納税義務が生じ、インド個人所得税を会社が負担した場合は、当該個人所得税相当額は日本では給与とみなされ、日本の所得税等の対象になりますので注意が必要です。

5 フィリピン／年末調整制度の有無及び確定申告

1．年末調整

　フィリピンでは、フィリピン国籍の給与所得者については、その給与が1箇所からのみ支払われ、かつ正確に源泉徴収が行われている場合については、会社での源泉徴収で納税が完結するため、申告書の作成は必要ありません。(これを Substitute Filing といいます。)

　一方、日本からフィリピンに赴任されている人には、日本の社会保険の継続の目的等からフィリピン勤務中の給与全額をフィリピン現地法人から支給されることは考えにくく、実際には日本本社が定めた海外勤務者規程に基づく給与を、日本及びフィリピンにて分割して支払っています。

　また、仮に給与全額をフィリピン法人から受け取っており、日本本社から給与が支給されていない場合であっても、非居住外国人については確定申告が義務付けられているため、Substitute Filing の適用を受けることはできません。

2．確定申告

(1) **居住者及びフィリピン滞在期間が暦年で180日以上の非居住者の場合**

① 申告の流れ

　フィリピンでの確定申告までの概略は 図表41-5-1 のとおり、フィリピン払給与(日本払給与がフィリピン現地法人に付替請求されている場合は日本払給与も含みます。)は毎月雇用主により源泉徴収され、翌月の10日(電子申告の場合は15日まで)に税務当局に納付されます。

　また、個人所得税の課税年度の最終月である12月終了後、各個人に対しては当該年度の源泉徴収票が交付されます。

　各個人は4／15までに確定申告書(FORM1700)を提出、源泉徴収された税額と確定税額の差額を同日までに納付します。(還付が生じた場合は申告してから3か月以内に払い戻されます。)

① 赴任地の個人所得税（台湾・韓国・マレーシア・インド・フィリピン）

図表41-5-1 確定申告までの概略

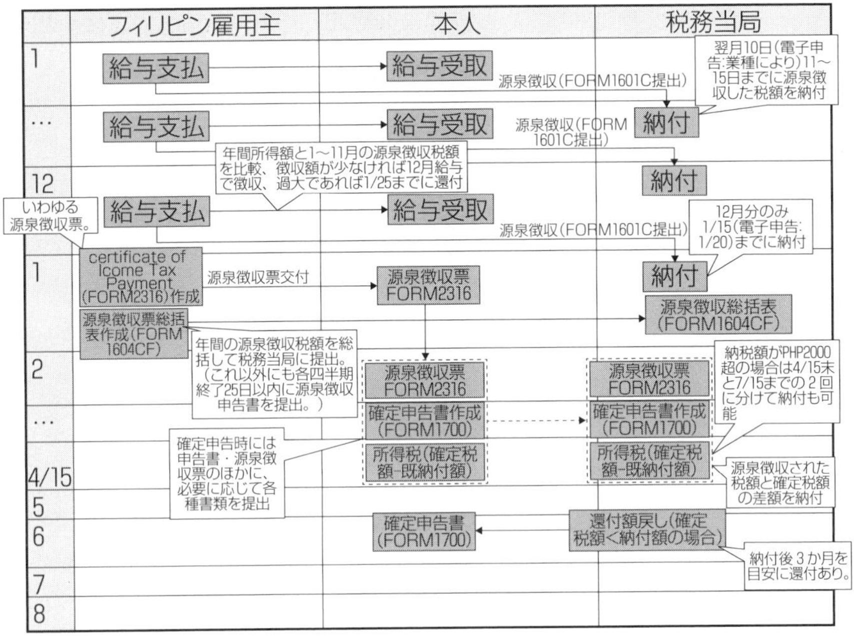

(2) 非居住者の申告

① 概　要

　フィリピン滞在期間が一課税年度に180日以上の非居住者については、居住者と同様に確定申告が必要です。（滞在期間が一課税年度で180日未満の場合は、通常、源泉徴収で納税が完結します）

② 申告書及び申告方法

　申告書及び申告方法は居住者と同様で、申告書提出及び納付期限も居住者と同様です。なお、日本からフィリピンへの出張者についてフィリピンで納税義務が生じ、フィリピン個人所得税を会社が負担した場合は、当該個人所得税相当額は日本では給与とみなされ、日本の所得税等の対象になりますので注意が必要です。

4 駐在員にまつわる日本及び赴任地国での税務問題

(3) **フィリピン滞在期間が暦年で180日未満の非居住者の申告**

　フィリピン滞在期間が暦年で180日未満の場合、支払者による源泉徴収（25％）で納税は完了するため、確定申告の必要はありません。

① 赴任地の個人所得税（台湾・韓国・マレーシア・インド・フィリピン）

Q42 個人所得税の申告・納税の遅延に対する罰則

個人所得税の申告・納税漏れに伴う罰則について教えてください。

A

1 概　要

個人所得税の申告・納税が遅れた場合、当然ながら各種のペナルティが発生します。

日本からの駐在員の場合で最も考えられるのが、日本払給与の申告が遅れている、またそもそも納税していないというケースではないでしょうか。

以下では台湾・韓国・マレーシア・インド・フィリピンの個人所得税の申告・納税の遅延等に対する罰則について順番に見ていきましょう。

個人所得税の申告・納税の遅延に対する罰則

台湾

2 各国別でみた違い

1 台湾／申告・納税の遅延に対する罰則

1．確定申告及び納税の遅延

確定申告の遅延及び納税の遅延には罰金が発生しますので注意が必要です。

以下のとおり、納税の遅延については、追加で支払うべき税額のほかに、延滞税、利息を支払わなければなりません。また申告漏れや過少申告の際はこれらに加えて加算税も支払う必要があります。

図表42-1-1　納税の遅延にかかる罰則

延滞税	滞納期間が30日以内：2日経過するごとに納付すべき税額の1％を延滞税として追加徴収される。
利息	本来の納付締切日の翌日から追加納付されるまでの期間に対し、納付すべき税額を計算基礎として納付締切日現在の郵便局の1年期の定期預金利率により日割計算
過料（罰金）（申告漏れ、過少申告の場合）	申告漏れ・過少申告：未申告税額の2倍以下の罰金を加算税として支払う。無申告：無申告税額の3倍以下の罰金を加算税として支払う。

2．個人所得税に関する税務調査の頻度と特徴

個人所得税に関する税務調査の頻度と特徴は 図表42-1-2 のとおりです。

図表42-1-2　税務調査の頻度と特徴

特に個人所得税について厳しい調査があるわけではないが、申告書の内容及び添付書類に不備がある場合や、昨年度と比較して申告額に大幅な違いがある場合に、説明資料などを求められることがある。

① 赴任地の個人所得税（台湾・韓国・マレーシア・インド・フィリピン）

2　韓国／申告・納税の遅延に対する罰則
1．確定申告・年末調整及び納税の遅延
確定申告及び納税の遅延には加算税が発生しますので注意が必要です。（支払った罰金を翌年度の所得税から控除することはできません。）

(1) 申告書提出漏れ・過少申告等
期日までに申告書を提出しなかった場合は、納税者本人に対して 図表42-2-1 のとおり、加算税が課されます。なお、国税賦課の除斥期間は、その国税を賦課できる日から5年ですが、納税者が詐欺やその他の違法行為で国税を支払わなかったり還付・控除を受けた場合は10年等、悪質なケースについては除斥期間が長くなります。

図表42-2-1　申告書提出漏れ・過少申告等のペナルティ

ペナルティの理由	ペナルティの内容
未申告	算出税額の20%
過少申告	算出税額の10%
意図的な未申告・過少申告	算出税額の40%
超過還付申告のペナルティ	超過還付額の10%
意図的な超過還付申告のペナルティ	超過還付額×40%（超過還付額×10%）

なお、これ以外にも源泉徴収義務者へのペナルティ制度も存在します。

(2) 税金の未納付又は過少納税
納付期限を過ぎても支払われていない税金（予定納税の不足額を含む）がある場合は、納税すべき額について1日あたり0.03%のペナルティが課されます。

4 駐在員にまつわる日本及び赴任地国での税務問題

2．税務調査の頻度と特徴

図表42-2-2 税務調査の頻度と特徴

> 税務調査は原則として5年に1回。駐在員個人に対して税務調査が入るケースはほとんどないと考えられるが、会社に税務調査が入った場合、日本払給与がない駐在員などについて調査が入ることがある。

① 赴任地の個人所得税（台湾・韓国・マレーシア・インド・フィリピン）

3 マレーシア／申告・納税の遅延に対する罰則

1．確定申告及び納税の遅延

確定申告及び納税の遅延には罰金が発生しますので注意が必要です。（支払った罰金を翌年度の所得税から控除することはできません。）

なお、遡及期間は5年間ですが、悪質な申告漏れ等については時効の適用はありません。

また、脱税をしていると思われる納税者を通報する制度も存在します。通報の事実は秘密にされ、通報者については報奨金が支払われる場合もあります。

(1) 確定申告書提出・納税の遅延

正当な理由がないにもかかわらず、4月30日までに確定申告書を提出・納税を行っていなかった場合は、図表42-3-1のとおり、罰金が課されます。（ただし、実際には図表42-3-1〜図表42-3-3の所得税法に基づく罰金ではなく、TAX AUDIT FRAMEWORKという規程に基づき、最大で過少申告額の45％の税金が課されます。ちなみに延滞税という利子税的な制度はマレーシアには存在しません。）

図表42-3-1　確定申告の遅延にかかる罰金

> 下記の片方又は両方の罰則が課される。
> ・MYR200以上 MYR2,000以下の罰金
> ・6か月以内の禁固刑

(2) 正しい申告・納税を行っていない場合（所得税法113条）

正しい申告・納税を行っていない場合、図表42-3-2のとおり、罰金が課されます。

4 駐在員にまつわる日本及び赴任地国での税務問題

図表42-3-2　正しい申告・納税を行っていない場合の罰金

・MYR3,000以上 MYR10,000以下の罰金
・過少申告していた税額の2倍の罰金

(3) **悪質な租税回避（所得税法114条）**

悪質な租税回避と認定された場合、図表42-3-3のとおり、罰金等が課されます。

図表42-3-3　正しい申告・納税を行っていない場合の罰金

・MYR3,000以上 MYR20,000以下の罰金
・過少申告していた税額の3倍の罰金
・3年以内の禁固刑

2．税務調査の頻度と特徴

税務調査の頻度と特徴は図表42-3-4のとおりです。

図表42-3-4　税務調査の頻度と特徴

Desk AUDITは頻繁に行われているが、会計事務所側に問い合わせが入るため、納税者本人は自らの所得についての調査が入ったことに気づいていない場合が多い。（5年に一度、調査が入ることになっているが、実際の頻度は不明。）

4 インド／申告・納税の遅延に対する罰則

1．確定申告及び納税の遅延

　確定申告及び納税の遅延には罰金が発生しますので注意が必要です。

　なお、インド所得税法では、日本払給与のようなインド国外払給与についてもインドの雇用主側で源泉徴収が必要です。そのため、日本払給与の納税漏れが生じた場合、その責任は一義的にはインド雇用主側にありますので注意が必要です。

(1) 確定申告書提出の遅延

　7月31日（※）までに確定申告書を提出していなかった場合は、図表42-4-1のとおり、罰金が課されます。

　（※）　個人の財務諸表が監査を受ける必要がある場合は、9月末までに申告書を提出すれば良いことになっています。

図表42-4-1　確定申告の遅延にかかる罰金

月利1％又は1.5％の延滞税

(2) 納税の遅延

　納付期限を過ぎても納税すべき額の所得税を納めていない場合、納税漏れとなっていた税額に対して月1％又は1.5％の延滞税が課されます。

(3) 過少申告などの虚偽申告、申告漏れ

　虚偽申告・申告漏れ等についてはその悪質度合いにより、納税漏れとなっていた税額の150％から300％の罰金が課されます。

2．個人所得税に関する税務調査の頻度と特徴

　インドにおける個人所得税の税務調査の頻度と特徴は図表42-4-2のとおりです。

4 駐在員にまつわる日本及び赴任地国での税務問題

図表42-4-2 税務調査の頻度と特徴

個人所得税に関する税務調査は、税務申告書を基礎にして個人の居住ステータスや所得レベルに応じて行われる。税務当局は、税務の判断基準及び会社のコンプライアンス・法令遵守について年々厳しくなる傾向にある。税務調査の対象先選定については決まった抽出方法があるわけではないが、納税状況に不審な点がある場合や租税回避の可能性があると判断した場合は調査が行われる。PE調査をきっかけとして所得税の税務調査に至ることも考えられる。

また税務当局が提出情報に不足があると考える場合や疑いを抱いた場合には、税務申告書について綿密な調査や査定が行われる。(税務当局は、元従業員からの情報やPE調査結果、外国人登録局（FRRO）の報告資料など多方面からの情報を得ており、インドでは元従業員から税務当局への密告も横行しているので注意が必要)

1　赴任地の個人所得税（台湾・韓国・マレーシア・インド・フィリピン）

5　フィリピン／申告・納税の遅延に対する罰則

1．確定申告及び納税の遅延

確定申告及び納税の遅延には罰金が発生しますので注意が必要です。（支払った罰金を翌年度の所得税から控除することはできません。）

(1) 確定申告書提出の遅延・無申告・納税の遅延・納付漏れ

4月15日までに確定申告書を提出及び個人所得税の納付をしていなかった場合は、図表42-5-1のとおり、罰金が課されます。

図表42-5-1　無申告及び過少申告の罰則

1．課徴金の支払又は禁固刑
2．課徴金
・未納税額の50％（意図的な未申告、虚偽申告、納税漏れ）
・未納税額の25％（未申告、申告・納税漏れ）
3．延滞利息
・未納税額の20％又はそれ以上
4．外国人については国外追放

4 駐在員にまつわる日本及び赴任地国での税務問題

Q43 赴任した年の課税上の取扱い

本年、社員を海外赴任させました。赴任した年は、赴任地では居住者になるのでしょうか、それとも非居住者になるのでしょうか。また、年の前半に赴任した場合と後半に赴任した場合で課税上の取扱いに差はあるのでしょうか。それらの点も含めて、赴任した年の課税上の取扱いについて教えてください。

A

1 概　要

　海外赴任時期は4月や9月など、年度の区切りの時期が多い傾向にあります。また本書で取り上げた5か国については、4月1日から翌年3月31日を一課税年度とするインドを除き、全て暦年（1月1日〜12月31日）であるため、課税年度の途中からの赴任になることが大半です。この場合、赴任が年の前半か後半かで赴任した年の税務上の取扱いが異なる国もあれば、いつ赴任しても原則的な取扱いに変更はない国や初年度のみ、やや異なる納税方法をとる国まで様々です。

　そこで以下では台湾・韓国・マレーシア・インド・フィリピンの赴任した年の課税上の取扱いについて順番に見ていきましょう。

2 各国別でみた違い
1 台湾／赴任した年の課税上の取扱い

1．赴任後最初に行うこと

台湾に居住する目的で台湾に入国した者は、居留証を取得する必要があります。

また、台湾に居住する外国人向けに台湾での生活情報についてまとめたものが以下のサイトに存在します。

http://www.rdec.gov.tw/GIPDSD/xslGip/xslExport/110/1/images/icon_pdf.gif

2．赴任した年の課税上の取扱い

台湾では税務上の居住者に該当するか、非居住者に該当するかは台湾での居留証の有無ではなく、1課税年度の台湾滞在日数で判断されます。

赴任初年度は年度の途中から台湾に入国することになるため、赴任初年度が居住者になるか非居住者になるかが、赴任時点でははっきりしない場合もあります。

ちなみに台湾払給与は台湾で源泉徴収されますが、その際の税率は居住者の場合は5％であるのに対し、非居住者は18％となり、居住者に該当するか非居住者に該当するかで源泉徴収税率が異なります。よって、赴任初年度については、便宜上、年の前半に居留証を取得した場合など当該年度は居住者になる可能性が高いと判断した場合は、とりあえず居住者と判断し、台湾払給与について5％の税率で源泉徴収することになります。（もちろん、年の最初に赴任しても、台湾での滞在日数が少ないと見込まれる場合は非居住者として判断し、18％の税率で課税することになります。）一方、年の後半に居留証を取得した場合は、当該年度については非居住者になる可能性が高いですので、とりあえず非居住者と判断し、台湾払給与について18％の税率で源泉徴収することになります。

ただし、当然ながら課税年度終了時点での滞在日数に応じて、居住者・

4 駐在員にまつわる日本及び赴任地国での税務問題

非居住者が判断され、確定申告をすることになります。

（よって台湾に本赴任する前に、出張ベースで台湾を訪問していた日数も、カウントの対象になりますが、家探しなど純粋に仕事以外の目的の場合は、滞在日数に含めないケースもあります。）

3．赴任した年の居住性の判断方法は

上述のとおり、1課税年度中の台湾滞在日数をもとに居住者か非居住者かを判断することになります。

2 韓国／赴任した年の課税上の取扱い

1．赴任した年の課税上の取扱い

　韓国では、年の途中から韓国に居住した人については、「中途居住者」として取り扱います。この場合、韓国入国前日までは韓国の非居住者ですが、入国した日から居住者となります。

3　マレーシア／赴任した年の課税上の取扱い

1．赴任後最初に行うこと
(1) 納税者が行うべきこと
　外国人がマレーシアに到着から2か月以内にIRBM（Inland Revenue Board of Malaysia）に対し、雇用主はCP22というフォーマットを提出します。

　また、Tax File に登録するため、納税者はマレーシアで居住する地区を管轄する IRBM にて納税者番号（Income Tax Reference Number）を取得する必要があります。

> ※納税者番号取得に当たっては、「最新の給与証明書（EA/EC）」「身分証明書（パスポートなど）」「結婚証明書（必要な場合）」の用意が必要です。
>　また、住所の変更、婚姻関係の変更等が生じた場合は、FORM CP6008を記入し、IRBM に提出する必要があります。

(2) 雇用者が行うべきこと
　また、雇用者は、従業員の雇用開始から1か月以内にFormCP21を提出する必要があります。

2．赴任した年の課税上の取扱い
　マレーシアでは、年の途中からマレーシアに居住した人については、「中途居住者」として取り扱います。この場合、マレーシア入国日まではマレーシアの非居住者ですが、入国した時点から居住者となります。

3．赴任した年の居住性の判断方法は
　赴任した年の滞在日数が累計で一課税年度に182日以内であっても、Q32の居住者の定義にあるように、「当該年度におけるマレーシア滞在期間は累計182日だが、課税年度前年度又は翌年度において、マレーシアに暦年で累計182日以上滞在している場合は居住者」ですので、赴任年度は通常、滞在日数にかかわらず居住者になります。

4 インド／赴任した年の課税上の取扱い

1．赴任後最初に行うこと

　居住する目的でインドに入国した方は、FORM49Aを提出しPAN（Permanent Account Number）を取得する必要があります。PANカード及びカードに記載された納税者番号（PAN number）には、特に有効期限は定められていません。納税者番号は一度付与されれば、再度赴任した際にも有効です。(PANは確定申告時だけでなく、金額の大きな買物をする際等、様々な局面で必要になります。)

　また、180日を超える有効期限を持つビザを保有する外国人は、インド到着から2週間以内に外国人登録（FRPO登録）を行う必要があります。

　※PANに関する情報は以下にあります。
　　https://incometaxindiaefiling.gov.in/

2．赴任した年の課税上の取扱い

　インドでは、年の途中から居住の目的でインドに入国した場合でも、居住者・非居住者の判断は、**Q32**でご紹介した居住者・非居住者の判断基準に基づいて行われます。

　よって、居住開始年度のインド滞在期間が182日以上等、赴任した年が「通常の居住者」に該当した場合は、当該年度は「全世界所得」がインドで課税対象となりますから、当該年度の所得は全て（インド赴任前の給与等）も申告・納税が必要です。（ただし、日本でも同じ所得に対して課税されていますので、インドにおいて外国税額控除の適用を受けることは可能です。）

　一方、居住開始年度のインド滞在期間が短い場合は、当該年度は「通常の居住者以外の居住者」又は「非居住者」に該当しますから、インドで課税される所得については、インド国内源泉所得等、一部の所得に限定されることになります。

4 駐在員にまつわる日本及び赴任地国での税務問題

5 フィリピン／赴任した年の課税上の取扱い

1．赴任した年の課税上の取扱い

　フィリピンでは、年の途中からフィリピンに居住した人については、「中途居住者」として取り扱います。この場合、フィリピン入国日まではフィリピンの非居住者ですが、入国した時点から居住者となります。

2．赴任した年の居住性の判断方法は

　赴任した年の居住性の判断方法は一課税年度での滞在日数により決定します。つまり、滞在日数が180日以下であれば、25％の税率（ファイナルタックス）で課税されることになりますし、180日超であれば、累進税率が適用されます。入国がいつごろかによって、その年の滞在日数がある程度予想できるので、それに応じて税率を考えることになります。

1 赴任地の個人所得税(台湾・韓国・マレーシア・インド・フィリピン)

Q44 帰任する年の課税上の取扱い

本年、社員を日本に帰任させる予定です。帰任した年は、赴任地では居住者になるのでしょうか、それとも非居住者になるのでしょうか。また、年の前半に帰任した場合と後半に帰任した場合で課税上の取扱いに差はあるのでしょうか。それらの点も含めて、帰任した年の課税上の取扱いについて教えてください。

A

1 概 要

　赴任先から帰任し、日本に戻ったり、また別の国に赴任する場合、それぞれの国の課税年度末に帰任しない限りは、常に年度の途中での出国となるため、税務上の取扱いが赴任中の年により異なります。

　帰任時に確定申告を行い、すべての課税関係を終了させることができる国もあれば、帰任年度においても、赴任中の年度と同様に、当該課税年度終了後に確定申告を行うケースもあります。

　以下では台湾・韓国・マレーシア・インド・フィリピンの帰任する年の課税上の取扱いについて順番に見ていきましょう。

291

帰任する年の課税上の取扱い

台湾

2 各国別でみた違い

1 台湾／帰任する年の課税上の取扱い

1．帰任時の課税上の取扱い

　台湾の居住者である駐在員が日本に帰任したり、別の国に駐在する等の理由で台湾から出国する場合、台湾出国年度の所得について、台湾ではどのように課税されるのでしょうか。台湾出国年の台湾での確定申告時の留意点は以下のとおりです。

図表44-1-1　台湾出国年の確定申告時の留意点

・あくまで当該年度の滞在日数で居住者か非居住者か判断され、それにもとづいて課税される。
・原則的には帰任時に申告して、納税は完了する。
・帰任年度については、帰任前に確定申告を行う必要があり、帰任後、再度台湾に訪問しない限り、翌年度の確定申告時に再度確定申告を行う必要はない。

2．帰任後、台湾に出張した際の税務上の取扱い

　台湾では帰任時に確定申告を行うことで、台湾での納税義務を完了した形で帰任することになります。しかし、台湾での赴任を終え、日本に帰国してからも残務処理等で当該年度中に台湾にたびたび出張する場合、台湾での税務上の取扱いはどうなるのでしょうか。前述のとおり、台湾では1課税年度において台湾に何日滞在したか（滞在日数は入国日をカウントせず、出国日は1日としてカウントします。）で税務上の取扱いが異なりますので、簡単にまとめると**図表44-1-2**のとおりになります。

① 赴任地の個人所得税（台湾・韓国・マレーシア・インド・フィリピン）

図表44-1-2　帰任した年に台湾出張を行う場合の台湾での税務上の取扱い

台湾赴任中	帰任	日本に帰国		
台湾滞在日数：A		台湾出張	台湾出張	台湾出張

台湾滞在日数：B

台湾滞在日数	台湾での税務上の取扱い	台湾での帰任後の納税義務の有無
A＋B≦90日	非居住者	日本払給与：確定申告必要なし 台湾払給与：支払者により源泉徴収（18％）
91日≦A＋B＜183日	居住者	日本払給与：確定申告 台湾払給与：支払者により源泉徴収（18％） 　　　　　→日本払給与とあわせて確定申告
183日≦A＋B	居住者	日本払給与：確定申告 台湾払給与：支払者により源泉徴収（5％） 　　　　　→日本払給与とあわせて確定申告

4 駐在員にまつわる日本及び赴任地国での税務問題

2　韓国／帰任する年の課税上の取扱い

1．帰任時の課税上の取扱い

　韓国の居住者である駐在員が日本に帰任したり、別の国に駐在する等の理由で韓国から出国する場合は、帰任の時点で確定申告が必要です。

2．帰任した年の居住者の判断方法は

　帰任する日まで韓国の居住者として取り扱われます。

　また、帰任後に韓国に頻繁に出張する場合、帰任後の日数を元に短期滞在者免税の日数を計算すれば問題ありません。

① 赴任地の個人所得税（台湾・韓国・マレーシア・インド・フィリピン）

3 マレーシア／帰任する年の課税上の取扱い

1．帰任時の課税上の取扱い

　マレーシアの居住者である駐在員が日本に帰任したり、別の国に駐在する等の理由でマレーシアから出国する場合、帰任時に当該年度の所得を確定させて、確定申告及び納税を行います。そのため帰国後、再度マレーシアに頻繁に出張などが生じない限り、納税義務は終了しますので翌年度の確定申告は必要ありません。（また、帰任する年の滞在期間が182日以内であっても、**Q32**の居住者の定義にあるように、「当該年度におけるマレーシア滞在期間は累計182日だが、課税年度前年度又は翌年度において、マレーシアに暦年で累計182日以上滞在している場合は居住者」ですので、帰任年度は通常、滞在日数にかかわらず居住者になります。）

　また、雇用者は、従業員がマレーシアを離れる場合は、FORM CP 21を、出発予定日の1か月前までに提出する必要があります。

　なお、出国する年の確定申告時の留意点は 図表44-3-1 のとおりです。

図表44-3-1　マレーシア出国年の確定申告時の留意点

- 納税をせずにマレーシアを出国した場合、MYR200以上 MYR2,000以下の罰金が課される。
- 雇用者は雇用した外国人の源泉徴収のみならず、確定申告についても責任を負う。
　　よって、当該外国人が確定申告せずに帰国してしまった場合、その責任は本人だけでなく、雇用している会社、当該会社の取締役にも及ぶ。
　　したがって、TAX Clearanceは正しく行う必要がある。

2．帰任した年の居住者の判断方法は

　帰任した年については、その年のマレーシア滞在日数が短い場合でも、マレーシアの居住者の判断基準（課税年度のマレーシア滞在期間は累計182日以下だが、課税年度前年度又は翌年度において、マレーシアに暦年で累計182日以上滞在する者は居住者扱い）にもとづき、帰任した年においても居住者とみなされます。

4 駐在員にまつわる日本及び赴任地国での税務問題

4　インド／帰任する年の課税上の取扱い

1．帰任時の課税上の取扱い

　インドの居住者である駐在員が日本に帰任したり、別の国に駐在する等の理由でインドから出国するなど、インドに戻る意思がない場合は、出国までに当該年度の納税を完結させ、「納税証明書（Tax Clearance Cerificate）」を取得する必要があります。

　また、帰任月に月次申告を行うだけでなく、さらに居住者と同様、確定申告も必要です。

　つまり、たとえば年度の途中の2014年7月に帰任した場合には、翌月8月7日までに最後の月次申告を行います。これに加えて翌年2015年3月末までの税務年度について所得税の年次申告を行います。個人所得税の申告期限は7月末ですので、2014年7月末までに年次の確定申告を行う必要があります。なお月次申告の最終月に特に必要となる追加書類はありません。

　なお、出国する年の確定申告時の留意点は以下のとおりです。

図表44-4-1　インド出国年の確定申告時の留意点

・出国時に申告が必要なだけでなく、年度末にも確定申告が必要。
・インド勤務期間に相当する給与・賞与が支給される場合には、仮にそれら報酬を日本帰国後に受け取った場合でも、インドで課税対象となる。
（例えば7月末に帰任した駐在員が、日本法人から受ける冬期賞与計算期間が6-11月の6か月の場合、計算期間のうち6・7月の2か月はインドでの労働の対価であるため課税対象となる。）

2．帰任する年の居住者の判断方法は

　帰任する年度についても、Q32の居住者・非居住者の判断基準に基づき、インドでの滞在日数に応じて「通常の居住者」「通常の居住者以外の居住者」「非居住者」のいずれかに該当することになります。

　よって、帰任年度が「通常の居住者」に該当する場合は、当該年度はイ

[1] 赴任地の個人所得税（台湾・韓国・マレーシア・インド・フィリピン）

ンドにおいて全世界所得が課税対象になります。よって、インド帰任後の所得についても当該年度終了時にインドにおいて確定申告を行う際、申告・納税を行う必要があります。

　一方、帰任年度が「非居住者」に該当する場合、（前年度まで数年間、インドに赴任しているのであれば、非居住者に該当するケースはそれほど多くはないと思いますが）インド源泉所得のみインドで課税対象となります。

4 駐在員にまつわる日本及び赴任地国での税務問題

5　フィリピン／帰任する年の課税上の取扱い

1．帰任時の課税上の取扱い

　フィリピンの居住者である駐在員が日本に帰任したり、別の国に駐在する等の理由でフィリピンから出国する場合、出国時点で確定申告を行うことも可能です。一方、フィリピン出国後も、フィリピンで勤務を行うなど、当該年度にフィリピン源泉所得が生じることが予想される場合は、赴任中と同様、翌年の4月15日にフィリピンで確定申告することも可能です。

2．帰任した年の居住者の判断方法は

　通常、赴任した年は前述のとおり、滞在日数に応じて累進税率か、一定税率かが決まりますが、帰任年は、その日数にかかわらず帰任するまでは累進税率が適用されます。

　また、帰任年に、帰任後再び出張などでフィリピンを訪問する場合は、帰国時に確定申告するのではなく、翌年4月15日に確定申告する形をとればよいでしょう。

① 赴任地の個人所得税（台湾・韓国・マレーシア・インド・フィリピン）

Q45 日本で付与されたストックオプションの赴任地での取扱い

今回、赴任した社員は日本で付与されたストックオプションを持っています。この赴任者が、赴任地でストックオプションの権利を行使したり、譲渡した場合の赴任地での課税上の取扱いについて教えてください。

A

1 概　要

従業員に対してストックオプションを付与する企業も増えていますが、それに伴い、ストックオプションを付与した従業員を海外に赴任させる場合、赴任中に当該ストックオプションを行使又は譲渡した場合、赴任地の課税がどのようになるか気になるところです。

そこで以下では台湾・韓国・マレーシア・インド・フィリピンのストックオプションの取扱いについて順番に見ていきましょう。

2 各国別でみた違い
1 台湾／ストックオプションの取扱い

　台湾におけるストックオプションに関する課税上の取扱いは、figure表45-1-1のとおりです。

figure表45-1-1 台湾におけるストックオプションに関する課税上の取扱い

	所得の種類	課税の方法
台湾内での勤務に対して付与されたストックオプション	台湾国内源泉所得	「その他所得」として、所得総額に算入（**Q34**参照）
台湾外での勤務に対して付与されたストックオプション	台湾国外源泉所得	非課税 →基本所得を算出する際にカウントの対象にする必要あり。

① 赴任地の個人所得税（台湾・韓国・マレーシア・インド・フィリピン）

2　韓国／ストックオプションの取扱い

　韓国におけるストックオプションに関する課税上の取扱いは、明確にはなっていませんが、図表45-2-1になると考えられます。

図表45-2-1 韓国におけるストックオプションに関する課税上の取扱い

時　期	課税所得	所得の種類
ストックオプション行使時	（行使時点の時価－行使価格）のうち韓国勤務期間分を按分して課税	勤労所得
株式譲渡時	（譲渡価格－行使時点の時価）をキャピタルゲイン課税	譲渡所得

4 駐在員にまつわる日本及び赴任地国での税務問題

3　マレーシア／ストックオプションの取扱い

　日本で付与したストックオプションをマレーシアで行使した場合、「行使価格－付与価格」がマレーシアにて課税の対象になります。なお、付与時から行使持までの期間を日本勤務期間とマレーシア勤務期間に分け、マレーシア勤務期間分のみをマレーシアで課税するというわけではなく、「行使価格－付与価格」の全額がマレーシアで課税対象になります。

　※No.12/2012 Share Schemes Benefit For Cross Border Employees を参照

4 インド／ストックオプションの取扱い

インドにおけるストックオプションに関する課税上の取扱いは、図表45 - 4 - 1 のとおりです。

図表45- 4 - 1 インドにおけるストックオプションに関する課税上の取扱い

	所得の種類	課税の方法
行使時	給与所得と考えられる	行使価格－付与価格に対して課税
譲渡時	譲渡所得（キャピタルゲイン課税）と考えられる	譲渡価格－行使価格に対して課税

5　フィリピン／ストックオプションの取扱い

　フィリピンにおけるストックオプションに関する課税上の取扱いは、日本で付与したストックオプションをフィリピンで行使した場合、「市場価格−行使価格」のうち、フィリピン勤務期間相当分がフィリピンにおいて課税の対象になります。

　なお、ストックオプションによる所得は実務上、コンペンセーションインカムと認識されると考えて良いでしょう。

1　赴任地の個人所得税（台湾・韓国・マレーシア・インド・フィリピン）

Q46 赴任国で退職を迎えた場合に日本から受け取る退職金の取扱い

赴任中に退職を迎え、赴任国の居住者として日本からの退職金を受け取った社員がいます。この場合、赴任地での当該退職金の課税方法について教えてください。

A

1　概　要

海外駐在員が赴任中に退職する場合、気になるのは退職金の課税の問題です。

結論から言うと、本書で取り上げている5か国のうち、台湾、韓国、マレーシア、インドについては当該国での勤務期間に相当する退職金が課税の対象になる一方、フィリピンについては退職金は課税対象とはされていません。

以下では台湾・韓国・マレーシア・インド・フィリピンにおける退職金及びそれに類する一時金の取扱いについて順番に見て行きましょう。

2 各国別でみた違い

1 台湾／退職金及びそれに類する一時金の取扱い

　台湾の個人所得税では、退職に起因して受け取る所得（日本本社から受け取る定年退職金や自主的な退職に伴う退職金等）については、給与所得ではなく、「分離所得（退職所得もこれに含む）」として認識されます。

　台湾赴任中に退職金を受け取る場合、入社後すぐに台湾に赴任したような場合を除いては、当該退職金は、台湾以外の国（たとえば日本）で勤務した期間に相当する退職金と、台湾での勤務期間に相当する退職金に分けられます。そのため、図表46-1-1のとおり、退職金を台湾勤務期間に相当する部分に分け、台湾勤務期間に相当する退職金については、退職金額を1年当たりに割ったとき、一定額以下の部分は非課税に、それを超過する額はその半額又は全額を所得純額（いわゆる課税所得：図表34-1-1参照）に算入することになります。（ちなみに勤続年数の端数は、その期間が6か月未満であれば半年として計算、6か月以上であれば1年として計算することになります。）

　一方、台湾勤務期間に相当しない退職金については、台湾国外源泉所得に該当するため、台湾国外での勤務に対する退職金等、いわゆる「台湾国外源泉所得」が年間で1世帯あたりTWD100万を超える場合には、ミニマムタックス税制（基本所得税制）の対象となります。

1　赴任地の個人所得税（台湾・韓国・マレーシア・インド・フィリピン）

図表46-1-1 退職金に対する台湾個人所得税での考え方

（日本から受け取った退職金を例にとり計算）

※なお、表中のTWD175,000、351,000については毎年の物価調整に伴い変更されることになる。

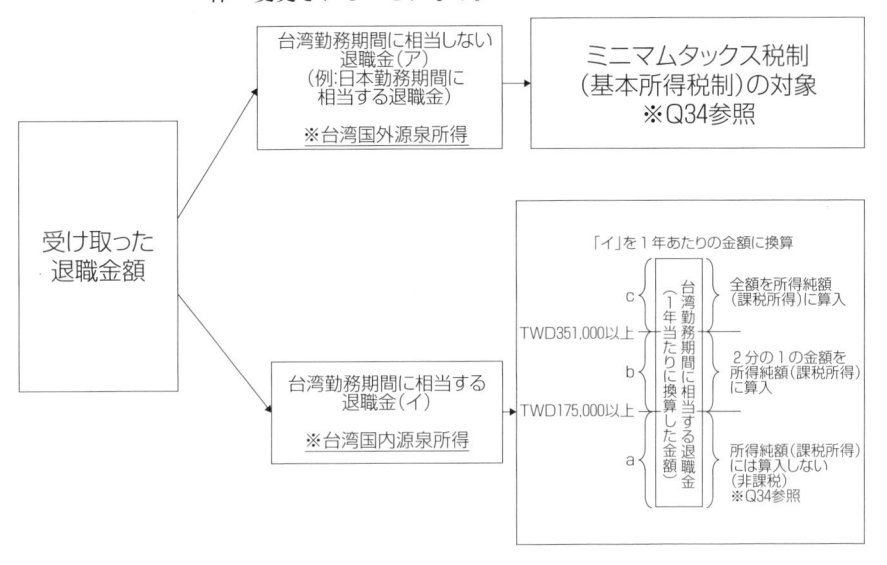

```
                    ┌─ 台湾勤務期間に相当しない     ┌─ ミニマムタックス税制
                    │   退職金（ア）              │   （基本所得税制）の対象
                    │   （例：日本勤務期間に    →  │      ※Q34参照
                    │    相当する退職金）          └─
                    │   ※台湾国外源泉所得
受け取った  ─┤
退職金額       │
                    │                              「イ」を1年あたりの金額に換算
                    │                              ┌─ c ─ 全額を所得純額
                    │                              │      （課税所得）に算入
                    │                              │   TWD351,000以上
                    └─ 台湾勤務期間に相当する  →  │
                        退職金（イ）                ┤ ─ b ─ 2分の1の金額を
                        ※台湾国内源泉所得          │        所得純額（課税所得）
                                                    │        に算入
                                                    │   TWD175,000以上
                                                    │
                                                    └─ a ─ 所得純額（課税所得）
                                                            には算入しない
                                                            （非課税）
                                                            ※Q34参照
```

※なお、上記は退職所得が一括払いされる際の計算方法です。
　分割払いされる場合については1年間で受け取った分割払いの退職所得から、TWD758,000を控除した額を所得総額（Gross Income）に算入して計算します。

307

4 駐在員にまつわる日本及び赴任地国での税務問題

2　韓国／退職金及びそれに類する一時金の取扱い

　個人所得税においては、退職に起因して受け取る所得（日本本社から受け取る定年退職金や自主的な退職に伴う退職金等）について、勤労所得等のような総合課税の対象となる所得とは別に、図表46-2-1の計算方式に基づき、「退職所得」というカテゴリーで課税されます。（勤労所得の税額計算とは別のFORM24という書式を用いて計算します。）

　なお、日本本社から受け取る退職金についても、この退職所得に関する計算方法を使用することができます。

図表46-2-1　退職所得の計算方法

①＝（（退職所得×5）÷勤続年数）×基本税率（6～38％）
退職金にかかる所得税＝（①÷5）×勤続年数

3 マレーシア／退職金及びそれに類する一時金の取扱い

　マレーシア個人所得税においては、退職に起因して受け取る所得（GRATUITY）については、一定の条件を満たしている場合、非課税扱いとなり、日本本社から受け取る退職金についても、マレーシア企業から支払われる退職金と同様に取り扱われます。

　では退職金が非課税となる「一定の条件」とは具体的にどのような場合でしょうか。No. 8 /2013 Gratuity 及び No. 10/2011 Gratuity をもとに、図表46- 3 - 1 にまとめてみました。

図表46- 3 - 1　退職金（GRATUITY）に対する課税

	退職金（GRATUITY）の取扱い
同一の会社にて10年以上の勤務後、強制的に退職（定年）になった場合	非課税
同一の会社にて10年以上の勤務後、早期退職した場合	課税
10年以上勤務後、強制退職となった NON EXECTIVE DIRECTOR	非課税
10年未満の勤務後、強制退職となったNON EXECTIVE DIRECTOR	課税

4 インド／退職金及びそれに類する一時金の取扱い

　インド個人所得税においては、退職に起因して受け取る所得（日本本社から受け取る定年退職金や自主的な退職に伴う退職金等）について、特別な優遇税制はありません。

　またインドでは「通常の居住者」については、全世界所得が課税の対象になります。

　よって、インド勤務中に受け取った退職金は、その全額がインドで課税の対象になります。また、退職金について日本で納税した金額については日印租税条約の観点からインド税務当局に対して外国税額控除の適用を受けることが可能です。

1　赴任地の個人所得税（台湾・韓国・マレーシア・インド・フィリピン）

5　フィリピン／退職金及びそれに類する一時金の取扱い

　フィリピンでは退職金についてはその支払が、海外であろうと日本であろうと、退職金については課税されません。

　外国から受け取る退職金について明確な規程はありませんが、理論的には上記と同様、課税の対象にはならないと考えられます。

4 駐在員にまつわる日本及び赴任地国での税務問題

Q47 赴任地における外国税額控除

年の前半で赴任した場合や、日本の役員が海外に赴任した場合など、同じ所得に対して赴任地と日本の両方で課税されることがあります。この場合、赴任地（居住地）国において外国税額控除の適用を受けることは可能ですか。

A

1 概　要

図表47-1 は5か国における外国税額控除に関する制度の有無及び当該制度がある場合の制度概要です。

図表47-1 赴任地における外国税額控除の取扱い

台　　湾	外国税額控除は存在しない。
韓　　国	外国税額控除の適用対象になると考えられる。
マレーシア	外国税額控除は存在しない。
インド	外国税額控除の適用対象になると考えられる。
フィリピン	外国税額控除は存在しない。

以下では台湾・韓国・マレーシア・インド・フィリピンの個人所得税に関する外国税額控除の取扱いについて順番に見ていきましょう。

2 各国別でみた違い
1 台湾／外国税額控除の取扱い
1．台湾における個人所得税の外国税額控除

　台湾では居住者であっても原則として台湾国内源泉所得しか課税されません。

　よって、同じ所得について海外でも課税され、日本でも課税されることは原則的にはないと考えられるため、外国税額控除は必要ありません。

　ただし、ミニマムタックス税制により、台湾国外源泉所得が課税の対象になる場合は、外国税額控除の適用を受けることができる旨が基本所得税法に規定されています。

4 駐在員にまつわる日本及び赴任地国での税務問題

2 韓国／外国税額控除の取扱い

1．韓国における個人所得税の外国税額控除

韓国居住期間が過去10年間のうち5年超である韓国居住者が、同じ所得に対して韓国と外国の両方で課税された場合は、韓国において外国税額控除が適用されます。なお、韓国では外国税額控除以外にも、図表47-2-1のとおり、日本からの赴任者も適用対象になりそうな様々な税額控除が存在します。（なお、以前は所得控除として存在した多子女控除、保険料、教育費、医療費、寄附、基礎控除、年金貯蓄は、2014年度より以下のとおり、税額控除として移管されています。）

図表47-2-1 韓国における個人所得税の税額控除

税額控除の種類	概要	税額控除の適用有無 居住者	税額控除の適用有無 非居住者
外国税額控除	所得税額×（韓国外源泉所得／総所得額） ※ただし韓国居住期間が過去10年間で5年超の場合のみ適用	適用あり	適用なし
勤労所得税額控除	給与総額 ・KRW5,500万以下…KRW66万が限度 ・KRW5,500万超〜7,000万以下 　…Max ｛KRW63万、KRW66万−［（給与総額−KRW5,500万）×1／2］｝ ・KRW7,000万超〜 　…Max ｛KRW50万、KRW63万−［（給与総額−KRW7,000万）×1／2］｝	適用あり	適用あり
納税組合税額控除	納税組合を利用して韓国外で支払われた所得を申告・納付した場合、当該納税組合を通じて納税した税額の10％を税額控除	適用あり	適用あり
子女税額控除	子女1〜2名：KRW15万／人 子女2名超：KRW30万／人 2名超過1名当たり：KRW20万	適用あり	適用なし

1　赴任地の個人所得税（台湾・韓国・マレーシア・インド・フィリピン）

保険料税額控除	保障性保険料の12%（保険料KRW100万限度）	適用あり	適用なし
医療費税額控除	総給与額の3％を超過する医療費の15%（超過する医療費はKRW700万限度）	適用あり	適用なし
教育費税額控除	教育費の15%（教育費は大学生1人当たり年KRW900万、小学校進学前児童と初め・中・高校生である1人当たりKRW年300万）	適用あり	適用なし
寄附金税額控除	寄附金の15%（該当金額がKRW3,000万を超過する場合、その超過分に対しては25%） 限度規定は省略	適用あり	適用なし
標準税額控除	勤労者KRW12万	適用あり	適用なし

4 駐在員にまつわる日本及び赴任地国での税務問題

3 マレーシア／外国税額控除の取扱い

1．マレーシアにおける個人所得税の外国税額控除

　マレーシアでは居住者であっても原則としてマレーシア国内源泉所得しか課税されません。

　よって、同じ所得について海外でも課税され、日本でも課税されることは原則的にはないと考えられるため、外国税額控除の必要はありません。

　ただし、たとえばマレーシアからタイに出張する場合、出張期間中の所得はタイ源泉所得であるものの、当該タイ勤務は、マレーシアでの任務の一貫として行われる場合は、タイ勤務期間中の所得についてはマレーシア源泉所得とみなされます。

　したがって、仮にこのタイ勤務期間の所得がタイで課税された場合、同じ所得に対してタイとマレーシアの両方で課税されるので、両国間に租税条約があれば、租税条約に従い、外国税額控除の制度が適用されることになります。

　（ただし上述のとおり、マレーシアは国内源泉所得のみ課税であり、国外源泉所得を外国税額控除するという制度はないものの、タイ勤務期間の所得を便宜上、マレーシア国外源泉所得とみなしてマレーシアで税額控除を行うことは可能です。）

4　インド／外国税額控除の取扱い

1．インドにおける個人所得税の外国税額控除

　インド居住者に該当する場合、同じ所得に対してインドと日本の両方で課税された場合は、両国間の租税条約に基づき、インドにおいて外国税額控除が適用されると考えられます。

　また、インド個人所得税では、日本からの駐在員が適用できる税額控除は、外国税額控除を除き特に存在しません。

5　フィリピン／外国税額控除の取扱い

1．フィリピンにおける個人所得税の外国税額控除

　フィリピンでは居住者であっても原則としてフィリピン国内源泉所得しか課税されません。（ちなみに外国人については滞在年数にかかわらず、原則としてフィリピン非居住者になります。詳細は**Q32**をご参照ください。）

　よって、同じ所得について海外でも課税され、日本でも課税されることは原則的にはないと考えられるため、外国税額控除は必要ありません。

2 日本の所得税

Q48 日本での居住者・非居住者の定義と課税所得の範囲

海外勤務中は日本の非居住者になると聞いていますが、居住者・非居住者の具体的な区分の仕方がわかりません。また居住者・非居住者で課税所得の範囲がどのように異なるのかを教えてください。

A 日本を1年以上の予定で離れる人は、日本を出国した日の翌日から、日本の非居住者となります。また、海外勤務期間が10か月など、日本を離れる期間が1年未満の予定の場合は、海外勤務中であっても「日本の居住者」になります。

また、日本の居住者の場合、国内源泉所得だけでなく、国外源泉所得も課税の対象になりますが、非居住者の場合、日本で課税対象となるのは、国内源泉所得のみとなります。

1．居住者・非居住者の区分が重要な理由
〜居住者と非居住者では課税対象所得や課税方法が根本的に異なる〜

海外駐在員の税務を考える上では、まずその人が日本の税法上、「居住者」に該当するか、「非居住者」に該当するかの判定が、最も重要なポイントになっています。

なぜなら、その人が日本の居住者か非居住者かによって、日本での課税所得の範囲及び課税方法が根本的に異なってくるからです。

2．居住者・非居住者で異なる課税所得の範囲
～居住者は全世界所得課税、非居住者は国内源泉所得のみ課税～

　日本の所得税法では、納税義務者を 図表48-1 のように、「個人」及び「法人」に区分し、更に「個人」については国内における住所の有無又は1年以上の居所の有無に応じて、「居住者」及び「非居住者」に区分しています。

　居住者、非居住者の区分は、「その人の国籍や在留資格」には関係なく、「その人の住所や1年以上継続した居所が国内にあるか否か」により判定します。
（ただし、公務員や船舶・航空機の乗務員等には特例が適用されるため、この限りではありません。）

　よって、1年以上の予定で海外に勤務する人については、出国の翌日から、日本の非居住者となります。

図表48-1　所得税法による居住者・非居住者の区分

		定　義	国内源泉所得	国外源泉所得（＊）
居住者	非永住者以外の居住者	国内に住所を有し、又は現在まで引き続いて1年以上居所を有する個人のうち、非永住者以外の者	課税	課税
	非永住者	居住者のうち日本国籍を有しておらず、過去10年以内に国内に住所を有していた期間の合計が5年以下の者	課税	国内で支払われたもの及び国外から送金されたもののみ課税
非居住者		居住者以外の個人（1年以上の予定で日本を離れる人は非居住者に該当）	課税	非課税

（＊）　所得税法では「国外源泉所得」という言葉はありませんが、ここでは便宜上「国内源泉所得以外の所得」を「国外源泉所得」といいます。

② 日本の所得税

Q49 駐在員が日本で確定申告しなければならないケース

1年以上の予定で、日本を離れる場合には、非居住者となるため、日本では(日本)国内源泉所得のみ課税されると聞きました。日本の非居住者となった駐在員が、海外勤務中、日本で確定申告をしなければならない例を教えてください。

A 海外駐在員として赴任した翌年以後（帰国年を除く）の各年の確定申告が必要なのは、毎年その年1年間に生じた「海外勤務者の一定の所得の金額」が基礎控除額（38万円）を超えることになる場合です。（出国した年については一定の所得が20万円を超えると確定申告が必要です。）

この場合、翌年2月16日～3月15日までに確定申告をする必要があります。

1．出国した年に確定申告が必要なケース
～給与以外の国内源泉所得が20万円超ある場合～

海外に赴任する年の1月1日から出国時までに生じた所得が給与所得のみであれば、通常は出国時に年末調整が行われているので、確定申告は不要です。（出国する年の年末調整は「**Q6：海外駐在に当たって出国までに日本本社が行っておくべき税務上の手続**」をご参照ください。）

しかし、たとえば不動産の貸付けによる所得、給与以外の所得が20万円超ある場合は、確定申告が必要になります。

確定申告書の提出時期は、**図表49-1**のとおり、納税管理人を選任しているか否かで異なります。

321

4 駐在員にまつわる日本及び赴任地国での税務問題

図表49-1 納税管理人選任の有無で異なる確定申告書の提出時期

納税管理人を選任している場合	赴任した翌年の2月16日～3月15日までに提出
納税管理人を選任していない場合	出国前にいったん提出

2．出国中の年に確定申告が必要なケース
～給与以外の国内源泉所得が38万円超ある場合～

　海外勤務者として赴任した翌年以後（帰国年を除く）の各年に確定申告が必要なのは、毎年その年1年間に生じた海外勤務者の給与所得以外の一定の所得（**図表49-2** 参照）の金額が基礎控除額（38万円）を超えることとなる場合です。

　この場合、翌年の2月16日から3月15日までにこれらの所得について確定申告をする必要があります。

　（非居住者期間に確定申告を行う際、適用される所得控除は「基礎控除」「雑損控除」「寄附金控除」のみになります）

図表49-2 海外勤務中でも確定申告が必要な所得

- 国内にある資産の運用、保有又は譲渡による所得（所法161一、一の二、一の三）
- 国内に事業所を有して事業を行っている場合には、その事業の所得
  その他の国内源泉所得（所法161一、二、164①一～三）
- 国内にある不動産の賃貸料による所得（所法161三）

Q50 海外滞在期間の変更（駐在期間が短縮になった場合）

本年、4月1日から3年間の予定で海外に駐在していたA氏が、健康上の都合でやむを得ず、駐在後半年に当たる9月末日で日本に帰国することになりました。

この場合、本年4月1日から日本の非居住者として、日本で非課税扱いとしてきたA氏の給与・賞与について、もう一度、本年4月1日に遡って、居住者に対する給与・賞与として課税し直さなければならないのでしようか。

A 1年以上の海外勤務を予定して出国した人については、たとえその後の事情変更により1年未満で帰国しても、海外勤務期間中は非居住者として取り扱われるため、過去の課税関係を訂正する必要はありません。

つまり、出国した日の翌日から、赴任期間の短縮が決まる日までは、所得税法上、「非居住者」となります（なお、この事例については帰国した日までを「非居住者」とし、その翌日（10月1日）より、「居住者」として扱います）。

1．一般的な考え方
～所得税基本通達3-3より～

海外勤務者として出国した人が居住者に該当するか非居住者に該当するかは、その人の出国時における海外滞在期間が1年以上となる業務に従事することとなるか否かによって判断されます（所令15）。つまり海外に勤務する期間が契約などにより当初から1年未満であることが明らかな場合を除き、出国の日の翌日より非居住者として取り扱われることになります（所基通3-3）。

323

2．海外勤務期間に変更が生じた場合
〜１年以上の予定が１年未満に変更になった場合〜

「海外勤務期間が１年以上」と予定されるなど、出国の翌日から「非居住者」となった場合でも、その後のやむを得ない事情（事故、病気、現地法人閉鎖、現地政情不安等）で結果的に海外勤務期間１年未満になった、という事態も当然考えられます。

しかし、このような場合でも「居住者」「非居住者」の判定は「出国時の海外勤務期間の見込みがどうであったか」が基準となります（所令15）。

ですので、この場合、A氏の出国時の海外勤務予定期間は３年間（つまり「１年以上」）であったことから、その後たとえ１年未満の間に（やむを得ない事情で）帰国した場合でも、その海外勤務期間中は当初の見込みどおり「非居住者」として取り扱われることになります。

つまり、この場合はたとえ結果的に１年未満の海外勤務期間であっても、その期間中は「非居住者」として取り扱われるため、A氏の出国時にさかのぼって過去の非課税処理を訂正する必要はありません。

Q51 海外滞在期間の変更（駐在期間が延長になった場合）

当社の社員Ｃ氏は、当初５か月間の予定で海外駐在員として、海外の駐在員事務所に勤務していましたが、その勤務期間後に発生した事情により、さらに３年間、海外勤務を継続することになりました。この場合、当初の予定では、１年未満の海外勤務であったため、当社は社員Ｃ氏を日本の居住者として取り扱っていましたが、海外勤務期間の延長に伴い、結果的１年以上の海外勤務となります。この場合、出国時に遡って、非居住者として判定替えする必要があるのでしょうか。

A　勤務期間の延長が明らかになった日以降は、非居住者としての処理を行わなければなりませんが、出国時に遡って、非居住者として判定替えを行う必要はありません。

１．一般的な考え方
〜所得税基本通達３-３より〜

　Ｃ氏の場合、当初出国時においては現地での勤務期間があらかじめ５か月と定められていますので、「国内に住所がないもの」、つまり「非居住者」には該当せず、「居住者」として取り扱われます（所基通３-３）。

　しかし、海外勤務期間が延長され、出国時より起算して１年以上海外に滞在することになった場合には、その事実が明らかになった日以降は、日本国内に住所を有しないものと推定され、その日以降は「非居住者」として取り扱われることとなります（所令15）。

　したがって、その日以降に支払われる給与については日本国内における勤務がない限り、日本での課税は行われません。

2．年末調整はいつ行うか
～非居住者に判定替えしてから速やかに行う～

　海外勤務期間の延長が決まるまでの、居住者期間の給与については、居住者が出国して非居住者となる場合と同様に年末調整を行って税額の精算を行い、非居住者になった後に支給期の到来する給与については、国内勤務に基因する部分がない限り、非課税扱いとすればよいことになります。

Q52 海外現地法人に出向する社員に対する日本払給与

現在、3年間の予定で海外現地法人に出向しているA氏に対する給与は（海外現地法人ではなく）、日本の親会社がその半分以上を負担していますが、日本の税務上、何か問題があるでしょうか。また、日本払給与は海外で納税する必要があるのでしょうか。

A たとえ貴社が100％出資している現地法人に出向している社員であっても、その社員の給与を、日本本社側が全額又は大部分負担している場合、当該負担金は、日本本社から海外現地法人への寄附金とみなされて、課税されるケースがあるので注意が必要です。一方、この日本払給与は、赴任国国内源泉所得に該当しますから、赴任国で納税する必要があります。

1．日本での税務について
〜現地法人に勤務する社員の給与は現地法人が負担すべき〜

(1) 基本的な考え方

企業の中には、海外の現地法人に出向している社員の給与を全額、もしくは大部分を日本の本社から支給しているケースも少なくありません。

会社としては、「出向中とはいっても、自社の社員には変わりがないわけだし、出向先の海外現地法人は自社の子会社なのだから、当該社員の給与を、日本本社側が支給していても問題ないだろう」と考えていることも多いようです。

しかし、貴社の社員が、海外で勤務している先が、仮に貴社の100％子会社であっても、客観的にみれば、貴社とは別の法人です。ですから、貴社の社員が海外の現地法人のために勤務しているのであれば、その社員に

4　駐在員にまつわる日本及び赴任地国での税務問題

かかる費用は、全額、現地法人額に負担してもらうべきということになります。

(2) 日本の税務上、留意すべき事項
～法人税法上、「寄附金」として認識され、課税されるケースも～

最近の税務調査においては、海外現地法人等に出向している社員の給与を親会社が負担している場合、当該負担金は、「日本の本社から海外現地法人等に対する寄附金である」とみなされ、当該負担金の損金算入を否認され、寄附金として課税されるケースも少なくないようです。

(3) 親会社からの支給額がどの程度であれば寄附金課税されないのか

とはいえ、日本側から給与を支給しなければ、社会保険上、「日本の企業と雇用関係が継続している」とはみなされませんし、出向先の現地法人の経営状態から考えると、日本からの出向者の報酬に見合う金額を支払えるとは限らない場合も多いようです。

そのような場合、どの程度の金額であれば、海外現地法人等に出向した社員の給与を負担してもよいかを判断する上での指標の一つに、図表52-1のとおり法人税基本通達9-2-47があります。

同通達では、出向先が経営不振で賞与を支給することができない場合や、出向先法人が海外にあるため、出向元法人が支給する留守宅手当の額等を出向元（この場合日本本社）が負担しても、出向元の損金の額に算入することを認める、としています。

ただ、どの程度の額までなら損金に認められるかといった基準は示されていませんので、現実には個々の企業の状況に応じて、判断されるのが現状です。

図表52-1 法人税基本通達9-2-47：出向者に対する給与の較差補塡

　出向元法人が出向先法人との給与条件の較差を補塡するため出向者に対して支給した給与の額（出向先法人を経て支給した金額を含む。）は、当該出向元法人の損金の額に算入する。（昭55年直法2-8「三十二」、平10年課法2-7「十」、平19年課法2-3「二十二」、平23年課法2-17「十八」により改正）
（注）出向元法人が出向者に対して支給する次の金額は、いずれも給与条件の較差を補塡するために支給したものとする。
　1．出向先法人が経営不振等で出向者に賞与を支給することができないため出向元法人が当該出向者に対して支給する賞与の額
　2．出向先法人が海外にあるため出向元法人が支給するいわゆる留守宅手当の額

2．赴任国での税務
〜日本払給与も赴任国で申告・納税義務あり〜

　A氏は3年間の予定で赴任国に勤務しているわけですから、「赴任国の居住者」となります。また、A氏が日本本社から受け取る給与は、赴任国での勤務に対する対価ですから、「赴任国の国内源泉所得」に該当するため、赴任国で納税義務が生じます。

　企業の中には、日本払給与について、赴任国で納税していないケースもありますが、これは「脱税行為」に相当するということを念頭に置かれ、必ず日本払給与もあわせて赴任国で申告・納税することをお勧めします。（「Q42：個人所得税の申告・納税の遅延に対する罰則」をご参照ください。）

4 駐在員にまつわる日本及び赴任地国での税務問題

Q53 日本で役員の地位にある駐在員が受け取る日本本社からの役員報酬

現在、3年間の予定で、海外に駐在している日本役員A氏には、毎月、日本本社からA氏の日本払口座に「国内払給与（役員報酬）」を振り込んでいます。通常、1年以上の予定で海外勤務になった者に支払う日本払給与は日本で源泉徴収の必要がないそうですが、役員の場合も同じでしょうか。

A 役員の場合は、日本払給与は「国内源泉所得」として取り扱われるため、支払時に20.42%の税率で、源泉徴収する必要があります。ただし、海外で「使用人」として勤務している場合については、当該国内払給与に対して、源泉徴収は不要になります。

1．日本での税務
(1) 役員に支払う国内払給与が日本で課税される理由
〜所得税法第212条・第213条、所得税法施行令第285条より〜

「Q52：海外現地法人に出向する社員に対する日本払給与」でも説明しましたが、親会社で使用人の立場の人が、海外勤務中に受け取る国内払給与（留守宅手当）は、「国外源泉所得」に該当するため日本では課税されません。

一方、日本において役員である人が、海外勤務中に国内払給与を受け取った場合は、当該給与は「国内源泉所得」扱いとなり、所得税法第212条、第213条に基づき、支払時に会社側で20.42%の税率で源泉徴収する必要があります。そもそも役員の中には、日常の業務には直接関与しないで、取締役会に出席し、企業の経営に従事し、役員報酬を得ている場合も少なくありません。

このような場合、役員としての役務提供がどこで行われたかを判断する

330

のは困難ですから、所得税法上、内国法人の役員に対して支給される報酬・賞与は原則として、その勤務地がどこであろうと「国内源泉所得」として日本で課税されることになります。

(2) 役員の国内払給与であっても課税されないケース
~所得税基本通達161-29、161-30より~

とはいえ、内国法人の役員であって、勤務他国での職務内容によっては、日本で使用人である人と同様、国内払給与を非課税扱いとすることができます。

このことを 図表53-1 にまとめてみました。（日本において役員である人の日本払給与が非課税扱いになるかどうかは、現地での職務内容など、個別に判断されることになりますので、図表53-1 はあくまで参考程度にご利用ください。）

図表53-1 海外勤務中の日本の役員・使用人に支払う国内払給与に対する課税関係

	(1) 海外現地法人に勤務する場合		(2) 海外支店・駐在員事務所に勤務する場合	
	① 日本の親会社からみると、実質的には使用人として勤務する場合（現地法人で使用人として常時勤務する場合）	② 左記以外（使用人として常時勤務しない場合）	① 日本の親会社からみると、実質的には使用人として勤務する場合（支店・駐在員事務所で使用人として常時勤務する場合）	② 左記以外（使用人として常時勤務していない場合）

4 駐在員にまつわる日本及び赴任地国での税務問題

日本での役職	1．代表権を持つ役員	20.42％課税（所令285①一）（仮に「使用人」としての業務を行っていたとしても、日本で代表権を持つ者が使用人としての地位を有するとは認められない。）	20.42％課税（所令285①一）	20.42％課税（所令285①一）（仮に「使用人」としての業務を行っていたとしても、日本で代表権を持つ者が使用人としての地位を有するとは認められない。）	20.42％課税（所令285①一）
	2．役員	非課税　「支店の設置が困難である等、その子会社の設置が海外における現地特殊事情に基づくもので、その子会社の実態が内国法人の支店・出張所と異ならない場合」等の要件を満たす場合は使用人兼務役員として扱われる。（所基通161-30）⇒実際に当該通達の適用対象となるか否かは管轄の税務署等にご確認ください。	20.42％課税（所令285①一）	非課税　ニューヨーク支店長など、内国法人（＊）の使用人として常時勤務する場合（＊）海外支店というのはあくまで日本の本社の一部、つまり内国法人に該当する。（所令285①かっこ書き）（所基通161-29）⇒実際に当該通達の適用対象となるか否かは管轄の税務	20.42％課税（所令285①一）

332

				署等にご確認ください。	
3．使用人	非課税	非課税	非課税		非課税

2．海外での税務
～日本払給与の海外での取扱い～

　海外勤務中の日本の役員に支払われる日本払給与は「（日本）国内源泉所得」に該当する場合、そのまま裏を返すと、当該所得は海外から見ると「（赴任国）国外源泉所得」に該当するといえるかもしれません。

　しかし、いくら日本からの役員報酬とはいえ、当該役員が赴任地国で業務を行っている以上は、日本から支払われる役員報酬も赴任国からみると「（赴任国の）国内源泉所得」として取り扱われても仕方ないといえるのではないでしょうか。この場合、当該役員報酬は日本と赴任国の両方で課税されますので（二重課税）、赴任者の居住地国（つまり赴任国）で外国税額控除の対象となる余地があります。（詳細は「**Q47　赴任地における外国税額控除**」をご参照ください。）

4 駐在員にまつわる日本及び赴任地国での税務問題

Q54 海外で退職を迎える社員の退職金の日本での取扱い

このたび、海外勤務中のA氏が海外で退職を迎えることになり、日本から退職金を支払うことになりました。この退職金に対する日本及び海外での課税上の取扱いについて教えてください。

A 会社側は海外勤務期間中に、海外駐在員に対して支給する退職金のうち、国内勤務期間に対応する金額（国内源泉所得）には、支払時に20.42％の税率で所得税を源泉徴収します。一方、海外勤務中に退職金を受け取るA氏は、「選択課税」制度を利用することで、居住者として当該退職金の支給を受けたものとみなして、会社側で源泉徴収された所得税から、居住者として退職金を受け取った場合の税額を引いた差額について還付請求をすることができます。一方、A氏が赴任国の居住者として退職金を受け取れば、当該退職金に対して赴任国でも課税されます。

1．会社側の処理
〜国内源泉所得部分について20.42％源泉徴収〜

　海外勤務中の社員に対して支給する退職金については、国内勤務期間に対応する金額（国内源泉所得）については、支払時に20.42％の税率により所得税を源泉徴収する必要があります（所法169、170、212、213）。

　ちなみに海外勤務期間に対応する金額については、日本では課税されません。

図表54-1　退職金の課税時期

　退職金の課税時期は、「実際に退職金が支払われた時点」ではなく、「退職所得の収入の確定した時期」であり、そのときに居住者であったか、非居住者であったかにより、その課税方法が大きく異なります。そのため、実際に

は非居住者であった期間内に退職所得金額が確定しているにもかかわらず、その現実の支払は、その人が帰国して居住者となった後だったとしても、退職所得が「確定」したのは、非居住者であったときですから、あくまでも「非居住者の退職金として課税（20.42％の税率による源泉徴収）」しなければなりません（所基通36-10）。

２．退職者側の処理
～確定申告を行うことで、退職金に対する税額を還付してもらう～

　退職金の支払を受けたのが非居住者である海外勤務期間中であったため、20.42％の税率により源泉徴収された場合、海外勤務者であるＡ氏は、本来、居住者として退職金を受けた場合と比較して、高い所得税の負担を強いられる場合が多々あります。
（居住者として退職金を受け取れば、「退職所得」として取り扱われるため、税負担が相当軽減されます。）

　そこで、退職金の支払を受けたのが、たまたま海外勤務期間中であったため、高い税負担を強いられることは不合理であることから、このアンバランスを解消するために、非居住者期間に退職金の支給を受けた場合は、納税者の選択により、居住者として当該退職金の支給を受けたものとみなして、確定申告書を提出し、20.42％の税率で源泉徴収された税額との差額を還付してもらうことができます。これを「選択課税の適用」といいます（所法171、所法172②、173①）。

３．赴任国での課税

　では、日本から受け取る退職金は赴任国で課税の対象となるでしょうか。詳細は「**Q46　赴任国で退職を迎えた場合に日本から受け取る退職金の取扱い**」をご参照ください。

# 出張者の税務

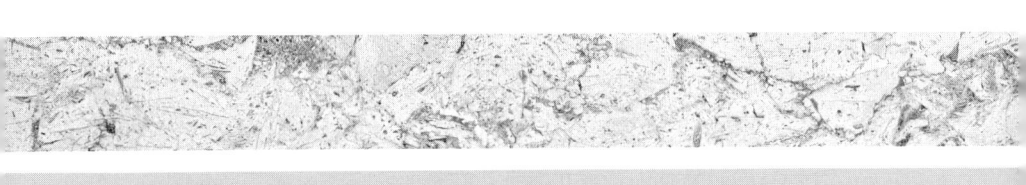

5 出張者の税務

Q55 日本からの出張者に対する課税〜短期滞在者免税〜

日本から海外に出張する際、海外での滞在日数が183日以内であれば、出張先の国での個人所得税が免税になると聴きましたが、この制度について詳しく教えてください。

A

1 概 要

1．短期滞在者免税とは
〜日本と出張先の国が締結した租税条約より〜

　一般に給与に対する第一次課税権は、給与を支払った企業が居住する国ではなく、給与の対価となる役務を提供した国（勤務を行った国）にあります。そのため、貴社の社員が海外で勤務したことに対する報酬は、その報酬がどこの国（たとえば日本）から支払われていようと、勤務した国で課税されることが原則です。（もちろん貴社の社員Ａ氏が日本の居住者である限り、当該報酬に対しては、日本にも課税権があります。）

　しかし、日本と出張先の国が租税条約を締結しており、出張先での滞在日数が183日以下等、一定の条件を満たした場合は、出張先での課税は免除されるという制度が「短期滞在者免税」という租税条約上で定められたルールなのです。（なお、本書で取り上げる5か国のうち、台湾以外の国については、日本はそのいずれの国とも租税条約を締結しています。）

　なお、滞在期間が免税の対象となる183日を超えてしまった場合の申告・納税については、信頼できる会計事務所や法律事務所のサービスを利用するのが無難です。

　以下では台湾・韓国・マレーシア・インド・フィリピンと日本が締結している短期滞在者免税の取扱いについて順番に見ていきましょう。

2 各国別でみた違い
1 台湾／短期滞在者免税
1．短期出張者の課税

　2013年12月現在、日本と台湾の間には租税条約が存在しません。そのため、租税条約の短期滞在者免税の適用は受けられませんので、台湾の所得税法に従い、台湾での滞在期間が累計で90日以内の場合については、台湾で免税扱いとなりますが、台湾滞在期間が90日を超えると台湾で個人所得税の納税義務が生じることになります。台湾滞在期間で異なる台湾における個人所得税の課税上の取扱いについては図表33-1-1をご参照ください。

2．台湾への長期出張及び頻繁な台湾出張を繰り返す場合の留意点

　台湾では税務当局と入国管理局がオンラインでつながっています。よって、暦年での台湾滞在日数が90日を超えていながら申告を行っていない場合、台湾に入国できず、罰金を取られる可能性があります。

　また、仮に台湾に出張ベースで訪問している間は台湾での滞在期間が暦年で90日を超えていても特に指摘がない場合でも、台湾に赴任することになり、台湾で確定申告を行うようになると、その時点で過去7年分の台湾滞在日数を調査され、納税漏れが見つかった場合は過去7年分にさかのぼって申告・納税を求められる場合があります。

3．台湾で課税された場合、日本の所得税から控除可能か

　日本の居住者が、台湾での出張等に伴い、台湾で個人所得税の申告・納付義務が生じた場合、台湾で生じた所得税を一定の算式のもと、確定申告時に、日本の所得税から控除できる場合があります。

5　出張者の税務

2　韓国／短期滞在者免税

1．短期滞在者免税の条件

　日本韓国租税条約の「第15条：給与所得条項」によりますと、図表55-2-1の条件を満たせば、日本からの出張者の韓国滞在期間に対する韓国個人所得税の課税が免除されます。

図表55-2-1　短期滞在者免税の条件

〜日本韓国租税条約第15条より〜
　以下3つの条件を全て満たせば、韓国へ出張する日本の居住者の給与所得について、韓国個人所得税の課税が免除される。
1．韓国滞在期間が、1課税年度で累計183日以内であること
2．出張者への報酬の支払者が韓国居住者でないこと（つまり、出張者に対して韓国現地法人から給与・手当等が支給されていないこと）
3．出張者への報酬が、韓国国内にある恒久的施設によって負担されていないこと

※免税適用のためには、居住証明書に日本の税務局からの証明を受け、韓国の税務当局に提出することが必要。

2．短期滞在者免税適用にあたり、必要となる書類は？

　韓国で短期滞在者免税の適用を受けるためには、図表55-2-2に記載の書類を準備しておく必要がありますが、実際には下記の書類を提出するケースは少ないと考えられます。

図表55-2-2　短期滞在者免税適用のために必要となる書類

・租税条約適用届出書

3 マレーシア／短期滞在者免税

1．短期滞在者免税の条件

日本マレーシア租税条約の「第15条：給与所得条項」によりますと、図表55-3-1の条件を満たせば、日本からの出張者のマレーシア滞在期間に対するマレーシア個人所得税の課税が免除されます。

図表55-3-1　短期滞在者免税の条件

~日本マレーシア租税条約第15条より~
以下３つの条件を全て満たせば、マレーシアへ出張する日本の居住者の給与所得について、マレーシア個人所得税の課税が免除される。
1．マレーシア滞在期間が、１課税年度で累計183日以内であること
2．出張者への報酬の支払者がマレーシア居住者でないこと
　（つまり、出張者に対してマレーシア現地法人から給与・手当等が支給されていないこと）
3．出張者への報酬が、マレーシア国内にある恒久的施設によって負担されていないこと

では具体的に上記３つの条件をそれぞれ満たすことができる場合、満たすことができない場合について、Public Ruling NO.2／2012をもとに整理したのが図表55-3-2です。

図表55-3-2　短期滞在者免税要件の具体的解釈

	満たす場合	満たさない場合
第１条件	・マレーシア法人によって給与・手当等が負担されていない場合	・マレーシア法人に給与等が負担されている場合（Example 3） ・本人とマレーシア法人の間に雇用契約はないが、実質的に雇用契約があるのと同様の指揮命令系統、業務内容である場合 ・マレーシア法人により給与の負担がされていないが、手当の支給が

5 出張者の税務

		ある場合
第2条件	・給与は全額本国から支給されており、手当類も本国から支給されている。またそれらについてPEに付替請求していない。	・PEから給与は支払われていないが、PEに付替請求されている場合 ・PEから給与は払われていないが、手当が支給されている場合（Example 4）

2．短期滞在者免税適用にあたり、必要となる書類は？

Public RulingNO.2／2012によりますと、マレーシアで租税条約に基づく短期滞在者免税の適用は自動的に受けられるものではなく、申請が必要になります。図表55-3-3に記載の書類を準備しておく必要があります。

仮にマレーシア滞在日数が183日以下かつ、給与が全額日本から支給されている場合でも、原則的には図表55-3-3に記載の書類を準備しておく必要があります。

図表55-3-3 短期滞在者免税適用のために必要となる書類

・居住者証明書
・パスポートのコピーとマレーシア入国日、出国日に関するリスト
・雇用主からの以下について記載された文書
　・給与負担者はだれか。
　・マレーシア側に当該従業員にかかるコストの払戻しを受けているか。

4 インド／短期滞在者免税

1．短期滞在者免税の条件

　日本インド租税条約の「第15条：給与所得条項」によりますと、図表55-4-1の条件を満たせば、日本からの出張者のインド滞在期間に対するインド個人所得税の課税が免除されます。ただし、出張者個人がPE認定を受けた場合には、短期滞在者免税の適用を受けることはできません。

図表55-4-1　短期滞在者免税の条件

　　　　　〜日本インド租税条約第15条より〜
　以下3つの条件を全て満たせば、インドへ出張する日本の居住者の給与所得について、インド個人所得税の課税が免除される。
1．インド滞在期間が、1課税年度で累計183日以内であること
2．出張者への報酬の支払者がインド居住者でないこと
　（つまり、出張者に対してインド現地法人から給与・手当等が支給されていないこと）
3．出張者への報酬が、インド国内にある恒久的施設によって負担されていないこと

2．短期滞在者免税適用にあたり、必要となる書類は？

　インドでは、短期滞在者免税の適用を受けるための公的な申請書類は特にありませんが、しいて言えば、図表55-4-2のとおり、パスポートの出入国印が滞在日数の証明となります。

図表55-4-2　短期滞在者免税適用のために必要となる書類

　公的な書式は特に存在せず、パスポートの出入国印が滞在日数の証明になる。

5 フィリピン／短期滞在者免税

1．短期滞在者免税の条件

日本フィリピン租税条約の「第15条：給与所得条項」によりますと、図表55-5-1の条件を満たせば、日本からの出張者のフィリピン滞在期間に対するフィリピン個人所得税の課税が免除されます。

図表55-5-1　短期滞在者免税の条件

～日本フィリピン租税条約第15条より～
以下3つの条件を全て満たせば、フィリピンへ出張する日本の居住者の給与所得について、フィリピン個人所得税の課税が免除される。
1．フィリピン滞在期間が、1課税年度で累計183日以内であること
2．出張者への報酬の支払者がフィリピン居住者でないこと
　（つまり、出張者に対してフィリピン現地法人から給与・手当等が支給されていないこと）
3．出張者への報酬が、フィリピン国内にある恒久的施設によって負担されていないこと

2．短期滞在者免税適用にあたり、必要となる書類は？

フィリピンで短期滞在者免税の適用を受けるためには、原則として、図表55-5-2に記載の書類を準備しておく必要があります。

図表55-5-2　短期滞在者免税適用のために必要となる書類

・租税条約の適用証明書（FORM0901-S）
・居住者証明書
・フィリピン国内のビジネス拠点の証明書
・認証されたパスポートのコピー　等

Q56 出張先の国と日本の両方で所得税が課税された場合の外国税額控除の取扱い

当社社員Ａ氏は、海外の出張ベースの滞在期間が183日を超えたので、今般、海外勤務期間相当分の給与につき、出張先の国で納税することになりました。一方、Ａ氏は日本の居住者であることから、Ａ氏の給与については日本でも所得税が課税されているので、海外勤務期間に相当する給与については日本及び出張先国で課税されることになります。このような場合、二重課税を救済する措置はあるのでしょうか。

A Ａ氏は日本の居住者ですので、日本において、日本及び出張先国で課税された部分について、「外国税額控除（日本で納めるべき税金から、外国で納めた税金分を差し引けるという制度）」の適用を受けることができます。具体的にはＡ氏が、確定申告を行うことで、外国税額控除の適用を受けられますが、必ずしも出張先国で納めた個人所得税全額が控除されるわけではありません。

1．外国税額控除とは
〜個人の所得について、日本と海外の両方で課税された場合に適用〜

日本で課税対象となる所得の中に、外国で生じた所得があり、その所得に外国の法令で所得税に相当する税金が課税されている場合、この外国所得税のうち、一定額を日本の所得税から差し引くことができる制度を「外国税額控除」といいます。たとえば日本の居住者Ａ氏が、海外に2月1日から9月末まで出張した場合、海外滞在期間が183日を超えるので、短期滞在者免税の適用は受けられません。よって海外勤務日数相当分の給与について海外で納税義務が生じます。

一方、Ａ氏は、日本の居住者ですから、海外出張期間中の給与について

5 出張者の税務

も当然、日本で課税（源泉徴収）されています（居住者は全世界所得に対して課税されます）。

するとA氏の給与のうち、2月1日～9月末分については日本でも海外でも課税されるという二重課税の状態にあります。そこでこの二重課税を排除するために、A氏は居住地国である日本で外国税額控除の適用を受けることになります。

2．外国税額控除額の計算方法
～控除額は、外国所得税の額と、控除限度額のいずれか少ない額～

外国税額控除額は 図表56-1 のとおり、その年に納付することとなる一定の外国所得税の額と、一定の算式によって計算した額（以下「控除限度額」といいます。）のうち、いずれか少ない金額を、その年分の所得税の額から控除することができます。

図表56-1 外国税額控除額の計算方法

・外国税額控除額は、以下「1」「2」のうち、いずれか少ない額とする。
1．その年に納付する外国所得税の額
2．控除限度額：その年分の所得税の額 ×（その年分の国外所得総額／その年分の所得総額）

外国税額控除額の計算例

（単純化するため、地方税はないものとしました。実際の計算方法はもっと複雑なので、詳細は管轄の税務署にお問い合わせください。）

具体例①：外国所得税額が控除限度額に満たない場合
　H26に200日、海外出張した田中さんの場合
　　（H26に納付する外国所得税の額：15万円、H26の所得税額：20万円
　　H26の国外所得総額：400万円、H26の所得総額：500万円）
1．外国所得税の額：15万円
2．控除限度額：20万円 ×（400万円／500万円）＝16万円
⇒「1」＜「2」より外国税額控除額は15万円

⇒控除限度額より外国所得税額の方が小さい。つまり本年分の控除限度額の枠がまだ残っているため、前年以前 3 年以内に控除しきれなかった外国所得税の繰越控除かある場合は、一定の範囲内で、本年分の控除枠を使って控除することができる。

具体例②：外国所得税額が控除限度額を超える場合
H26年に250日、海外出張した山田さんの場合
（H26に納付する外国税の額：19万円、H26の所得税額：20万円
H26の国外所得総額：450万円、H26の所得総額：500万円）
1．外国所得税の額：19万円
2．控除限度額：20万円 ×（450万円／500万円）＝18万円
⇒「1」＞「2」より、外国税額控除額は18万円
⇒控除できなかった 1 万円分は、繰越控除額として翌年に持ち越し。
　翌年度以降 3 年間のうちに国外所得があり、かつ控除限度額に余裕があれば、H26に控除し切れなかった額（ 1 万円）を一定の範囲内で翌年度以降 3 年間の所得税額から差し引くことができる。

3．外国税額控除を受けるための手続
〜確定申告書に外国税額控除に関する明細書、外国所得税納付の証憑を添付〜

　外国税額控除を受けるためには、確定申告書に控除を受ける全額の記載をし、かつ「外国税額控除に関する明細書」、及び外国所得税を課されたことを証する書類などを添付する必要があります。（「外国税額控除に関する明細書」は国税庁ホームページより入手できます。）

4．外国税額控除により還付された所得税は誰のものか
〜外国税額を会社が負担した場合は、還付された所得税も会社に返納すべき〜

　海外出張者が、海外で個人所得税を納付した場合、その税額は、日本本社が負担するケースがほとんどです。この場合、本人が外国税額控除の適

5　出張者の税務

用を受け、所得税の還付を受けた場合は、当該還付金は、本人が会社に返すのが原則でしょう。(もちろん、返さないと法律的に問題があるというわけではなく、税金を負担したのが会社であるのなら、還付金も会社に返すのが道理であるという理由からです。)

　また、海外での個人所得税を、会社が負担した場合、当該負担金は本人の給与として課税対象となります。よって、当該負担金に対しても、所得税がかがるため、それを見越した額の負担金を本人に支給する必要があるでしょう。

க
駐在員の給与設定方法

6 駐在員の給与設定方法

1 基本的な考え方

Q57 海外給与に対する考え方

海外駐在員の給与は、国内給与とは考え方が多少異なると聞いています。

海外駐在員の給与は、一般的にどのようなコンセプトのもとで、設定されるのでしょうか。

A 日本勤務時の給与は、まず「総額」ありきで、その中から税金や社会保険料を支払いますが、海外駐在員の給与はまず「手取額」を設定し、その手取額から税金・社会保険料を逆算して計算するのが一般的です。この手取額から総額を計算することを、「グロスアップ計算」といいます。

そもそも日本勤務時の給与はまず「総額」ありきで、その中から税金や社会保険料を支払いますが、海外駐在員の給与は、まず「手取額」を設定し、その手取額から税金、社会保険料を逆算して「総額」を計算するのが一般的です。通常、海外駐在員は海外勤務期間中も日本の社会保険に継続加入し、さらに勤務地国でもその国の社会保険制度に加入するのが一般的です。

そのため、最初に総額を決めて給与を支給していたのでは、海外駐在員は日本での社会保険だけでなく、勤務地国の社会保険料も負担しなければならないことになります（＊）。

このような点からも、海外駐在員の給与は図表57-1のとおり、まず、「手取額」を設定し、その手取額を保証するには総額でいくら支払わなければいけないのかを、勤務地国での税金や社会保険料等を加味して計算す

350

1 基本的な考え方

るのが一般的となっているのです。

(＊) 日本と社会保障協定を締結している国、また自国の社会保険制度への外国人の加入が必要ない国へ勤務する場合を除いては、海外勤務者は勤務地国の社会保険制度への加入が必要になります。（ちなみに日本と本書で取り上げる5か国のうち、2014年1月時点では韓国との間には社会保障協定が発効しています。）

図表57-1 海外給与の考え方

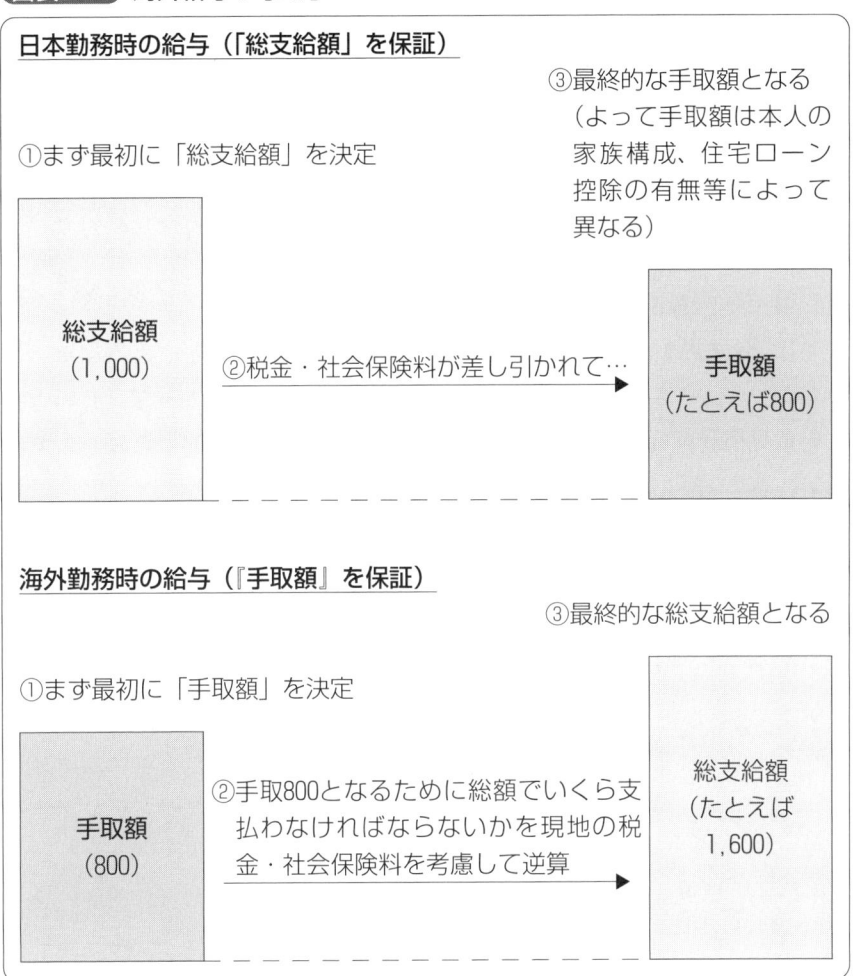

日本勤務時の給与（「総支給額」を保証）

①まず最初に「総支給額」を決定

総支給額（1,000） → ②税金・社会保険料が差し引かれて… → 手取額（たとえば800）

③最終的な手取額となる（よって手取額は本人の家族構成、住宅ローン控除の有無等によって異なる）

海外勤務時の給与（『手取額』を保証）

①まず最初に「手取額」を決定

手取額（800） → ②手取800となるために総額でいくら支払わなければならないかを現地の税金・社会保険料を考慮して逆算 → 総支給額（たとえば1,600）

③最終的な総支給額となる

6 駐在員の給与設定方法

Q58 海外基本給の設定方法

海外基本給の設定方法として、いくつかの方式があると聞きましたが、具体的にはどのような決定方式があるのでしょうか。

A 海外基本給の設定方法としては、大きく分けて「別建て方式」「購買力補償方式」「併用方式」の3つがあります。大手企業では購買力補償方式を使っている企業が大半ですが、中堅・中小企業では、併用方式を利用しているケースが多いようです。

海外勤務者の給与(特に海外基本給)の決定方式は、労務行政研究所の分類によりますと大きく分けて「別建て方式」「購買力補償方式」「併用方式」の3つがあります。

では、海外基本給の設定に当たり、各方式の利用割合はどのようになっているのでしょうか。労務行政研究所が大手主要企業約100社を対象に毎年行っている「海外駐在員の給与」に関する調査結果を見てみることにします。

図表58-1 海外基本給決定方法の変遷

	1992年	1996年	2000年＊1	2004年
別 建 て 方 式	59.0%	46.9%	26.9%	8.0%
購買力補償方式	—＊2	32.8%	64.2%	84.0%
併 用 方 式	22.9%	12.5%	4.5%	8.0%
そ の 他	18.1%	7.8%	4.5%	—

	2007年	2009年	2011年	2013年
別 建 て 方 式	6.8%	4.5%	2.9%	5.5%
購買力補償方式	77.0%	76.1%	76.8%	63.3%
併 用 方 式	16.2%	19.3%	17.4%	31.2%
そ の 他	—	—	2.9%	—

（＊1）　四捨五入等により、合計が100％ではない。
（＊2）　その他方式の中にカウントされていたものと思われる。
（出所）　労務行政発行「労政時報」（3858号（13.12.13）、3810号（11.11.25）、3763号（09.12.11）、3714号（07.11.23）、3644号（04.12.24）、3468号（01.11.17）、3283号（1996.12.6）、3095号（1992.12.1））

図表58-1 からわかるとおり、年々「別建て方式」を採用する企業の割合は減り、代わって「購買力補償方式」が海外給与設定の主流となっています。

ただし、この調査は世界各国に拠点を持つ主要企業を対象として行われたものです。そのため、中堅・中小企業においては、現時点でも併用方式や別建て方式などを採用している企業が少なくありませんが、いずれにせよ、海外基本給の設定方式としては、この3方式のいずれかを利用している企業がほとんどであることが、読み取れます。

では次ページ以降で、各方式の概要を説明していきます。

6 駐在員の給与設定方法

Q59 別建て方式

別建て方式の特徴と、そのメリット・デメリットについて教えてください。

A 「勤務地国で一定の対面を保つことができる水準の給与を支払う」という考え方です。同業他社水準等を参考にして基本給を設定するケースが多くなるため、基本給の設定根拠があいまいになる傾向にあります。その反面、いったん適切な海外基本給を設定できれば、毎年の物価変動に見合う調整を行うだけでよいというメリットもあります。

1．別建て方式とは
〜海外勤務地（任地）で一定の対面を保つことができる水準の給与を支払うという考え方〜

(1) 沿　革

古くから海外勤務者の基本給決定方式として使われてきた方式でした。20年ほど前までは、この方式が海外給与決定方式の主流でしたが、最近は次で説明する「購買力補償方式」が主流になり、いまや同方式は少数派です。

(2) **別建て方式による基本給の設定方法**

当方式では国内給与を基礎とせず、全く別個に海外基本給を設定することになります。

具体的な海外基本給の設定方法としては、会社が独自に勤務地における必要生計費を調査し、基本給を設定する方法や、以前であれば大手商社が発表する資料や同業他社動向などを参考にして基本給を設定する方法が考えられました。しかし、自社独自で現地生計費を把握するのは難しいため、現実には同業他社水準等を参考にしながら基本給を設定する（設定した）ケースが多いと考えられます。

1 基本的な考え方

図表59-1 別建て方式の図

日本勤務時	海外勤務時
	現地社会保険・税金
	フリンジベネフィット / 住宅費
	/ 子女教育費
	/ 医療費
	（　　　　）手当
	ハードシップ手当
	家族手当
手取給与	海外基本給
手取賞与	手取賞与
社会保険料	（日本の）社会保険料
所得税・住民税	

2．別建て方式における各種手当に対する考え方

(1) **海外勤務手当**……別建て方式で設定した海外基本給の場合、海外勤務手当は海外基本給の中に織り込まれている（つまり基本給は実際の生計費よりもかなり多めに支払われている）ケースが多いため、別建て方式を採用している企業では、海外勤務手当を支給するのは少数派です。

(2) **家族手当**……海外基本給の一定割合を家族手当として加算するケースがほとんどです。

3．別建て方式の特徴
～メリットやデメリットなど～

　自社での独自調査が難しいことから、結局は他社動向を見ながら基本給を設定するため、海外基本給の設定根拠が曖昧になる傾向があります。そのため、そのときどきの駐在員の経済事情に応じた給与引上げ要請に応じざるを得なくなる可能性があります。

6 駐在員の給与設定方法

Q60 購買力補償方式

購買力補償方式の特徴と、そのメリット・デメリットについて教えてください。

A 日本での生活水準を勤務地国で維持するという考え方です。海外給与の決定・改訂に必要なデータを外部機関に求めることで業務効率化を図れるというメリットがあります。一方、この方式でいう購買力補償とは、自分以外の第三者の購買力を補償しているに過ぎず、本当に購買力を補償しているかという点には考慮の余地があります。

1．購買力補償方式とは
〜本国（日本）での生活水準を勤務地国でも維持するという考え方〜

(1) 沿　革

　1980年代後半に、大手商社等が導入してから急速に普及しました。そもそも高い生活レベルを維持しているアメリカ人が、海外勤務中もアメリカでの生活水準を維持できるように作られた方式です。

(2) 考え方

　購買力補償方式で海外基本給を設定する際には、都市別に定められた「生計費指数」を使用します。なお、この生計費指数は、東京を100として各都市を指数化したもので、外資系コンサルティング会社から購入することになります。参考までにニューヨークを100とした国連職員向けの生計費指数における韓国、マレーシア、インド、フィリピンの生計費指数は図表60-1のとおりです。（日本を100とした指数ではないので、このまま給与に乗じるなどして利用することはできませんのでご注意ください。また、台湾に関するデータは存在しません。）

1 基本的な考え方

図表60-1 国連生計費（住居費を除いたもの：毎年8月末時点のデータ）の推移（ニューヨークを100とした場合の指数）

国名（都市名）	2009	2010	2011	2012	2013
台　湾（―）	―	―	―	―	―
韓　国（ソウル）	91	92	96	94	97
マレーシア（クアラルンプール）	82	85	87	88	88
インド（ニューデリー）	83	86	88	85	85
フィリピン（マニラ）	89	91	95	96	94
日　本（東　京）	111	115	121	120	103

（出所）　労政時報　3858号（13／12／13）、3834号（12／11／23）、3810号（11／11／25）、3787号（10／12／10）3763号（09／12／11）

　海外基本給の算出に当たっては、たとえば「年収600万円で、配偶者・子女各1名を扶養していれば、日本での生計費はこのくらい」という金額を決め、その金額に対し、勤務都市ごとに設定された「生計費指数」と「為替レート」を掛け合わせて海外基本給を設定します。ですから、日本での給与と海外基本給が形式的にはリンクすることになります。

　つまり、日本での購買力を海外勤務地国でも維持しようとする点に同方式の最大の特徴があり、このことは購買力補償方式のスローガンともいえる「ノーロス・ノーゲインの法則」という言葉に集約できます。

6 駐在員の給与設定方法

図表60-2 購買力補償方式

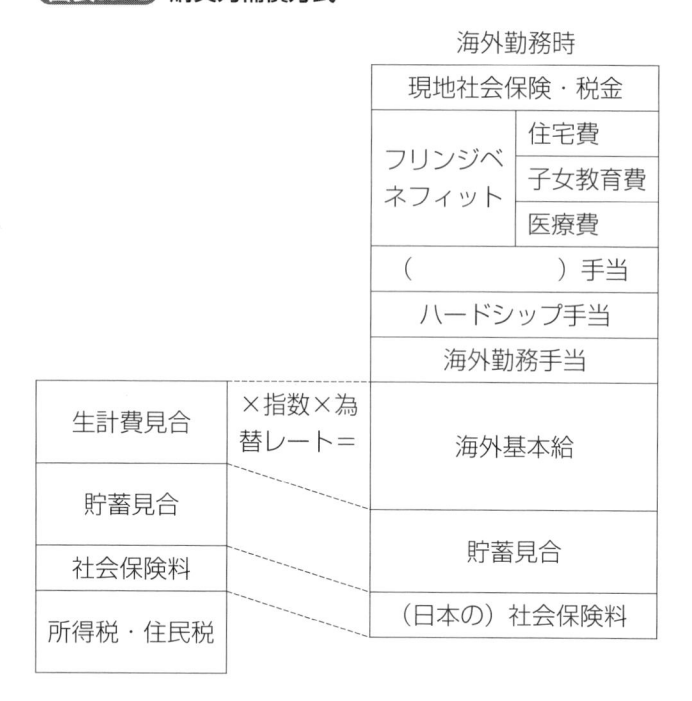

	海外勤務時
	現地社会保険・税金
フリンジベネフィット	住宅費
	子女教育費
	医療費
	（　　　　　）手当
	ハードシップ手当
	海外勤務手当
生計費見合	海外基本給
貯蓄見合	
社会保険料	貯蓄見合
所得税・住民税	（日本の）社会保険料

（生計費見合×指数×為替レート＝海外基本給）

2．各種手当に対する考え方

(1) 海外勤務手当

購買力補償方式で算定した海外基本給には、海外で生活するに当たって必要な費用しか含まれていないので、同方式を採用する場合、別途海外勤務手当を支給するケースがほとんどです。

(2) 家族手当

購買力補償方式の場合、たとえば「家族3人なら必要生計費はこれだけ」という形で基本給を設定するため、同方式を採用する企業では、家族手当を支給しないケースが多くなっています。

3．特徴
〜メリットやデメリットなど〜

　外部機関の「生計費指数」という客観的なデータを用いることにより、海外勤務者に対して基本給設定の根拠が説明しやすくなります。ただし、「購買力補償」といっても、その「購買力」とは第三者の購買力を補償しているに過ぎず、海外勤務者本人の購買力を補償しているか、という点については疑問が残ります。また、勤務都市によって生計費指数に少なからず差があるため、当該指数を導入した場合、たとえば「同じ東南アジアに勤務するのに、どうして自分の勤務する都市の指数はこんなに低いのか、指数の根拠がわからない」という不平不満も出るようです。ただし、同方式を採用すれば、会社独自で生計費を把握する必要もなく、海外勤務者を送り出す企業は、人事担当者の時間的コストを節約できるものと思われます。

Q61 併用方式

併用方式の特徴と、そのメリット・デメリットについて教えてください。

A 日本勤務時の基本給をそのまま現地の基本給とする考え方です。「海外に出たら、生計費が余分にかかるので、その分加算する」という非常に平易で説明しやすい方法です。ただし、海外基本給が円貨で固定されるため、大幅に円高又は円安になった際に、基本給の設定金額を見直す必要があります。

1．併用方式とは
〜日本勤務時の基本給を海外基本給と設定〜

(1) 沿 革

「Q59：別建て方式」と並んで、日本で以前から採用されている方式です。中堅・中小企業では、今でもこの方式を使用しているケースも多いように見受けられます。

(2) 考え方

日本勤務時の月給手取額をそのまま海外基本給とし、「海外勤務では国内勤務時に比べ、生活費が余分に発生するので、国内で支払っていた給与にプラスアルファを支給する」と考える方法です。

図表61-1 併用方式

日本勤務時		海外勤務時
		現地社会保険・税金
		フリンジベネフィット / 住宅費
		フリンジベネフィット / 子女教育費
		フリンジベネフィット / 医療費
		（　　　）手当
		ハードシップ手当
		海外勤務手当
		家族手当
手取給与	←同じ金額→	海外基本給
手取賞与		手取賞与
社会保険料		（日本の）社会保険料
所得税・住民税		

2．各種手当に対する考え方

海外基本給に加え、家族手当や海外勤務手当を支給するケースなど様々です。

3．特徴
〜メリットやデメリットなど〜

日本での給与（手取金額）をそのまま海外基本給とし、海外勤務に伴う追加コストを別途支給するという非常にわかりやすいシステムのため、海外勤務者にも納得させやすい方法です。

一方、海外基本給が円建てとなるため、為替レート変動に応じて海外基本給の額が上下してしまうという側面があります。その反面、日本での給与をそのまま基本給としていることから、帰任後、国内給与体系への移行がスムーズであるというメリットがあります。

6 駐在員の給与設定方法

2 各種手当の種類

Q62 海外駐在員に対する各種手当の種類

海外駐在員を多数送り出しているグローバル企業の人事担当者によると、海外駐在員に対しては、様々な名称の手当を付与しているということでした。

海外駐在員に対して支給する手当として、どのようなものが考えられるでしょうか。

A 海外駐在員に支払う手当としては、「海外勤務手当」「ハードシップ手当」「家族手当」「住宅手当」「単身赴任手当」等があります。

■海外駐在員に支払う手当の種類
～海外勤務手当、ハードシップ手当、家族手当など～

海外駐在員に対しては、基本給のほかに、各種の手当を支給することが一般的です。

代表的なものとしては、「海外勤務手当」「ハードシップ手当」「家族手当」「住宅手当」「単身赴任手当」等があります。

「Q59～61」では、海外基本給の決定方式について説明しましたが、海外給与総額のうち、基本給の占める割合は、通常、その半分以下に過ぎず、各種手当の金額が、海外給与に大きな割合を占めるといっても過言ではありません。

2　各種手当の種類

図表62-1 海外勤務者に支払う手当の種類（一例）

海外勤務手当	「Q63」で説明
ハードシップ手当	「Q64」で説明
単身赴任手当	「Q65」で説明
住宅手当	「Q66」で説明
子女教育手当	子女の日本人学校費用、通信教育費等相当額を支給
役職手当	日本勤務時の役職もしくは現地での役職に応じて支給

6 駐在員の給与設定方法

Q63 各種手当　～海外勤務手当～

「海外勤務手当」の趣旨と、その支給水準、支給通貨について教えてください。

A　海外勤務手当とは、海外勤務に伴う苦労や不便を金銭で補償するための、いわゆる海外勤務に対する奨励金をいいます。支給水準は各社各様で、支払は、海外駐在員の日本の口座に円貨で支払うケースが多くなっています。

1．設定根拠・留意点
～海外勤務に対する奨励金～

　海外勤務手当とは、海外勤務に伴う奨励金として支給する手当です。
　(「海外勤務も国内勤務の延長」と考える企業では当該手当は支給していません。)
　傾向として、購買力補償方式(**Q60**参照)を採用する企業は、家族手当はない代わりに、海外勤務手当を支給しています。逆に別建て方式(**Q59**参照)を採用する企業は、家族手当は支給するものの、海外勤務手当を支給しないケースもあります。また、海外勤務がごく当たり前という認識の企業については、海外勤務手当は支給しないケースもあります。

2．支給通貨

　海外勤務者の給与口座に円貨で支払われるケースが多くなっています。

3．税務上の留意点

　海外勤務手当を円払いで日本の口座に振り込んだとしても、当該手当は、海外勤務に対する対価のため、勤務地国で必ず納税する必要があります。

Q64 各種手当　〜ハードシップ手当〜

「ハードシップ手当」の趣旨と、その支給水準、支給通貨について教えてください。

A ハードシップ手当とは、生活環境の厳しい地域に勤務する駐在員への慰労金として支払われるものです。本書で取り上げている東南アジア5か国のうち、ハードシップ手当の支給がほとんど行われていないのが台湾、韓国、支給する企業としない企業に分かれるのがマレーシアとなります。インド、フィリピンについては、ハードシップ手当を支給する企業が多くなっています。

1．設定根拠・留意点
〜生活環境の厳しい地域に勤務する駐在員への慰労金〜

　日本と比較して、生活環境（治安、気候、食生活など）が非常に厳しい地域に赴任する社員に対して支給する手当です。通常、各種手当の金額はいったん設定した後、それほど頻繁に変更することはありません。

　とはいえハードシップ手当をいったん設計したまま、まったく変更しないと、現状では、かなり生活環境がよいにもかかわらず、従前の水準で多額のハードシップ手当を支給しているケースもあります。生活環境は毎年変化していますので、他の手当以上に、ハードシップ手当の水準は、数年に一度は見直すのがベターでしょう。

6 駐在員の給与設定方法

図表64-1 ハードシップ手当の支給額　　　　　　　　　　（単位；円）

国・地域名　都市名	社数	平均	最高	最低
台湾	2	50,000	80,000	20,000
都市名なし		20,000		
台北		80,000		
マレーシア	8	65,750	130,000	40,000
都市名なし	2	45,000	50,000	40,000
クアラルンプール	2	65,500	80,000	51,000
クチン		50,000		
ジョホールバル		55,000		
ビンツル		70,000		
ミリ		130,000		
インド	25	147,640	460,000	30,000
都市名なし	6	131,667	320,000	30,000
ニューデリー	5	204,000	460,000	80,000
デリー	4	95,000	140,000	44,000
バンガロール	4	146,500	300,000	90,000
プネ	2	73,000	96,000	50,000
ムンバイ	2	254,500	460,000	49,000
グルガオン		100,000		
チェンナイ		160,000		
フィリピン	12	61,167	105,000	30,000
都市名なし	2	51,500	70,000	33,000
マニラ	10	63,100	105,000	30,000

（出所）　労務行政発行「労務時報」（3858号（13／12／13））より転載

2．支給通貨

　海外勤務者の給与口座に円貨で支払われるケースが多くなっています。

3．税務上の留意点

　ハードシップ手当を円払いで日本の口座に振り込んだとしても、当該手当は、海外勤務に対する対価のため、勤務地国で必ず納税する必要があります。

Q65 各種手当　〜単身赴任手当〜

「単身赴任手当」の趣旨と、その支給水準、支給通貨について教えてください。

A　単身赴任手当は、家族を日本に残して海外赴任する社員に支払われる手当です。「留守宅手当」と呼ばれることもありますが、その場合、家族全員が赴任している場合でも「社会保険料見合分」を留守宅手当という名称で支払っているケースもあります。

1．設定根拠・留意点
〜国内残留家族生活費相当分として支給〜

　一部又は全ての家族が日本国内に残留した場合に支給される手当であり、ほとんどの企業で支給しています。この手当は１つの家族が日本と海外で別々に暮らすことにより発生する住居費や生活費などの増加分を補うために支払われます。

　国内の単身赴任者に対しても「単身赴任手当」を支給している場合は、その金額を参考に決定するのも一つの方法です。本書で取り上げた４か国のうち、家族帯同者にとって住みやすいのはシンガポール、タイ（バンコク周辺）といえるでしょう。

2．支給通貨

　海外勤務者の給与口座に円貨で支払われるケースが多くなっています。

3．税務上の留意点

　単身赴任手当を円払いで日本の口座に振り込んだとしても、当該手当は、海外勤務に対する対価のため、勤務地国で必ず納税する必要があります。

Q66 各種手当 ～住宅手当～

「住宅手当」の趣旨と、その支給水準、支給通貨について教えてください。

A 海外駐在員の現地での住居費は会社がその全額又は一部を負担するのが通常です。一部負担させる場合、「定額を負担させるケース」が考えられます。ちなみに国によっては、会社が直接支払った家賃については、非課税扱いとなる場合があります。

1．設定根拠・留意点
～社命により海外で居住するのであるから、できるだけ安全な場所を確保すべき～

　住宅費用に関する考え方は各社各様です。安全性や本人及び帯同家族の利便性を考慮して、家賃の高さには目をつぶっている会社もあれば、どうしても日本における家賃相場を意識してしまい、できるだけ安い住居（しかも複数の単身赴任者を1つのアパートに居住させる等）に居住させるケースまで様々です。しかし、見知らぬ土地で唯一ほっとできる場所である住居については多少の金額の高さに目をつぶり、海外駐在員本人及び家族の納得のいくところを選択してもらう方が本人のストレスも小さくなり、結果的に仕事の効率もあがります。

　※各国ごとの不動産事情については「Q17：駐在員向け住居」をご参照ください。

2．支給通貨
　現地でかかる費用なので、現地通貨で支払われますが、会社から不動産会社に直接支払うケースも少なくありません。

3．税務上の留意点
　会社が負担した住宅費の税務上の取扱いについては**Q35**をご参照ください。

3 駐在員の給与と為替レート

Q67 為替レート変動の対処方法

当社では海外赴任者の給与は、円建てで設定しています。そのため、円安局面になると、「赴任当社に比べ、手取給与がどんどんと目減りしている」と不満が出ています（一方、円高局面で駐在員にとって有利な場合は何も意見は出ません。）。
為替レート変動に対して他社ではどのように対処しているのでしょうか。

A 海外給与全額を円建てとしていると、現地での生活費部分についても為替レート変動の影響を受けてしまいます。他社においては、現地生活費相当部分については「現地通貨建て」で固定する、もしくは「どの程度変動したら給与を見直す」といった基準を設けるケースが見られます。

1．為替レートの変動

為替レートの変動による手取給与の目減りに関する赴任者からの苦情については、どの企業も対応に苦慮しています。赴任者からの苦情や要望にできるだけ応えたいと思っても、「一体いつのレートを適用するべきか」という点で行き詰ってしまうケースも少なくありません。

ご質問のとおり、現地での生活費部分についても円建てで設定していると、為替レート変動の影響を直接に受けてしまいます。為替レート変動が赴任者にとって有利に働く場合は、何の申出もありませんが、いったんレートが赴任者に不利に動くと、不満がでるのは仕方ないことです。他社にお

6 駐在員の給与設定方法

いては、現地生活費相当部分については「現地通貨建て」もしくは「米ドル建て」で固定する、もしくは「基準とするレートから何％変動したら給与を見直す」といった基準を設けるケースが見られます。よって、現地通貨建て以外で給与を設定する場合は、赴任時に、「為替レートの見直し」の基準について赴任者との間で、取決めをしておく必要があります。

　いずれにせよ、為替レートの変動に現地生活費が影響しないよう対処する必要があります。

7

海外赴任者規程の作成

7 海外赴任者規程の作成

Q68 海外赴任者規程とは

当社は今後、海外拠点を増やし、それに伴い海外駐在員数も増加させる予定です。近日中に、海外赴任者規程を整備したいと思いますが、海外赴任者規程に記載すべき事項としては、どのようなものがあるか教えてください。

A 海外駐在員の取扱いについては、暫定的に「海外出張旅費規程」に基づく手当を支給することで対応している企業もありますが、そもそも短期間の海外勤務を想定した海外出張旅費規程と、長期での海外勤務を想定した海外駐在員では、その性格が異なります。今後、各国に海外展開する予定がある場合は、できるだけ早急に「海外赴任者規程」を作成し、それに基づいた運用を行うことが望ましいといえます。

1．なぜ海外赴任者規程が必要なのか

海外赴任者規程とは、海外駐在員の給与や処遇について取り決めるものです。

海外駐在員が数名程度のうちは、海外出張規程を準用しているケースもありますが、そもそも、短期間の海外出張者の取扱いを定めた出張規程と、長期の海外駐在を前提とした海外赴任者規程ではその趣旨が異なるため、出張規定を長期で使用すると、何かと不都合が生じることが少なくありません。

また、海外赴任者規程がない場合、駐在員は不明点をその都度、本社の人事担当者等に確認しなければならないため、海外駐在員側・本社の双方にとって無駄なコストがかかることになります。また、規程がない状態で海外勤務させていると、結果的に各駐在員の取扱いに差異が発生し、いざ給与体系や処遇を統一しようとしても、相対的に高待遇の海外駐在員が、

既得権益を失いたくないため、給与体系・処遇変更に抵抗し、スムーズな体系変更の阻害要因になることも考えられます。

そこで、できるだけ早急な赴任者規程の作成が必要となってきます。

2．規程作成に当たっての考え方

海外赴任者規程は、非常にシンプルなものから、詳細について取り決めているものまで会社によって様々です。

また、規程集のヒナガタや、親会社や関連会社の規程をそのまま使用していると、自社の実情にそぐわない点や、国内の就業規則とかみあわない点がいくつも出てくるなど、対応に苦慮することがあります。

よって、海外赴任者規程については、自社の実情をよく勘案した上で、シンプルなものでもよいので、まずは作成し、そこから実情に応じて適宜修正、追加をしていく必要があるでしょう。

「Q69」以降では、海外赴任者規程の内容について説明していきます。

図表68-1 海外赴任者規程の記載事項（一例）

第1章：総則
　目的・定義・海外勤務中の所属・服務心得・勤務時間、休日・海外勤務期間・家族の帯同

第2章：赴任及び帰任に伴う費用
　赴任、帰任休暇・海外旅行保険・健康診断

第3章：給与及び手当、福利厚生
　海外給与体系・海外基本給・海外勤務手当・ハードシップ手当・役職手当・留守宅手当・帯同家族手当・住宅費用・子女教育費・医療費・賞与・換算レート

第4章：その他
　自動車・国内社会保険料・現地税金・社会保険料・一時帰国・出張旅費・海外勤務中の退職・調整給・給与改定・規程外事項・施行

7 海外赴任者規程の作成

Q69 海外赴任者規程〜総則〜
（目的・定義・所属など）

海外赴任者規程に記載すべき事項について順番に教えてください。

A 海外赴任者規程の「総則」部分では、当該規程の目的や、用語の定義、家族の帯同に関してなど、会社としての方針等を明記します。

海外赴任者規程の「総則」部分では、海外赴任者規程の目的や用語の定義、家族の帯同など、会社としての海外勤務に対する基本的な方針を明記します。海外勤務に当たって家族を帯同させるか否かは、「**Q1：海外駐在に対する会社の方針**」にも記載しましたが、一般に大手企業では「家族帯同を原則とする又は推奨する」ケースがほとんどです。とはいえ、40代から50代の社員の場合、子女が高校、大学受験にさしかかる年齢のケースが多いため、実質的には単身での赴任になることが多いようです。

図表69-1 海外赴任者規程（総則）

目　的	本規程の目的を明記。
定　義	海外駐在員、出張者等の用語の定義。
海外勤務中の所属	海外勤務中の所属を明記。（日本本社に所属したまま出向させるのか等）
服務心得	当社社員としての心得を明記。
勤務時間・休日	海外勤務中の勤務時間・休日について、本社規程に沿うのか、現地規程に沿うのかを明記。
海外勤務期間	原則として何年、といった形で明記した方が望ましいが、あまりはっきりと明記してしまうと、変更があった場合にもめる原因になるので、「3年〜5年程度」としておくのが無難。
家族の帯同	会社として家族帯同を推奨するのか、希望者にだけ家族帯同とするのか等を明記。

Q70 海外赴任者規程～赴任及び帰任に伴う費用～
（海外勤務旅費・荷造費など）

海外赴任者規程に記載すべき事項について順番に教えてください。

A 赴任及び帰任に伴う費用についても、海外赴任者規程で上限額を明示しておかないと、結果的に「実費を全額負担」することになり、かえって企業にとって負担が大きくなります。

赴任及び帰任に伴う費用は、現地までの交通費だけでなく、赴任前支度金や荷造運送費、海外旅行保険など様々です。一つ一つの費用はそれほど大きくなくても、まとめてみると、相当の出費になることも少なくありません。そのため規程で上限額を設けておくことで、会社としても、赴任時にかかる費用の目安がわかり安心です。

また、現地法人や関連会社等、自社とは異なる法人格の会社へ出向させる場合、赴任にまつわる費用についても、100％日本側が負担するのではなく、現地法人側にも負担させたほうが、日本の税務上も問題になりにくいといえます。

7 海外赴任者規程の作成

図表70-1　海外赴任者規程（赴任及び帰任に伴う費用）

海外勤務者旅費	旅費に該当するものを定義する。
渡航手続費用	渡航手続費用は会社が負担するケースがほとんど。たとえばビザ、パスポート取得・更新費用、赴任前健康診断費用、予防接種費用、出入国税、空港利用税等も会社が全額負担することになる。
赴任・帰任支度料	支度料の相場は赴任者本人について20万円〜30万円程度、配偶者については赴任者本人の半額、子女については赴任者本人の２〜３割とするケースが多い。
赴任・帰任旅費	赴任・帰任旅費としては、赴任直後、帰任直後に利用するホテル宿泊費も含む。
荷造運送費	本人、配偶者、子女それぞれに航空便・船便の限度額を設定。一般に本人より配偶者に対する限度額を大きくすることが多い。
国内残置荷物	国内に残置する家財の保管料を、会社が負担する場合、この規定をおくことになる。保管料の会社負担期間を「帰任後30日以内」と、期限を設定している規程もある。
留守宅管理	海外赴任中の留守宅を、リロケーション会社への手続を会社が斡旋する場合等にこの規定を置く。
語学研修	語学研修については赴任前だけでなく、赴任後に受けた語学研修などについても、会社が費用を負担するケースもある。（また、本人だけでなく、配偶者・子女に対しても語学研修費の費用補助をする会社もある）
赴任・帰任休暇	赴任時、帰任時に、生活基盤確立のために一定の休暇を与えるケースもある。また赴任期間が長くなるほど、赴任・帰任休暇を長く設定するケースもある。
海外旅行保険	保険付保額について明記。死亡保障よりも治療費、救援者費用等に重点をおいた方がよい。（**Q10**参照）
健康診断	赴任前・赴任中・赴任後に受診させる健康診断の時期等を明記。

Q71 海外赴任者規程～給与及び手当・福利厚生～

海外赴任者規程に記載すべき事項について順番に教えてください。

A 海外勤務者の給与をどのような方式で決定するか、また手当額をどうするかなど、海外赴任者規程の中で、もっとも重要な部分といえます。海外赴任者規程の中で、最も核となる部分で、他社駐在員とも比較されやすい項目です。

図表71-1　海外赴任者規程（給与及び手当・福利厚生）

海外給与体系	海外給与に含まれる手当等の範囲を明記。
海外基本給	「別建て方式」「購買力補償方式」「併用方式」のいずれの形で基本給を設定するかを明記する。（**Q57～61**参照）
海外勤務手当	当該手当の意義と金額を明示。（**Q63**参照）
ハードシップ手当	同　上（**Q64**参照）
単身赴任手当	同　上（**Q65**参照）
住宅手当	同　上（**Q66**参照）
子女教育手当	同　上
医療費	医療費については、実費を全額会社が支給するケースも多い。
賞　与	国内勤務者と同様に年2回、支給する場合、その旨を明記。
換算レート	あらかじめ、「人事レート」を定める企業もある。またレート見直しは年1回行うケースが多い。（**Q67**参照）
自動車	駐在員本人による自動車の運転を認めるか否か、また認める場合、社用車の私用での利用に関して取決め等を明記。（**Q22**参照）

7 海外赴任者規程の作成

Q72 海外赴任者規程〜その他（国内及び現地での社会保険・税務・一時帰国など）〜

海外赴任者規程に記載すべき事項について順番に教えてください。

A 国内社会保険料、現地社会保険料・税金の取扱い、一時帰国、海外勤務中の退職などについても取扱いを明示する必要があります。

海外赴任中は、日本で所得税が発生するケースはほとんどありませんが（詳細は「Q48」参照）、日本本社と雇用関係が継続する限り、日本の社会保険料は継続して支払う必要があります。また、海外給与を「手取補償」としているのであれば、現地での税金・社会保険料相当額は会社が実質的に負担することになります。

会社が現地での社会保険料を負担する以上、当該社会保険料に関して還付金等が発生した場合も、当該還付金は会社に戻し入れてしまうのが望ましく、その点まで言及している規程も存在します。

図表72-1 海外赴任者規程(その他)

国内社会保険料	海外赴任中も日本本社との雇用関係が継続していれば、国内の社会保険も継続する。海外赴任中の日本での社会保険(特に年金)の取扱いがどうなっているかは、駐在員にとっては非常に重要な問題なので明記しておく必要がある。(**Q3**参照)
現地税金・社会保険料	海外給与を「手取補償方式」としているのであれば、現地税金・社会保険料は会社が負担するべき。その旨を規定にも記載しておくことが望ましい。
貸 付 金	海外赴任時にかかる生活物品購入資金を会社が貸し付けする制度。必ずしも全ての規程にあるわけではないが、大手企業の規程には盛り込まれているケースが多い。
一時帰国	慶弔時の一時帰国だけでなく、海外勤務開始後一定期間経過後に、業務外の一時帰国を認め、その際の往復の航空運賃については本人分だけでなく、帯同家族分についても会社が支給することがほとんど。
海外勤務中の退職	海外勤務中に退職した場合、帰任時の旅費についてどうするか等明記。海外勤務中の退職についてまで明記した規程はあまり存在しないが、明記しておく方がトラブルが少ない。(**Q46、54**参照)
調 整 給	海外給与を下方調整したような場合、以前からの赴任者には調整給を支払うケースが多い。
給与改定	給与改定時期をいつにするかを明記。(通常は、国内勤務者の給与改定時期に合わせるケースが多い)
規程外事項	当該規程に掲載していない事項については、どのように判断するかを明記。
施 行	当該規程をいつから施行するかを明記。

# 出向元と出向先の覚書

8 出向元と出向先の覚書

Q73 覚書記載事項及び出向者費用の本社負担割合

当社の社員Ａ氏を、海外現地法人に出向させますが、Ａ氏にかかる費用については、当社と海外現地法人がそれぞれ負担します。Ａ氏に関する費用負担の件につき、何らかの文書を交わしておく方がよいのでしょうか。

A 　Ａ氏は海外現地法人に勤務するので、原則的にはＡ氏の給与は全額、海外現地法人が負担するべきです。とはいえ、実際には日本本社もＡ氏にかかるコストの一部を負担することになることがほとんどですが、その場合、どの費用をどれだけ負担するかといった、出向元（日本本社）と出向先（海外現地法人）の費用負担の覚書を作成する必要があるでしょう。

１．費用負担の覚書とは
～出向元と出向先の費用負担額の明記～

　自社の社員を海外の現地法人や合併会社に赴任させる場合、当該駐在員にかかる費用を、どちらがどれだけ負担するかといったことを、事前に取り決めておかないと、将来的にトラブルが生じる原因にもなります。

　また、現地法人等への出向者の給与を日本本社が一部でも負担する場合「Q52：海外現地法人に出向する社員に対する日本払給与」にも記載しましたが、日本本社が駐在員に支給した給与等相当額について、「寄附金」扱いされる場合があります。ただし、費用負担の覚書において、「一定の基準で日本側が費用を負担している」ことを明記しておけば、税務当局から寄附金扱いされる可能性は低くなるかもしれません。

2．覚書記載事項について
～経費負担だけでなく、問題解決事項や紛争解決事項等も～

費用負担の覚書には、費用負担の取決めだけでなく、問題解決事項や紛争解決事項についても記載するとよいでしょう。

図表73-1では、費用負担の覚書に掲載するべき事項についてまとめました。

図表73-1 費用負担の覚書記載事項（一例）

第1条：出向の定義　第2条：勤務条件等　第3儒：経費負担
第4条：退職金　第5条：機密保持　第6条：問題解決
第7条：連絡事項　第8条：有効期間　第9条：協議事項
第10条：本覚書についての紛争解決事項

3．出向者費用の本社負担割合

原則的には、現地法人等に赴任する駐在員にかかるコストは、全額現地法人が負担するべきです。

しかし前述のとおり、現地法人の経営状況が安定していないといった理由で、駐在員にかかるコストの大半を本社が負担しているケースも少なくありません。

図表73-2は、海外駐在員に関する給与の負担先ですが、駐在員の給与を全額現場に負担させているのは全体の3分の1にも及ばず、大半の企業では、駐在員のコストを本社が大なり小なり負担しているといえます。）

図表73-2 給与の負担状況

派遣元企業が全額負担している	派遣元企業と現地勤務先企業とで負担している	現勤務先が全額負担している	わからない	無回答
24.5%	39.3%	34.8%	20%	0.4%

（出所）「第7回　海外派遣勤務者の職業と生活に関する調査結果」独立行政法人労働政策研究・研修機構（2008年）

セミナーのご案内

「海外勤務者の社会保険と税務」、「海外勤務者の給与と赴任者規程の作成」及び当書籍をテキストにした海外駐在員の社保・税務・給与等のセミナーも東名阪で開催しております。

三菱UFJリサーチ＆コンサルティングで提供可能な国際人事関連コンサルティング業務のご案内。

〈海外赴任者関連〉

１．海外給与体系の構築
御社の国内給与体系を意識しながら、各方式のうち、御社にもっとも適した方式での海外基本給の設定及び手当の設定をさせていただきます。

２．海外赴任者規程の見直し・作成
他社状況も加味しながら、御社の事情にあわせた海外赴任者規程の作成を行います。

３．出向元と出向先の費用負担契約書の作成
出向者に対する費用を、出向元と出向先でどちらがどれだけ負担するのか等を明記した契約書を作成します。（外国語への翻訳も可能です。）

４．赴任者に関する取扱いについてのマニュアル作成
赴任者決定後に日本本社側が行うべき作業を記載したフローチャート作り及び赴任前社内説明資料・赴任者用配布リストを作成いたします。

５．海外危機管理マニュアルの作成
平時における危機管理・有事における危機管理に関するマニュアル作りを、危機管理専門機関と共に作成いたします。

６．海外勤務者の社会保険と税務・給与等に関する相談対応
海外勤務者に関する日本での社会保険・税務や給与等についてのご相談に適宜回答させていただきます。また現地税務についても、一般的な内容については回答させていただきます。（１年からの顧問契約にて承ります。）

７．海外勤務者の人事評価及びグローバル人事制度の構築

８．赴任前研修の手配
異文化コミュニケーション研修・現地責任者向け研修・危機管理・安全管理研修・セクハラ防止研修等、御社のニーズに合わせた赴任前出張研修を行います。

９．時間単位のご相談
上記１～６について、時間単位での来社相談・出張相談も承っております。

〈現地従業員関連〉

10．海外現地従業員に対するロイヤリティ強化施策の構築
海外現地法人にとって適切な給与体系の構築・社員満足度（ES）調査の実施・現地における同業他社の給与・フリンジベネフィットについての水準の調査・現地法制度を遵守した適切な労働契約書・就業規則の作成　等

➡ *上記業務に関するお問合わせ先*
　三菱UFJリサーチ＆コンサルティング　国際ビジネスコンサルティング室
　電話番号：03-6733-3966

主な参考文献・ウェブサイト・雑誌

参考文献

- 「海外勤務者の税務と社会保険・給与Q&A」(2013年5月)
 (藤井　恵／著)(清文社)
- 「中国駐在員の選任・赴任から帰任まで完全ガイド」(2013年2月)
 (藤井　恵／著)(清文社)
- 「タイ・シンガポール・インドネシア・ベトナム駐在員の選任・赴任から帰任まで完全ガイド」(2012年7月)(藤井　恵／著)(清文社)
- 「租税条約関係法規集」(2013年6月)(納税協会連合会編集部／編)
- 「アジア諸国の税法」(2011年9月)(税理士法人トーマツ／著)(中央経済社)
- 「韓国の労働問題マニュアル」(2013年3月)(ジェトロソウル事務所)
- 「海外勤務者をめぐる税務」(2010年3月)(三好　毅／著)(大蔵財務協会)

ウェブサイト

- 海外職業訓練協会　　　http://www.ovta.or.jp/
- 外務省　　　　　　　　http://www.mofa.go.jp/mofaj/
- 東京医科大学　　　　　http://hospinfo.tokyo-med.ac.jp/shinryo/tokou/
- ジェイアイ傷害火災保険　http://www.jihoken.co.jp/
- JETRO　　　　　　　　http://www.jetro.go.jp/
- WHO
- UNITED NATION
- 台湾、韓国、マレーシア、インド、フィリピン各国現地税務当局ウェブサイト

雑誌

- 「国際税務」(国際税務研究会)
- 「労政時報」(労務行政研究所)

取材及び情報提供にご協力いただいた方々

ジェイアイ傷害火災保険株式会社様

東京医科大学病院・渡航者医療センター様

クラウンムービングサービス株式会社様

大建不動産股份有限公司（台湾エイブル）様

MyAgent ソウル不動産仲介法人様

STARTS INTERNATIONAL MALAYSIA 様

Safta Group 様（インド）

かね甚コーポレーション様（フィリピン）

在台湾・韓国・マレーシア・インド・フィリピン日本人学校の皆様

公益財団法人海外子女教育振興財団様

インターナショナル SOS ジャパン株式会社様

むさしのクリニック様（台湾）

MEDISCAN 病院様（韓国）

HSC JAPAN CLINIC 様（マレーシア）

マニラ日本人会診療所様（フィリピン）

外務省 福利厚生室 医務官班様

一般財団法人労務行政研究所様

日本貿易振興機構（JETRO）様

その他数多くの駐在員の皆様

個人所得税に関するご指導・情報提供

PwC マレーシア様

NAC India 様

在台湾・韓国・フィリピンの税務・会計専門家の皆様

※ご協力いただきました皆様には心より感謝申し上げます。ありがとうございました。

―――― <著者紹介> ――――

藤井　恵（ふじい　めぐみ）
　三菱UFJリサーチ＆コンサルティング（株）
　コンサルティング・国際事業本部　国際本部　国際ビジネスコンサルティング室
　チーフコンサルタント　税理士有資格者
【略歴】
神戸大学経済学部卒業後、（株）大和総研入社
三和総合研究所（現「三菱UFJリサーチ＆コンサルティング（株）」に入社
神戸大学大学院経済学研究科修了・甲南大学大学院社会科学研究科修了
海外勤務者の給与・人事制度及び社会保険・税務・租税条約に関するコンサルティングや書籍執筆、セミナー講師、相談業務等に対応
【著書】
「新版　これならわかる！租税条約」（2010年3月）（清文社）
「改訂新版　海外勤務者の税務と社会保険・給与Q&A」（2013年5月）（清文社）
「Q&A　海外進出企業のための現地スタッフ採用・定着と駐在員育成のポイント」（共著）（2009年7月）（清文社）
「改訂新版　中国駐在員の選任・赴任から帰任まで完全ガイド」（2013年2月）（清文社）
「タイ・シンガポール・インドネシア・ベトナム駐在員の選任・赴任から帰任まで完全ガイド」（2012年7月）（清文社）
【冊子】
「新型インフルエンザ対応のための事業継続計画Q&A」（2009年10月）
　　　　　　　　　　　　　（三菱UFJリサーチ＆コンサルティング（株））
「新型インフルエンザ実務対応Q&A」（2008年8月）
　　　　　　　　　　　　　（三菱UFJリサーチ＆コンサルティング（株））
「中国労働契約法Q&A」（2007年8月）
　　　　　　　　　　　　　（三菱UFJリサーチ＆コンサルティング（株））
【雑誌】
「国際税務」（国際税務研究会）、「グローバルアングル」（三菱UFJリサーチ＆コンサルティング（株））に連載。
その他「労政時報」「旬刊　経理情報」「税経通信」「国際金融」「企業実務」「人事実務」等に寄稿

台湾・韓国・マレーシア・インド・フィリピン駐在員の
選任・赴任から帰任まで完全ガイド

2014年3月20日　発行

著　者　　藤井　　恵
発行者　　小泉　定裕

発行所　　株式会社 清文社

東京都千代田区内神田1-6-6（MIFビル）
〒101-0047　電話03(6273)7946　FAX03(3518)0299
大阪市北区天神橋2丁目北2-6（大和南森町ビル）
〒530-0041　電話06(6135)4050　FAX06(6135)4059
URL　http://www.skattsei.co.jp/

印刷：亜細亜印刷㈱

■著作権法により無断複写複製は禁止されています。落丁本・乱丁本はお取り替えします。
■本書の内容に関するお問い合わせは編集部までFAX（06-6135-4056）でお願いします。
©2014 Mitsubishi UFJ Research and
Consulting Co., Ltd. All Rights Reserved.
Printed in Japan

ISBN978-4-433-55983-0